우린 새롭게 나이 들 수 있습니다

지은이 김녹두

정신건강의학과 전문의이자 동화 작가. 월간《어린이와 문학》추천으로 등단했다. 현재 인천의 '마음과마음 정신건강의학과의원'에서 진료하고 있다. 지은 책으로 교양 심리서《감정의 성장》, 동화《밴드마녀와 빵공주》《하나야 놀자 두리야 놀자》《아빠, 울지 마》《좋은 엄마 학원》등이 있다.

저자에게 글을 쓴다는 것은 자신과의 소통이자 타인과의 연결이다. 어린 시절부터 삶을 관통하는 소망이었고, 저자를 붙잡아 주는 변하지 않는 중심이었다. 저자 역시 '이 나이에 뭐 하러' 혹은 '너무 늦은 것 아닌가' 하는 고정 관념으로 우물쭈물하며 50대의 시간을 흘려보냈다. 한때는 글쓰기를 포기하기도 했다. 하지만 60을 목전에 두고 마음에 대한 관심이 자신의 삶을 이끌어 왔으며, 사람들이 마음을 더 잘 이해하도록 안내하고 성장을 돕는 것이 자신의 사명임을 분명하게 깨달았다. 이후 다시 글을 쓸 결심을 하였고 그 결과물이 바로 이 책이다. 이 책은 나이 듦은 상실이라는 고정 관념을 이겨 낸 한 사람의 성장 기록이자, 나이 들어가는 모든 사람들에게 전하는 위로와 희망의 인사다. 또한 정신건강의학과 전문의로서 30여 년 동안 진료실에서 마주한 다양한 삶의 모습들과 저자 자신의 고민을 진솔하게 담아냈다. 저자의 경험과 성찰이 어우러진 이 책은 다채로운 이야기들을 통해 마음과 인생에 대한 깊이 있는 통찰을 전하고 있다.

우린 새롭게 나이 들 수 있습니다

초판 1쇄 인쇄 2024년 12월 5일 | **초판 1쇄 발행** 2024년 12월 20일

지은이 김녹두
펴낸이 이상훈
인문사회팀 최진우 김지하
마케팅 김한성 조재성 박신영 김효진 김애린 오민정

펴낸곳 ㈜한겨레엔 www.hanibook.co.kr
등록 2006년 1월 4일 제313-2006-00003호
주소 서울시 마포구 창전로 70(신수동) 화수목빌딩 5층
전화 02-6383-1602~3
팩스 02-6383-1610
대표메일 book@hanien.co.kr
ISBN 979-11-7213-166-1 03180

※ 책값은 뒤표지에 있습니다.
※ 파본은 구입하신 서점에서 바꾸어 드립니다.

우린 새롭게 나이 들 수 있습니다

김녹두 지음

30년 정신과 전문의가 들려주는
5060 마음 성장

들어가는 말

우습고 무서운 이야기

어슴푸레한 새벽 잠이 깼어요
몇 살만 더하면
환갑
어이없어 웃음이 나오네요
그런데 무서운 건
마음은 이팔청춘
아직도 철이 들지 않았다는 거예요
(2018년)

나이 들면 잠이 없어진다더니 가끔 새벽에 잠이 깰 때가 있다. 비몽사몽간에 서서히 잠에서 빠져나오는 것이 아니라 말 그대로 갑자기 눈이 번쩍 떠져서 맑은 정신 상태가 된다. 자리에 누운 채로 희붐한 창밖을 보며 이런저런 상념에 잠기곤 한다. 그러다 문득 내가 벌써 내일모레면 환갑이라는 생각에 실없는 웃음이 날 때가 있다.

아직 마음은 어린아이 같은데 몸은 점점 노인의 꼴이 되어 가고 있다. 나이 들어가는 걸 자각할 때면 사춘기 시절 거울 앞에서 변해 가는 내 모습을 보며 느꼈던 당혹감과 두려움이 되살아나 다시 압도되곤 한다. 나이가 들어 늙어 가는 것은 어울리지 않는 어른의 옷을 물려 입는 것처럼 느껴진다. 어린아이가 어른의 옷을 입은 것처럼 어설픈 모양새인데, 마음이 철드는 것이 몸이 나이 드는 속도를 따라가지 못하기 때문일 것이다.

나는 늘 마음의 나이가 몸의 나이를 뒤따라가며 철이 들었다. 또래들에 비해 마음이 유독 더디게 자라는 것 같았다. 그 균열에서 의미를 찾는 것이 내 삶의 주요한 이슈였다. 그 균열은 일종의 성장점이었고, 나는 그 안에서 마음과 인생 그리고 세상의 의미를 발견할 수 있었다. 요즘은 나이 들면서 경험하는 균열이 마음 공부의 주제가 되고 있다. 아마 내 또래라면 정도의 차이는 있겠지만 나와 비슷한 균열을 경험하고 혼란스러움을 느끼다가 스스로 답을 찾기 위해 좌충우돌하고 있을 것이다.

통계청 자료에 따르면 1960년대에는 남자 51.1세, 여자 53.7세였던 평균 수명이 2022년에는 각각 79.9세, 85.6세라고 한다. 여러 가지 복잡한 인구 통계학적 수치들을 내 삶과 연결 지어 해석하는 것은 쉽지 않다. 그래서 이런 숫자들이 의미하는 바를 단순화해서 이야기하면, 현재 50대인 우리는 앞으로 30~40년 이상 더 살 수 있다는, 혹은 살아 내야 한다는 뜻이다.

나와 비슷한 연령대의 사람들에게 '우리 앞으로 40년 이상을 더 살아야 할 수도 있어. 120세까지도 살 수 있대'라고 하면 깜짝 놀란다. 조부모의 삶을 기준으로 보면 이제 종착역에 거의 다 왔으니 내릴 채비를 해야 한다고 생각했는데, 아직 갈 길이 더 남아 있다니! 여유가 생기면서도 한편으로는 남은 시간을 어떻게 살아야 할지 막막한 심정일 것이다.

내가 어릴 때만 해도 90세를 넘긴 어른이 있다고 하면 대단한 일로 여겨졌는데 요즘 들어서는 더 이상 드물지 않은 일이 되었다. 복잡한 수치를 차치하더라도 나의 진료실을 찾는 분들 가운데 70세 이상 고령자의 비율이 20여 년 전 처음 개원했을 때보다 많아졌으며, 이 중에는 구순을 넘기신 분들도 꽤 많다.

경로당에서 회장을 맡고 있는 80대 할머니, 뜻대로 되지 않는 연애사 때문에 속앓이를 하는 70대 할아버지, 쑥스러운 표정으로 발기 부전 치료제를 처방해 달라는 80대 할아버지도 있다. 치매 걸린 아내를 보살피며 살림을 하는 80대 할아버지, 남편과 사별 후 우울한 80대 할머니……. 가까이에서 들여다본 그분들의 삶과 마음은 꽤나 역동적이고 뜨겁다. 그럼에도 하얗게 센 머리카락, 주름진 얼굴, 검버섯이 핀 손, 엉거주춤한 걸음걸이, 눈이 잘 안 보이고 귀가 잘 안 들리는 그분들을 보며 20년, 30년 후 나의 모습을 상상하면 불안감이 엄습해 오기도 한다.

진료실에서 만나는 어르신들의 신체적 기능, 인지 능력, 자조 능력 등은 나이에 비례하지 않고 개인차가 있다. 어르신들은 나이와 무관하게 가족이나 요양 보호사와 함께 휠체어를 타고 혹은 지팡이를 짚고 오시기도 하고, 혼자 와서 진료를 받고 가시기도 한다. 이르면 60대에 치매 약을 복용해야 하는 분도 있고 90세가 되어도 인지 기능이 잘 유지되는 분들도 있다. 젊어서도 그렇지만 70대 이후의 삶은 나이에 상관없이 다양하다. 그분들을 보면 '오는 순서는 있어도 가는 순서는 없다'는 옛말이 틀리지 않구나 싶다.

늙는 것은 잘나고 못난 것과 관계없이 누구나 맞닥뜨려야 하는 통과 의례 같은 것이다. 다가올 미래에 큰 이변이 없는 한 우리는 이전보다 길어진 노년의 시간을 보내야 한다. 아무런 대비 없이 속수무책으로 시간의 흐름에 자신을 맡기는 것은 지도 없이 미지의 땅을 헤매는 것과 다르지 않을 것이다. 50대와 60대의 시간을 어떻게 보내는지에 따라 본격적인 노년기 삶의 질과 만족도가 엄청나게 달라질 게 분명하다. 그리고 나이 듦에 대한 공부는 앞으로 어떻게 살아야 할 것인지에 대한 저마다의 지도가 되어 줄 것이다.

나이 듦에 대한 공부는 경제적인 것, 신체의 건강을 위한 것, 인지 기능의 유지를 위한 것 등 여러 가지를 포함한다. 이 책은 나이 듦에 관한 마음 공부로, 특히 50 이후 당면한 삶의 과제는 어떤 것이 있는지, 태어나서 죽음에 이르는 과정에서 이 시간이 어떤 의미인지, 또한 이 시간을 어떻게 보내야 하는지를 성장의 관점에서 살펴보려 한다.

먼저 50 이후 나이 듦에 대한 마음 공부가 중요한 이유는 다음과 같다. 첫째, 평균 수명의 연장이다. 20세기 들어서 현대인의 수명은 30년 가까이 연장되었다. 우리는 앞으로 살아야 할 70대, 80대, 90대의 삶에 대해서 아직 모르는 것이 많다. 90대까지 살아본 사람이 많지 않기 때문이다. 노년의 시간은 알려진 바가 적은 미지의 영역이다. 나이 듦에 대한 공부는 노년기 삶에 대한 지식 정보와 함께 이 시간을 받아들이는 태도를 정립하는 것까지 포함한다.

둘째, 앞선 세대들의 삶을 통해 얻은 노인에 대한 통념들, 기존의 사회적 함의에서 배운 노년의 모습은 이제 맞지 않는 옷이 되었다. 우리는 과거와 다른 삶의 조건 속에서 살아가고 있다. 나이 듦 공부를 통해 알게 모르게 주입되어 있던 낡은 고정 관념을 걷어 내고 새롭게 나이 들어갈 수 있을 것이다.

셋째, 우리는 다양한 모습으로 나이 들어갈 것이다. 경제 발전과 정보의 홍수로 노년의 삶은 획일적이기보다는 개별적인 것이 되었다. 즉 나이 드는 과정에서 이전보다 훨씬 많은 선택을 해야 한다. 다양한 피부 시술 및 성형외과 수술, 여러 안티에이징의 손길 덕분에 사람들은 백화점에서 옷을 쇼핑하듯이 나이 들어가는 외피를 선택할 수 있게 되었다. 여성 호르몬제, 발기 부전 치료제 덕분에 고갈되어 가던 여성성과 남성성을 보충할 수도 있다. 노년의 삶을 주체적으로 살아가기 위해서는 어떻게 나이 들 것인지에 대한 철학이 있어야 한다.

우리는 과거 부모님이나 선배 세대들과 다른 노년의 시간을 보낼 것이다. 또한 같은 세대 안에서도 저마다 다른 모습으로 나이 들 것이다. 몸이 겪는 노화는 속도의 차이는 있을지언정 대체로 비슷한 경로를 밟겠지만, 마음의 노화는 한 사람이 가지고 있는 노년에 대한 이미지에 따라 다를 수 있다. 전체 인생에서 노년의 시간이 어떤 의미를 가지고 있는지, 어떻게 나이 들 것인지, 죽음은 어떻게 맞이할지를 미리 생각하고 준비한다면 자신이 나이 들어가는 모습을 선택하고 계획할 수 있다. 이것이 우리의 나머지 시간을 이끌어 줄

등대가 될 것이다.

나는 이 책에서 관계, 감정, 지혜, 죽음의 관점에서 나이 듦을 살펴보려고 한다. 나이를 불문하고 언제나 우리 삶에서 의미 있는 주제이지만, 특히 50 이후에는 더욱 중요해진다. 이 책에서 이야기하는 50대와 60대의 성장점 또한, 정도의 차이는 있어도 어느 연령대에서나 중요한 요소들이다. 굳이 나이로 경계를 두지 말고 필연적으로 나이 들어가는 모든 인간의 마음이 겪는 균열과 그것을 메우기 위한 노력의 과정에서 발견하는 성장점이라고 보아 주면 좋겠다.

이 책이 다루고 있는 나이 듦은 내가 경험하고 관찰한 것들에 대한 지극히 주관적인 해석으로, 다른 사람들의 경험이나 해석과 다를 수 있다. 따라서 여기에 담긴 이야기는 정신과 의사로 살아가는 한 사람이 50대를 지나 60대 진입을 목전에 두고 바라본 '마음과 삶의 풍경'이라는 걸 이해해 주었으면 좋겠다. 이 글이 독자들에게 자기 나름의 스타일로 나이 들어가는 방식을 찾는 데 도움이 된다면 더할 나위 없이 기쁠 것이다.

한 가지 덧붙이자면, 이 책은 독자의 이해를 돕기 위하여 여러 사례를 포함하고 있다. 사례 속 인물들의 이름은 모두 가명이며 실제 사례를 각색한 가상의 이야기임을 미리 밝혀 둔다. 인물들의 이야기가 마치 내 이야기처럼 익숙하다면, 그것은 동시대를 살아가는 우리가 비슷하게 겪고 느끼는 일이기 때문일 것이다.

차례

1장

성장은 상실을 앞세우고 찾아온다

나이 듦에는 크게 상실과 성장, 두 가지의 요소가 함께한다.
그러나 사람들은 세상을 보는 평소의 습관대로
나이 듦에 대해서도 한 가지 측면만 보곤 한다.
흔히 50 이후의 삶을 '상실과 쇠퇴의 시간'이라고 하는데,
실제로 자세히 들여다보면 그러한 관점은 그 시간을 살아 보지 않은
사람들이 바깥에서 바라본 풍경이라는 것을 알 수 있다.
이 장에서는 나이 듦에 대한 흔한 오해와 통념을 밝히고
우리가 알아차리지 못했던 숨어 있는 성장점을 찾아보려고 한다.
이를 통해 나이 들어가는 태도를 세우면, 50 이후 시간의 흐름에
자신을 내맡긴 채 수동적으로 살아가는 것이 아니라
보다 능동적이고 밀도 있게 삶을 꾸려 나가는 데 도움이 될 것이다.

1.

상실의 자리에서 재구성하는 삶

50 이후 받아 든 성적표

나이에 따라 시간이 흐르는 속도는 다르게 체감된다. 어린 시절에는 시간이 더디 흘렀다. 벽에 눈금을 기록해 가며 키가 얼마나 컸는지 확인하듯이 한 살 한 살 헤아리며 나이를 기억했다. 그 시절에는 나이를 한 살 먹는 것으로 달라지는 것이 많았기 때문일 것이다.

그때 나이는 몸과 정신은 물론이고 삶의 조건과 환경이 달라지는 이정표이자 기준점이었다. 키가 커지고 몸이 변하고, 학년이 바뀌고 담임 선생님과 친구들이 달라졌다. 새 옷, 새 책, 새 학용품, 새 교실처럼 그때는 나이에 따라 나와 나를 둘러싼 세계가 크게 변했기 때문에 나이를 헤아리는 것은 큰 의미가 있었다.

언제부턴가 나이를 기준으로 삶이 달라지는 게 별로 없어졌다.

한 살을 더 먹기 전이나 후, 그날이 그날 같은 비슷한 날이 이어지며 떡국 먹는 것도, 나이를 헤아리는 것도 특별한 일이 되지 못하는 그런 나이가 되었다. 부끄러운 이야기이지만 가끔 누가 나이를 물으면 '내가 몇 살이지?' 하고 속으로 헤아리기도 한다. 해가 바뀌어도 바뀐 나이가 업데이트되지 않는 것이 노화해 가는 뇌의 농간인지, 아니면 한 살 더 먹기 싫은 마음의 장난인지 모르겠다.

우리는 대부분 자기가 나이를 먹고 늙어 간다는 것을 실시간으로 의식하지 않고 살아간다. 그러다가 신체적인 변화를 감지하거나 주변에서 일어나는 사건을 통해 자신이 더 이상 젊지 않다는 것을 불현듯이 자각하는 순간을 맞닥뜨린다. 정년퇴직을 앞두고 지하철에서 젊은 사람이 자리를 양보할 때, 크고 작은 건강상의 문제들이 생겼을 때 새삼스럽게 나이를 헤아려 보게 된다. 또 자녀들이 취업이나 결혼으로 독립해서 곁을 떠나게 되었을 때, 손자녀가 태어나 조부모가 되었을 때, 부모님을 포함한 가까운 사람과의 사별 등 역할이나 관계의 변화를 통해서 인식하지 못했던 시간의 힘을 확인할 수 있다.

내가 더 이상 젊지 않다고 느끼게 된 사건은 노안과 폐경이다. 노안이 오고 나니 불편해서 책을 읽기가 힘들었다. 책을 맘껏 볼 수 없다니, 나의 정체성을 이루고 있던 것 중의 한 가지를 잃어버린 것 같아서 한동안 의기소침했다. 다초점 안경을 착용하기 전에 잠시 돋보기를 사용했다. 돋보기를 쓰고 보니 왜 노인들이 코끝에 안경을 걸친 채 눈을 치뜨고서는 노려보는 것 같은 미운 표정을 짓는지 이해가 되었다. 돋보기를 쓰고 미운 표정을 짓고 있는 거울 속의 나를 바라보니, 이것이 바로 노인 되는 연습이구나 싶었다.

돋보기는 썼다 벗었다 하는 것이 영 불편했는데 이제는 다초점 안경에 적응해서 젊은 시절만큼은 아니지만 다시 책을 읽을 수 있게 되었다. 하지만 책 읽을 때나 운전할 때, 컴퓨터 작업을 할 때 등 눈과 관련된 불편함은 다초점 렌즈로 완벽하게 해소되지 않고 여전히 남아 있다. 요새는 백내장 수술을 하면서 시력을 교정하는 렌즈를 삽입하는 노안 수술을 받고 시력을 회복했다는 사람들이 많아지고 있다. 나도 언젠가는 고개를 이리저리 돌려 가며 초점을 맞추는 수고로움 없이 세상을 또렷하게 볼 수 있는 날이 올 수도 있겠다는 기대를 해 본다.

"아들이 결혼을 하겠다고 해요. 그 애가 자리 잡는 것만 보고 나면 나는 죽어도 상관없겠다는 생각이 들었어요. 아들이 제 인생에서 유일한 희망이었거든요. 이제 취업도 되었고 결혼해서 자기 가정을 이루고 나면 제 의무는 다한 거니까, 내가 없어도 아들은 잘 살겠거니 싶어요.

제가 살아온 삶이, 지금의 모습이 마음에 들지 않아요. 다시 시작할 기회는 없을 테고 차라리 그냥 버릴 수 있는 것이라면 버리고 싶어요. 남들처럼 제 커리어도 쌓지 못했고 돈을 많이 모으지도 못하고, 제 삶의 성적표가 너무 초라해요. 몇 번의 기회가 있었는데 남편이 반대해서 저만의 커리어를 쌓지 못한 것이 가장 후회돼요. 남편의 사업도 기대보다 성공적이지 못했고 제 인생도 남편 따라 도매로 별 볼 일 없는 인생이 되어 버렸어요.

젊은 시절에 제가 이루고 싶은 꿈이 있었는데 그걸 좇지 못한 것이 너무도 후회가 돼요. 20대에 같이 일했던 동료들 중엔 자기 분야에서 상당히 성공한 친구도 있어요. 그래서 동창 모임이나 직장 동기들 모임 있다고 연락이 와도 그냥 다 안 나가고 있어요."

50대 후반의 경주 씨는 만성적인 우울과 불면으로 치료를 받고 있다. 그녀에게 '자신을 버리고 싶다'는 말의 의미를 물으니 죽고 싶다는 뜻이라고 말했다. 경주 씨의 경우처럼 어떤 일을 계기로 문득 인생의 성적표를 받은 것 같은 기분이 들 때가 있다. 내가 지난 시간 동안 이루어 놓은 것이 남들에 비해 보잘것없다고 느낄 때, 혹은 지난날의 선택을 절실하게 후회하게 될 때이다. 이 성적표는 타인이 아니라 자기 자신이 보내 온 것이지만 그 성적표가 만족스럽지 않을 때 후회와 절망, 불안감에 시달린다.

젊은 시절에도 때때로 성적표를 받아 드는 것 같은 순간이 있다. 20대라면 대학 입시에 실패했을 때, 좋은 학교에 진학한 친구와 비교하며 자신의 인생 성적표가 엉망인 것 같은 마음에 시달릴 것이다. 간혹 진료실을 찾는 미혼의 30대 중에서는 주변의 친구들이 하나둘씩 결혼을 해서 가정을 이루고 부모가 되어 가는 것을 보며 자신만 뒤처지는 느낌에 시달리고 있다고 호소하는 이들도 있다.

그래도 젊을 때는 미진한 성적을 만회할 시간이 아직 있다는 생각으로 그 충격을 이겨 낼 수 있었다. 50 이후에는 이제 그런 시간이 남아 있지 않다는 조바심에 초조해지거나 침울해질 수 있다. 5060이 받아 든 성적표에는 경제적인 상황, 성인이 된 자녀의 사회경제적 성취, 행복하지 않은 결혼, 회복할 수 없는 건강의 문제들, 변해 버린 외모 등등이 마구 뒤엉킨 채 담겨 있다.

꽃이 진 자리가 열매 맺는 자리

한편, 노인 혹은 노년이라고 하면 우리는 관조, 전원생활, 귀농, 은퇴, 고독, 고립, 쓸쓸함 등과 같은 부정적인 것을 떠올린다. 노추, 노욕, 노망이라는 단어를 통해 알 수 있듯이 나이 듦에 대해서는 긍정적이기보다는 부정적인 이미지들이 많다. 우리가 흔히 나이 듦에 대해서 가지고 있는 이미지는 다음과 같다.

'인생은 출생 이후 점차 상승 곡선을 그리다가 50세 즈음에 정점에 도달해서 이후 점차 쇠퇴해 가는 과정을 겪게 된다.'

'인간의 한평생에는 봄, 여름, 가을, 겨울이 있으며 50대와 60대는 가을에 해당한다. 여름에 농사지었던 것을 수확하고 다가올 겨울을 대비해야 하는 나이이다.'

'은퇴는 50대와 60대에게 중요한 사건이다. 몸이 늙어감에 따라 열정이 점차 사그라든다. 생산성은 급격하게 줄어들며 새로운 일을 도모하는 것은 노욕에 지나지 않는다.'

이런 부정적인 인식을 요약하면 50 이후의 삶은 상실과 쇠퇴의 시간이며 이제 삶의 중심에서 주변부로 물러나 앉아야 한다는 의미를 담고 있다. 이러한 인식은 나이 들어가는 사람의 열정을 사그라들게 한다. 5060은 무언가를 하기에는 이제 너무 늦었다고 스스로 한계를 정하고 그 안에서 머뭇거린다.

하지만 우리의 삶을 자세히 들여다보면 상실은 5060에게만 국한된 것이 아니다. 30대, 40대에도 우리는 늘 무언가를 떠나보냈다.

10대나 20대도 마찬가지다. 청소년기의 성장은 동심의 상실, 어린 아이로서 누릴 수 있었던 보살핌과 의존의 특권을 떠나보내야 한다. 30대는 부부로, 부모로 성장하기 위해서 미혼 시절의 자유로움과 이기심, 자기중심적인 삶의 태도를 떠나보내야 한다.

이렇듯 성장과 상실이 동전의 양면처럼 늘 함께하고 있지만 사람들은 이것을 인식하지 못하고, 50 이전은 성장의 시간 그 이후는 상실과 쇠퇴의 시간이라는 이름을 붙인다. 50 이전에는 결혼이나 직장 생활, 자녀의 출산과 양육, 본인의 사회적 성취처럼 뭔가를 추구하는 삶이다. 성취와 성공을 좇느라 그 안에 함께 있는 상실을 의식하지 못한다.

50대가 되면 신체적 노화, 사회생활과 역할에서의 굵직한 변화들을 겪는데 이는 그동안 자신이 공들여 구축해 온 성취와 지위를 내려놓아야 한다는 것을 의미한다. 이러한 경험은 종종 상실과 쇠퇴로 인식된다. 그래서 많은 이들이 이 시기를 두려워하거나 우울하게 받아들이며 자신이 누렸던 젊음과 활력을 그리워하는 것이다. 이 상실이야말로 새로운 가능성을 품고 있다는 걸 잘 인식하지 못한다. 우리는 50 이후에 그 전과는 다른 성장점을 찾아야 한다.

젊은 시절에는 성장과 함께 있는 상실을 보지 못하여 교만하고, 나이 들어서는 상실과 함께 있는 성장을 보지 못해 우울하다. 50 이후에 겪는 상실은 단순한 쇠퇴가 아니라 자신의 삶을 재구성할 수 있는 새로운 시작이 될 수 있다. 우리가 쌓아 온 것들을 떠나보낸 자리는 비워지지만, 그 공간이 곧 새로운 삶의 씨앗이 자랄 수 있는 자리가 된다.

2.
나이 듦은 성장이다

늦은 나이란 없다

20대 중반 무렵, 나는 정신과 전공의 시험에 실패한 후 한 대기업의 사내 의무실에서 일을 하게 되었다. 당시 40대의 간호사가 같이 근무하고 있었다. 초등학생인 두 자녀를 둔 성실하고 책임감이 강한 분이었다. 어느 날 내가 그분께 물었다.

"40대가 되면 무슨 재미로 살아요?"

50대가 된 지금의 나에게 20대인 누군가 이런 질문을 한다면 버릇없고 당돌하다고 생각할 것 같은데 그분은 상냥하게 이렇게 대답했다.

"나는 지금이 좋아요. 나의 20대는 어느 것도 결정된 것이 없어서 불안정했기 때문에 현재의 안정감이 좋아요. 다시 20대로 돌아갈 거냐고 물으면 안 돌아가고 싶어요."

나는 그녀의 대답에 '정말 그럴까?' 싶으면서도 나이 드는 것에 다소간의 기대를 가지게 되었다. 특별할 것 없는 어느 날의 대화였지만 오랫동안 기억에 남아 있다가 한 번씩 불쑥 떠오르곤 한다.

젊음은 아름다움이고 늙음은 추함이라는 것이 사람들의 마음속에 자리 잡고 있는 일반적인 생각이다. 고백하건데 나도 지금보다 젊었을 때는 당연히 젊음이 좋다고 생각했다. 그땐 세상이 젊음을 중심으로 돌아가고 있으며, 주인공은 당연히 젊은이라고 생각했다. 어리석게도 영원히 젊을 줄 알았나 보다. 누구나 삶이라는 자신의 무대를 각자 치열하게 살아간다는 것을 그때는 몰랐다.

50 이후의 삶에 대한 흔한 통념 중 하나는 새로 시작하기에 너무 늦은 것이 아닌가 하는 것이다. 그런데 5060만 이런 생각을 하는 것이 아니다. 진료실에서 만나는 20대나 30대도 '뭔가를 하기에 너무 늦은 나이가 아닌가' 하며 머뭇거리는 모습을 보일 때가 있다.

"스무 살에 대학 입학에 실패한 후 군대에 입대했어요. 그땐 딱히 하고 싶은 것도 없는 상태였거든요. 이제 전역해서 새로 입시에 도전해 보고 싶은데 너무 늦은 것은 아닐까 해서 망설이고 있어요. 다른 친구들은 다 저만큼 앞서가고 있는데 나만 너무 뒤처지는 것 같아요."

"간호조무사 자격증을 따 보려고 생각했어요. 자격증을 가지고 있으면 나이 들어서도 일할 수 있을 것 같아서요. 학원에 등록하려고 알아보는 중이에요. 그런데 오늘 아침 갑자기, 결혼한 후로 전업주부로만 지내 왔는데 서른다섯이라는 나이가 뭔가를 새로 시작하기에는 너무 늦은 나이가 아닐까 하는 생각이 들었어요."

즉 '뭘 하기에 너무 늦은 것은 아닌가'라는 생각은 나이와 무관한, 한 사람의 성격 특성이나 삶의 태도와 관련이 있다. 이것은 마음속 깊이 자리한 다양한 갈등의 표현이다. 위 사례의 30대 여성은 마음속 깊은 곳에 실패에 대한 두려움이 있었다. 그녀는 실패했을 때 느끼게 될 실망감과 주변 사람의 시선에 대한 두려움 때문에 좀처럼 새로운 시도를 하지 않고 안전한 상황에 머물러 있으려고 하는 경향이 있었다.

믿는 대로 나이 들어갈 것이다

이 책을 준비하면서 수많은 선언과 금기들이 나의 정신을 지배하고 있다는 것을 새삼 발견했다. 그것들은 어린 시절 부모님의 영향 혹은 학교 교육 등 일상 속에서 알게 모르게 나에게 남겨진 것들이다. 예를 들어 베개를 세우면 안 된다거나 문지방을 밟으면 안 된다, 여자는 이래야 한다, 몇 살에는 어떻게 살아야 한다는 것 등이다.

고등학교 때 가정 시간에 가족계획에 대해 배웠다. 당시 우리나라는 인구 증가를 막기 위해서 한 집에 2명의 자녀를 모범으로 제시했다. 교과서에 3년 터울로 2명의 자녀를 낳는 것이 좋다고 적혀 있었다. 그래서 나의 언니, 동생, 친구들 대부분이 책에서 배운 대로 2명의 자녀를 낳았다. 요즘은 아무리 출산을 장려해도 젊은 사람들이 아이를 낳지 않아 인구 감소를 걱정해야 하니, 격세지감을 느낀다. 이처럼 알게 모르게 우리 안에 이식된 사회적 통념이나 가치관은 우리가 살아가면서 맞닥뜨리는 여러 가지 선택과 결정에 영향을 주어 삶의 방향을 결정짓는다.

자기실현적 예언self-fulfilling prophecy은 사회학과 심리학에서 중요한 개념으로, 특정한 믿음이나 기대가 실제로 현실에 영향을 주는 현상을 설명한다. 더 쉽게 말하자면 사람이 어떤 상황에 대해 가진 판단이나 기대가 그 사람의 행동에 영향을 미치고, 결국 그 기대가 현실이 되도록 만든다는 의미이다.

예를 들면 어떤 사람이 자신이 사랑받을 만한 가치가 없는 사람이라고 생각하거나, 지금 곁에 있는 사람들이 언젠가는 자신을 떠날 것이라고 믿고 있다면 이러한 신념은 그의 행동에 영향을 준다. 그는 타인을 불편하게 하거나 공격하는 행동을 해서 결국 자신이 원하지 않던 일, 즉 사람들이 떠나고 그로 인해 소외되는 결과를 불러일으킨다.

다른 예를 들어보자. 한 여성은 남동생이 어린 시절에 비행을 저지르는 문제아였다. 남동생은 성인이 되어서도 사회에 적응하지 못하고 교도소를 들락거렸다. 그녀는 결혼해서 아들을 낳았는데, 혹시라도 아들이 남동생처럼 될지도 모른다는 두려움이 있었다. 그녀는 아들을 엄격하게 대했고 사소한 잘못도 넘어가지 못하고 혼을 내고 간섭을 했다. 초등학교 때까지 온순하던 아들은 중학생이 되자 그녀에게 반항을 하기 시작했고, 결국 아들과 심한 갈등을 겪게 되었다. 그녀는 반항하는 아들을 보며 혹시 남동생처럼 되는 것은 아닌지 극심한 불안에 사로잡히곤 했다.

이러한 자기실현적인 예언은 나이 드는 것에도 비슷하게 영향을 준다. 우리는 살아오면서 부지불식간에 나이 듦에 대한 사회적 통념을 학습해 왔다. 그것은 어떤 가치관을 형성해 나이 드는 방식과 방향에 영향을 준다. 5060이 나이 듦에 대한 공부가 필요한 이유가 바로 여기에 있다. 나이 듦을 이해하고 어떻게 나이가 들 것인지 방향을 설정한다면, 부정적인 통념에 휩쓸리지 않고 보다 긍정적이고 의미 있게 나이 들어갈 수 있다.

지금까지 노인과 나이 듦에 대해 부정적인 고정 관념이 많았기 때문에 사람들은 사회에서 입혀 주는 노인의 옷을 입었을 때 흡사 불치병을 선고받기라도 한 것처럼 화들짝 놀란다. 노인이라고 선언되는 순간, 고정 관념에 갇혀 그 틀에 맞추어 살아가게 된다.

나이 듦에 대한 공부의 출발점은 부정적인 편견을 교정하는 것에서부터 시작해야 한다. 이를 위해 나이 듦에 대해 어떤 고정 관념과 가치관을 가지고 있는지, 그것이 언제부터 무엇에 영향을 받아서 생겼는지 성찰해 보아야 한다. 나이 듦에 대한 부정적 편견은 어린 시절부터 반복되고 있는 마음 습관의 다른 표현일 수도 있고, 나도 모르는 사이에 사회에서 통용되는 편견들을 무비판적으로 받아들인 것일 수도 있다. 이러한 편견과 고정 관념을 확인하고 수정해야 나이 듦을 상실과 쇠퇴가 아니라 성장의 관점에서 받아들일 수 있다.

3.
50 이후 30년, 축복이자 과제

인생을 바라보는 새로운 지도

영국의 인구학자인 피터 라슬렛Peter Laslett(1915~2001)은 노인이라고 하기에는 건강한 은퇴자들의 수가 증가하는 인구학적 변화를 발견하고, 그들의 삶을 새로운 시각으로 바라보아야 한다고 주장했다. 그는 이러한 관점을 바탕으로 1989년 《인생을 바라보는 새로운 지도A Fresh Map of Life》라는 자신의 저서에서 인간의 전 생애를 4개의 시기로 나누었다. 그의 이론은 연령이나 생물학적 기준이 아닌 삶의 경험과 사회적 역할을 기준으로 인간의 생애를 구분했다는 점이 특징이다. 그의 발견은 현대 사회에서 노년기에 대한 시각을 혁신적으로 변화시켰다. 그 내용을 살펴보면 다음과 같다.

첫 번째 단계(출생~25세): 성장과 학습의 시간이다. 사회적 준비를 위한 시기. 어린 시절부터 청소년기, 젊은 성인기까지를 포함하며, 교육과 훈련을 통해 성인으로서 사회적 역할을 할 준비를 하는 시기이다.

두 번째 단계(25~50세): 일과 책임의 시간이다. 성인으로서 사회적, 경제적 책임을 지는 단계. 직업을 가지고 가족을 부양하며, 사회에서 중요한 역할을 수행하는 시기이다.

세 번째 단계(50세~75세): 자기 성찰과 새로운 기회의 시간. 사회적 역할에서 벗어나는 시기. 과거의 생산적 역할에서 벗어나 새로운 활동을 찾고, 자기 성찰과 개인적 성장의 기회로 삼을 수 있는 시기이다.

네 번째 단계(75세 이후): 의존과 쇠퇴의 시간. 신체적, 정신적 쇠퇴와 의존이 시작되는 시기로, 점차 독립성을 잃고 다른 사람들의 돌봄이 필요해진다. 이 시기를 통해 자신의 유한성을 받아들이고 인생을 마무리하는 과정을 겪는다.

이 중 세 번째 단계는 이전 세대의 삶에서는 아주 짧게 지나가서 크게 조명받지 못했다. 평균 수명의 연장으로 백 세 시대를 살 지금의 50대와 60대가 이 시기를 어떻게 보내느냐는 삶의 질과 만족도에 크게 영향을 준다. 이 시간은 축복인 동시에 과제이다. 이 시기의 과제는 자아 성찰, 사회적 기여, 관계의 재구성, 정서적 성장으로 요약할 수 있다.

은퇴 후 새로운 성장과 자기 발견이 가능한 시기로, 그동안의 사회적 책임에서 벗어나 삶의 진정한 의미를 찾는 과정에서 이전과 다른 성장을 경험할 수 있다. 역할과 사회적 관계의 축소로 인한 고립과 고독, 소외와 정체감은 이 시기에 풀어야 할 과제이다. 네 번째 단계는 이 책의 마지막 부분에서 다룰 주제와 관련이 있으니 함께 기억해 두기를 바란다.

이제 장수는 기본이고 어떻게 사는 것이 좋은 인생인지를 고민하는 시대가 되었다. 하버드 대학교 성인 발달 연구소에서 중년의 성장을 연구한 윌리엄 새들러William A. Sadler(1931~)는 《서드 에이지, 마흔 이후 30년》이라는 책에서 피터 라슬렛이 정립한 4개의 시기 중 세 번째 시기에 해당하는 40대 이후 30년 간 성장의 과제를 다음과 같이 6가지로 제시했다.

1. 중년의 정체성 확립하기
2. 일과 여가 활동의 조화
3. 용감한 현실주의와 성숙한 낙관주의의 조화
4. 자신에 대한 배려와 타인에 대한 배려의 조화
5. 진지한 성찰과 과감한 실행의 조화
6. 자신만의 자유와 타인과의 친밀한 관계의 조화

윌리엄 새들러의 6가지 성장 과제는 나이 드는 과정에서 추구할 성장의 방향을 잘 보여 준다. 특히 주목할 점은 그가 선택이 아닌 조화를 강조했다는 것이다. 즉 50대 이후의 성장은 서로 상반된 요소 중에 어떤 것을 버리고 선택하는 것이 아니라 균형을 찾아가는 것이라 할 수 있다.

예를 들어 50 이후 나 자신을 위한 삶을 살아간다고 해서 부모나 배우자로서의 역할을 완전히 벗어 버릴 수는 없다. 그보다는 나에게 주어진 여러 역할의 비중을 조정해서 조화를 찾아가야 한다.

50 이후의 성장

나이 들어 좋은 점 중 하나는 젊은 시절 미루어 두었던 꿈을 실현할 수 있는 기회를 찾을 수 있다는 것이다. 60대 정지순 씨의 사례에서 이러한 점을 발견할 수 있다.

"어렸을 때 아버지가 일찍 돌아가시는 바람에 초등학교밖에 나오질 못했어요. 어머니가 혼자 저희들을 키우셔야 했기 때문에 경제적으로 어려워서 오빠하고 남동생만 공부를 시켰어요. 저는 공부 못 한 게 늘 한이었죠.

아이들이 성인이 되고 나니까 여유가 생기더라고요. 어느 날 배달된 신문 속에서 저처럼 나이 든 사람들 중·고등학교 교육을 해 주는 학교가 있다는 전단지를 발견했어요. 전단지를 보관하고 있다가 남편에게 보여 주면서 여기 가고 싶다고 이야기했어요. 남편이 흔쾌히 학교까지 함께 가서 입학시켜 주었어요. 남편이 내 중·고등학교 교육을 시켜 준 거죠. 남편한테 정말 고맙죠. 하는 김에 대학 공부도 해 보자 싶어서 사회 복지학과에 입학했어요."

정지순 씨는 60대 중반에 4년제 대학에 입학해 사회 복지학 공부를 했다. 4학년 과정을 이수했지만 졸업 시험을 통과하지 못해서 졸업장을 받지는 못했다. 다시 졸업 시험에 도전해서 졸업장을 받고 공부를 마무리 지을 것인지 한동안 고민했지만 그녀는 공부를 그만두기로 결정했다. 공부를 뒷바라지해 주었던 남편에게 뇌졸중이 와서 그 후유증으로 그녀의 보살핌이 필요했기 때문이다. 또 그녀가 공부 때문에 밤잠을 못 잘 정도로 스트레스를 받으니 지켜보던 자녀들이 그만두기를 권한 것도 있었다. 자녀들이 그녀에게 이렇게 말했다고 한다.

"엄마, 여기까지 온 것만으로도 대단해요. 이제 공부 스트레스 받지 말고 편하게 지냈으면 좋겠어요."

나도 졸업 여부와 상관없이 정지순 씨가 대단한 걸 해냈다고 생각한다. 어떤 사람들은 원하기만 할 뿐 그저 생각에 그치고 마는 것을, 그녀는 실행하는 용기를 보여 주었기 때문이다. 이처럼 남들은 너무 늦었다고 생각하는 나이에 도전하는 용기를 보여 준 어르신들의 이야기는 특별한 사람들만의 이야기가 아니라 정지순 씨처럼 우리 주변에서 드물지 않게 접할 수 있다.

늦은 나이에 공부하는 그녀의 도전에 대해 그 나이에 취업해서 돈을 벌 것도 아니면서 무슨 공부냐고 곱지 않은 시선을 던지는 사람도 있었다고 한다. 하지만 우리는 꼭 무엇이 되기 위해서 사는 것은 아니다. 어린 시절부터 마음속에 있었지만 미루어 두었던 꿈을 꺼내서 그것을 향해 가는 과정만으로도 그녀는 5060의 시간을 보람 있게 살아 냈다. 결과에 상관없이 도전 자체로도 훌륭하다.

소설가 박완서 씨는 1970년, 당시로서는 늦은 나이인 40대에 등단한 이후 수많은 작품을 발표해 우리나라의 현대 문학을 대표하는 인물이 되었다. 1920년생인 철학자 김형석 교수는 90대에도 여러 권의 책을 집필하고 100세가 넘은 현재까지도 신문에 정기적인 기고를 하고 있으며 강연도 하신다. 그는 백 년을 살아 보니 60세에서 75세 사이가 인생의 황금기였다고 했다. 올해로 104세인 김형석 교수는 한 강연회에서 다음과 같은 말씀을 하셨다.

"인생은 60세부터 시작이고, 80살이 되기도 전에 늙었다고 생각하는 사람은 바보야."

"82세쯤 되었을 때 몇 살쯤 되면 내 인생을 살 수 있을까 생각하니 겨우 60은 돼서야 내가 나를 믿고, 다른 사람들도 날 믿어 주고, 존경도 받는 것 같고, 자신감도 생기더라."

"사람은 성장하는 동안은 늙지 않는다. 반대로 성장이 끝날 때 늙는다. 그럼 성장하는 나이가 몇 살까지인가? 쭉 살아 보니 75세까지는 성장하더라."

나이 든 이후의 성장이 많이 배운 사람들에게만 가능한 것은 아니다. 1928년생인 김두엽 할머니는 83세에 그림을 시작했다. 그녀는 학교를 다닌 적도 그림을 배운 적도 없었지만 일하러 간 아들을 기다리며 빈 종이에 그림을 그리기 시작했다. 2016년 89세에 첫 전시회를 열었고 2021년에는 《그림 그리는 할머니 김두엽입니다》라는 에세이집을 펴냈다. 2023년에는 역시 화가인 아들과 함께 23번째 전시회를 열었다.

50 이후는 자신의 삶을 구성하던 여러 가지 요소들의 우선순위를 재조정하는 시기이다. 이때 겪는 신체의 노화, 은퇴나 자녀의 독립, 부모를 여의는 것과 같은 사건들과 관계에서의 역할 변화는 성장의 기회를 제공한다. 경제적인 자원, 정신적 에너지, 시간적 여유를 확보할 수 있고 이러한 잉여 자원을 자신을 위해 사용할 수 있다.

어린 시절에는 부모님이 나를 키웠고, 인생의 중반에는 내가 자녀를 키우고, 이제 인생의 후반에 들어서면서 내가 나를 키울 수 있는 시간이 도래한 것이다.

뭔가를 시작하기에 늦은 나이란 없다. 젊음은 나이나 외모가 아니라 마음에 깃든 열정과 목표가 결정한다. 열정과 목적성을 잃으면 삶은 마치 죽음을 기다리는 사형수의 그것이 되고 만다. 삶의 열정은 유효 기간이 없다. 대단한 성취가 없어도 좋다. 도전해 보는 용기만으로도 우리의 남은 시간을 더 밀도 있게 채워 나갈 수 있다.

4.

생의 후반부를 맞이하는 태도가 중요한 이유

나이 듦의 목표

흔히 나이 듦의 목표를 '생산적인 노화' 혹은 '성공적인 노화'라는 말로 표현하기도 한다. 초창기 성공적 노화의 모델은 신체적, 정신적, 경제적 안녕에 초점을 두었지만 점차 자기 수용, 타인과의 긍정적인 관계, 자율성, 인생의 목표, 개인의 성장, 환경에 잘 적응하는 것 등 내면적인 요소를 중요시하게 되었다. 거기에 더하여 개인이 추구하는 삶의 만족, 삶의 의미와 같은 영적이고 초월론적인 차원에서의 의미가 중요해졌다.

정년퇴직을 앞두고 있는 박호섭 씨는 음주 문제로 진료실을 찾았다. 그가 술을 마시는 이유는 직장에서 사람들하고 어울리기 위해서였고 또 스트레스를 달리 해소할 방법이 없어서였다. 그는 조직 사회에서 밀려날 것에 대한 두려움으로 남들보다 더 열심히 일했다. 열정적으로 일을 하다 어느 순간 무너지듯이 무기력해지면 한동안 술에 빠져서 지냈는데, 이런 패턴은 그의 인생에서 반복되고 있었다. 결국 과도한 음주로 알코올 의존과 간경화가 생겼다.

그는 정년퇴직을 2년 남겨 두었다. 젊은 시절 성공을 위해 열심히 달려왔던 사람답게 그 연장선에서 나이 듦의 목표를 설정했다. 약간은 위태로워 보이는 그의 정년퇴직 후의 계획을 들어 보자.

"요즘 정년퇴직 후에 어떻게 보낼 건지를 공부하고 있어요. 성공적인 노후를 위해서 악기 하나쯤 잘 연주하고 싶고 운동도 하나쯤 배우고 싶어요. 아내가 여행을 좋아해서 전국 각지에 여행 갈 곳 리스트를 정해서 도장 깨기 식으로 하나씩 가 볼 생각이에요."

그는 정년퇴직 후의 계획을 이야기하면서 의욕이 충만해 있었다. 그런 모습을 보며 미리 퇴직 후의 삶을 준비하는 것은 바람직하다는 생각이 들었다. 하지만 지금까지 그에게 반복되어 왔던 삶의 패턴에 비추어 볼 때 과도하게 의욕이 충만한 노후 계획이 위태로워 보였고 지속 가능성이 의심이 되었다.

그는 이야기하는 동안 버킷 리스트와 도장 깨기라는 말을 여러 차례 사용했다. 도장 깨기란 유명한 무술 도장을 찾아가 그곳의 실력자들을 꺾는 것처럼, 특정 분야에서 어려운 장벽이나 기록을 넘는 것을 의미한다. 열심히 살아왔던 그는 무언가를 열심히 해내는 것이 성공적인 노후라고 생각하고 있었다.

하지만 앞으로 남은 시간 동안 그에게 필요한 것은 당장 무엇을 하는 것이 아니라, 타인의 기대에 부응하며 만들어 온 건강하지 못한 습관들(이것이 그의 음주 문제와도 관련이 있었다)을 내려놓고 자신을 찾는 것이다. 그에게는 doing 하는 것보다 being 하는 것이 필요해 보였다. 끊임없이 뭔가를 하려고 하는 그의 마음속에는 불안감이 숨겨져 있었다. 뭔가에 몰입함으로써 불안을 잊으려 했다. 지금은 자신의 마음을 들여다보고 마음속 깊은 곳의 불안을 확인해 그것을 다스리는 것이 은퇴 후 계획에 포함되어 있어야 한다.

인생을 아름답게 마무리하기 위해서는 노년기를 어떻게 살아낼 것인지 목표와 방향을 설정하는 것이 중요하다. 성공적 노화란 모든 사람들이 같은 모습으로 나이 들어가는 획일적인 것이 아니라 개별적인 것으로, 자신에게 맞는 방향과 목표를 설정해 스스로 노년을 디자인해야 한다. 이를 위해 퇴행적인 나이 듦과 성장하는 나이 듦을 알아보자.

퇴행적인 노화는 나이 듦을 상실과 쇠퇴라는 관점으로 본다. 죽음에 대한 두려움에 압도되어 우울한 시간을 보낼 수 있다. 혹은 상실과 쇠퇴를 보상하기 위해 나이 듦을 부정하고 젊음에 집착하며 시간을 보낼 수도 있다. 젊은 시절의 신체적인 능력과 외모를 유지하거나 젊은 시절처럼 의욕적으로 생산적인 삶을 사는 것, 즉 젊음의 연장이 성공적인 노화라는 주장에 현혹되기도 한다.

이들은 현재의 삶에 집중하기보다는 과거의 성취와 기억에 머무르며, 이를 반복적으로 회상하고 그리워한다. 새로운 경험이나 도전을 두려워하고, 익숙한 것들에만 의존하려는 경향이 있다. 관계에서 고립되고 소외되어 있어 불안이나 우울과 같은 정서적인 어려움을 겪을 가능성이 많다.

퇴행적으로 나이 드는 것은 불안에 사로잡힌 나이 듦이다. 삶에 미련과 집착이 많아 죽음을 두려워한다. 이들은 노년기에 노화와 죽음과 관련된 심리적 어려움을 잘 해소하지 못하고 주변 사람들과 마찰을 빚거나 돌보는 사람들에게 부담을 줄 수 있다.

반면, 성장하는 노화는 50 이후의 시간에서 도전과 성장의 요소를 발견해 간다. 5060의 삶에서 성장은 이전 시기와는 결이 다르다. 즉 이 시기의 성장은 외적 조건이 아닌 자신의 내면을 가꾸며 나이 듦을 배우는 과정에서 삶의 의미를 발견해 나가는 것이다. 관계에서 이전과는 다른 깊고 새로운 감정을 경험하고 더 지혜로운 눈으로 인생 전체를 조망할 수 있게 된다.

성장하는 노화는 인생의 끝을 받아들이면서도 남은 시간을 최대한 긍정적으로 활용하려고 한다. 새로운 것을 배우고 경험하려는 의지와 호기심이 계속되고 있으며 가족, 친구, 지역 사회와 연결을 유지하고, 새로운 관계에도 관심이 있다. 자신의 삶을 돌아보며 성취감을 느끼고, 여전히 목표를 설정하고 이를 달성하려고 노력한다. 이들은 죽음을 삶의 한 단계로 받아들이기 때문에 죽음과 관련된 불안도 낮다.

우리는 퇴행적인 나이 듦과 성장하는 나이 듦 사이를 오가며 나이 들어갈 것이다. 한 사람의 내면에 퇴행적인 나이 듦과 성장하는 나이 듦이 동시에 있을 수 있다. 성장은 완료된 상태가 아니라 진행형이다. 완벽한 상태에 도달해서 끝나는 것이 아니라 바르게 설정한 방향을 향해 발걸음을 옮기는 것이 바로 성장이다. 즉 성공적 노화란 계속해서 성장해 가는 적응의 과정이다.

어떻게 나이 들어갈 것인가

나이 든 나로 살아갈 시간이 길어진 만큼 다양한 도전이 우리 앞에 놓여 있다. 나는 진료실에서 10대 청소년부터 90대의 어르신까지 다양한 연령대의 사람들을 만나고 있다. 한 사람의 삶을 10대부터 90대까지 한평생 동안 관찰하는 것은 불가능하지만(이를 위해서는 80년의 세월이 필요하다) 여러 연령대에 속해 있는 사람들의 모습을 통해 10대부터 90대까지의 인생사를 전체적으로 비교해 볼 수 있다. 정신과 의사로서 20여 년 동안 이들의 삶을 관찰한 것을 토대로 생각해 본 '건강하게 나이 들기 위해 필요한 마음가짐'은 다음과 같다.

먼저 과거의 나와 화해하자. 나이가 들면서 지난날을 돌아보며 젊은 시절 왜 그렇게 살았는지 혹은 왜 그러지 못했는지 후회하거나 자신을 책망하는 마음이 들 수 있다. 또 책망하는 나 자신을 한심하게 생각해서 미워할 수도 있다. 하지만 책망하는 마음이 드는 것은 내가 성장했기 때문이다. 스무 살 시절의 선택을 50대의 관점으로 바라보면 못마땅할 수밖에 없다. 그동안 나이를 먹고 수많은 경험을 통해서 나는 그 시절보다 지혜로워졌다. 세상사를 보는 관점과 가치가 변했기 때문에 후회와 아쉬움은 당연하다. 그때 나는 그 상황에서 할 수 있는 최선의 선택을 하고 노력했음을 이해하고 용서해야 한다.

50 이후에도 꿈을 가져 보자. 나이가 들어도 여전히 목적의식이 필요하다. 50대 이후에도 꿈이 필요하다는 것은 삶의 목표, 목적성과 그것을 이루기 위한 열정을 포기하지 말자는 뜻이다.

5060의 삶의 목표는 '무엇이 되고 싶다'보다는 '어떤 사람이 되고 싶다' 혹은 '어떤 삶을 살고 싶다'가 될 것이다. 이렇게 저렇게 나이 들어가고 싶다거나 남아 있는 시간을 어떻게 보내겠다는 것이 될 수도 있다.

어린 시절을 돌아보면 여러 차례 장래 희망이 달라졌을 것이다. 한때 품었던 꿈에 대한 관심이 식기도 하고 또 좌절되기도 한다. 이처럼 무엇이 되겠다는 것은 변할 수 있으며 이루지 못할 수 있다. 꼭 무엇이 되어야 한다는 목표를 고수하던 사람은 그것이 좌절되면 힘든 시간을 보내는 경우가 많다. 하지만 어떤 삶을 살겠다는 목적, 방향을 가지고 있는 사람은 그런 좌절을 잘 극복해 낼 수 있다. 그 좌절된 목표가 그의 전부가 아니기 때문이다.

어떤 삶을 살겠다는 것은 나의 조건과 상황이 달라져도 삶에 일관성을 부여한다. 내 삶의 목표는 내가 발견한 마음과 인생에 대한 통찰을 사람들과 나누고, 이를 통해 그들의 성장을 돕겠다는 것이다. 언젠가 진료를 그만두는 날이 오더라도 그 목표는 내 삶의 중심을 잡아 주고 방향을 제시해 줄 것이다.

나이 듦에 있어서 우리가 반드시 지녀야 할 태도는 공부하는 자세이다. 노년의 공부는 새로운 지식이나 악기를 배우고 운동을 하는 것과 같은 취미일 수도 있지만, 그것보다 더 중요한 것은 자신과 인생에 대한 배움이다. 50 이후 자신을 이해하고 나이 듦에 대해 배우겠다는 의지가 우리를 성장의 방향으로 나아가게 할 것이다.

물론 용기를 내고 낙관적인 태도를 유지하려 노력해도 나이 듦과 관련된 고통을 피할 수는 없다. 외모의 변화, 죽음, 은퇴, 신체 기능의 쇠퇴, 자녀의 독립, 사랑하는 사람과의 사별 등은 내가 어떻게 할 수 없는 일이다. 내가 결정할 수 있는 것은 나의 나이 듦을 어떻게 바라보고 받아들일 것인가, 즉 나이 듦에 대한 태도이다.

내가 건강하게 나이 들어가는 것은 자녀를 포함한 인생의 후배들에게 길잡이가 될 것이다. 백범 김구 선생은 '오늘 내가 걸어간 발자국은 뒷사람에게 이정표가 될 것이니 눈 덮인 들판을 걸어갈 때 함부로 걷지 말라'고 했다. 우리가 조부모님이나 부모님의 삶을 통해 배웠듯이 자녀들과 인생의 후배들은 우리의 삶을 통해 인생과 나이 듦을 배울 것이다. 이것이 우리가 잘 나이 들어야 하는 이유이다.

어떤 모습으로 나이 들고 싶은지 목표를 설정해 보자. 이것이 5060 이후 삶의 지향점이 되어 줄 것이다. 내 안의 소망을 소리 내어 이야기하거나 글로 적어 보는 것은 마음속에 품고만 있는 것과는 다른 강력한 힘을 가진다.

나는 이렇게 늙어 가고 싶다. 오래도록 부모로서의 품위를 잃지 않고 살고 싶다. 아이들이 노년의 모습이 추하지 않다고 느낄 수 있도록, 주름진 노년의 시간에도 마르지 않는 천진함과 명랑함을 유지하고 싶다. 나의 부족함을 솔직하게 인정하고 기꺼이 젊은 사람들에게 도움을 청하고 도움을 받아들이겠다. 이를 통해 그들이 자신의 성장과 헌신에 자긍심을 느낄 수 있도록 하겠다. 몸이 노쇠하여 때가 되면 보살핌을 받아들이고, 그러한 경우라도 내내 총명함을 유지해서 아이들이 인생의 길을 물어올 때 나의 지혜를 나누어 주고 싶다. 죽음에 대한 공포에 압도될 수도 있겠지만 놀이공원의 '후룸라이드'를 타듯이 죽음을 맞이하고 싶다.

2장

다시 푸는
관계의 방정식

자녀가 독립하거나 결혼을 해서 새로운 가족을 이루는 것,
조부모가 되는 경험, 부모 형제 혹은 배우자와의 사별,
일을 그만두는 것 등은 50 이후 경험하는 굵직한 사건들이다.
이러한 변화는 여러 가지 성장의 가능성을 내포하고 있다.
이 시기에 경험하는 관계의 변화를 잘 이해하는 것은 5060의 삶에서
중요한 요소이다. 관계의 변화에 수동적으로 이끌려 가기보다는
변화에 대처하고 주체적으로 관계를 관리해야 한다.
이 장에서는 5060이 겪는 다양한 관계의 변화와 그 안에 숨어 있는
성장점을 찾아보고 이것을 어떻게 돌봐야 할지 살펴볼 것이다.

1.

좋은 관계가 좋은 인생을 만든다

관계는 두 사람이 키우는 나무

인간은 관계의 거미줄 위에서 살아간다. 사회적 존재로 살아가는 인간은 필연적으로 성격이 다른 여러 유형의 관계를 맺으며 살아간다. 우선 부모, 형제, 자녀를 포함한 혈연으로 맺어진 관계를 떠올려 볼 수 있다. 또 배우자나 배우자의 부모 형제 등 결혼으로 맺어진 관계가 있다(인척이라고 한다). 어린 시절부터의 친구나 학창 시절의 동창 등 우정에 기반한 관계가 있고, 일이나 업무 등으로 맺어진 동료나 지인 등 사무적인 관계도 있다.

화재가 일어났을 때나 고산 지대를 등반할 때와 같은 특별한 상황에서 산소의 중요성을 깨닫듯이, 우리는 관계 속에서 살아가지만 이를 의식하지 못한다. 하지만 조금만 관심을 가지고 들여다보면 내가 맺어 왔던 수많은 관계들이 나의 인생이라는 그림을 이루는 씨실과 날실이라는 것을 알 수 있다.

특히 친밀한 관계는 정신적인 행복감뿐만 아니라 신체 건강과 인지 능력의 유지와 같은 신체적 생존을 위해서도 가치가 있다. 친밀함은 관계의 질을 결정하는데 이것은 누군가와 서로 가깝다고 느끼는 것, 즉 두 사람 사이에 형성된 정서적 유대이다. 친밀함은 두 사람이 함께한 시간이 쌓이고 서로에 대해서 더 많은 것을 알게 되고, 감정적 경험이 깊어지면서 형성된 유대, 즉 서로 간의 연결이다. 따라서 친밀함은 사람과 사람을 연결하는 끈과 같은 것이라고 할 수 있다.

태아가 뱃속에서 어머니와 탯줄로 연결되어 있어 생명을 유지할 수 있듯이 사람은 친밀함을 통해 타인과 연결되어 인생을 살아가는 데 필요한 에너지를 충전할 수 있다. 친밀함으로 연결된 관계를 통해서 나의 존재를 확인하고 인생의 허무를 이겨 낼 수 있으며 삶의 고통을 완화할 수 있다.

우리는 친밀한 관계 안에서 서로를 돌보아 주며, 사랑하고 소통한다. 서로를 신뢰할 수 있기 때문에 긴장을 풀고 자신의 가장 취약한 점을 안심하고 드러낼 수 있다. 나의 욕구를 표출할 수 있으며 또 상대의 욕구에 귀 기울일 수 있고 그것을 채워 주기 위해 노력할 수 있다. 서로의 성장과 복지를 위해서 이기심을 내려놓고 헌신할 수 있다.

내가 관계 맺고 있는 사람들은 친밀함의 정도에 따라 나를 중심으로 한 여러 겹의 동심원을 이루고 있다. 이를 상상해 보는 것은 관계의 변화와 성장을 이해하는 데 도움이 된다. 관계의 동심원 개념을 통해서 다음과 같은 관계의 속성을 알 수 있다.

우리는 다양한 사람들과 관계를 맺고 있지만, 그 관계에서 느끼는 친밀함의 깊이는 저마다 다르다. 또 이 동심원상에서 어느 한 사람의 위치는 시간과 상황에 따라 달라질 수 있다. 즉 친밀함의 정도는 변할 수 있다는 뜻이다. 가까운 사람이 멀어질 수도 있고, 나에게 그다지 중요하지 않았던 사람이 가까운 사람이 될 수도 있다. 따라서 지금 친밀한 관계라 하더라도 그것이 영원할 것처럼 집착하지 말고, 친밀하지 않은 관계라 하더라도 소홀히 하지 않아야 한다.

관계 수명이라는 개념도 관계의 속성을 이해하는 데 도움이 된다. 이것은 관계가 얼마나 오래 지속될 수 있을지에 대한 기대나 예측을 나타내는 개념이다. 여기에서 생각을 좀 더 확장해 보면, 관계란 살아 있는 생물체처럼 생명이 있어서 생로병사를 겪는다. 즉 관계는 탄생과 죽음이 있다. 비교적 단기간 지속되다 소멸되는 관계가 있고 오랜 기간 지속되어 장수하는 관계도 있다.

사람들은 여러 가지 문제를 가지고 진료실을 찾는다. 그들이 호소하는 증상은 다양하지만 대부분 관계의 어려움이 포함되어 있다. 나는 어떤 증상을 가진 한 사람을 진료할 때 동시에 그가 어려움을 겪는 관계의 문제를 진료한다. 관계를 두 사람이 함께 키우는 한 그루의 나무라는 이미지로 상상해 보도록 권하는데, 이것은 문제를 이해하고 해법을 찾는 데 여러모로 도움이 된다.

관계라는 나무는 때로 병이 나서 아플 수도 있다. 나무가 건강하게 자라려면 지속적인 관심과 보살핌이 필요하다. 관계라는 나무는 사랑, 소통, 신뢰, 상호 존중 등을 자양분 삼아 성장한다.

50 이후 관계는 어떻게 변하는가

이별과 만남은 인생에서 일상적으로 일어나는 일이지만 50 이후에는 이전과 다른 관계의 변화를 경험한다. 예를 들어 남성의 경우 은퇴 이전에는 주로 일이 삶의 중심이었다. 그들은 일을 통해서 유능감과 조직 내에서 소속감을 느껴왔다. 은퇴를 하면서 일과 관계의 변화 혹은 단절을 경험한다. 그간의 관계가 다양하지 못하고 일로 맺어진 관계에 국한된 삶을 살아온 사람이라면 은퇴 후 자존심 저하, 사회적 고독과 외로움 같은 심리적 어려움을 경험할 수 있다.

어머니로서 자녀를 돌보는 것에서 주로 존재감을 느껴 온 여성이라면 자녀가 취업이나 결혼으로 독립을 해서 떠나가면 큰 상실감을 느낄 것이다. 물리적으로 멀어지는 경우가 아니더라도 성인기에 접어든 자녀들이 이전과 달리 어머니를 덜 필요로 하고 자기 세계를 공유하지 않고 거리를 두면 이것을 받아들이기 힘든 나머지 자녀들과 갈등을 겪기도 한다.

50 이후 관계의 변화를 경험하는 것은 외적 조건의 변화와 함께 관계에 대한 내적 욕구의 변화와도 관련이 있다. 미국 스탠퍼드 대학교의 심리학 교수인 로라 카스텐슨Laura L. Carstensen(1953~)은 나이 든 사람들이 경험하는 이러한 변화를 '사회 정서적 선택 이론socioemotional selectivity theory'으로 설명했다. 그녀는 인간의 사회적 관계와 정서적 목표가 시간의 조망에 따라 변한다는 사실을 보여 주었다.

그녀의 이론에 따르면 아직 자신에게 남은 시간이 많다고 생각하는 젊은 시절에는 지식 습득, 새로운 경험, 장기적인 성취와 같은 미래 지향적인 목표를 중요시한다. 반면 노년기에는 자신에게 남겨진 시간이 길지 않다고 생각하게 되어 현재의 정서적 만족과 깊이 있는 인간관계, 긍정적인 감정 상태를 유지하는 것을 더 중요하게 생각하게 된다.

그녀의 이론은 실제 5060이 경험하는 관계의 변화를 잘 설명해 주었다고 생각한다. 비슷한 연령대의 사람들과 친구에 대한 이야기를 하다 보면 나이 들수록 새로 친구를 사귀는 것이 어렵다고들 한다. 또 그럴 필요를 느끼지 못하겠다고 이야기하기도 한다. 50이 넘으면 점차 죽음이라는 인생의 끝을 의식하게 된다. 나이가 들수록 자신에게 남아 있는 시간이 유한하다는 자각이 생기면서 한정된 시간과 에너지를 보다 의미가 있는 활동과 관계에 집중하고 싶어 한다. 그래서 이전보다 새로운 관계를 만들어 가기보다는 기존의 관계 중에 더 중요한 관계에 집중하는 경향이 있다.

결과적으로 나이가 들면서 관계의 수는 줄어들지만 관계 맺는 사람들과 더 깊은 친밀함을 추구하는 경향이 있다. 젊은 시절 불화를 경험했던 부부라 할지라도 이 시기가 되면 관계의 개선을 도모하기도 한다. 형제자매들을 더 자주 만나거나 옛날 친구들과 연락을 해서 모임을 갖는 것도 이런 맥락으로 이해할 수 있다.

부모나 자녀, 혹은 배우자나 형제자매, 친구들과의 관계는 함께한 시간만큼 친밀함이 쌓여 이전보다 한층 깊어지고 다채로워질 수 있다. 50 이후의 삶에서 우리가 발견할 수 있는 아름다움과 기쁨은 오래된 관계에서 경험할 수 있는 친밀함이다. 나이 든 사람들 사이의 친밀함은 서로에 대한 애정과 함께 우정, 연민, 감사, 용서, 미움 등 여러 가지 감정을 담고 있기에 묵직하다.

5060은 기존에 맺고 있던 관계의 변화뿐 아니라 자녀의 결혼, 손자녀의 탄생 등으로 새로운 관계를 경험하게 되는데, 이를 통해 낯설고 신기한 감정을 느낄 수 있다. 새로운 역할을 배우고 그 과정에서 경험하는 감정을 나의 마음에 통합하는 것은 이 시기 중요한 성장의 주제이다. 50 이후에 맺는 새로운 관계는 우리 삶을 더욱 풍요롭게 하는 신비한 경험이다. 특히 조부모가 되는 경험이 그렇다.

간혹 오랫동안 진료를 받고 있는 환자들이 자녀들의 결혼과 출산 소식을 전해 주곤 한다. 핸드폰에 저장된 결혼사진이나 손자녀의 사진을 꺼내 보여 주는 그들의 얼굴에는 흐뭇한 미소가 완연해서 보고 있으면 내 마음도 환해진다.

미옥 씨도 그런 분들 중 한 분이었다. 그녀는 60대 초반의 여성으로 막연한 불안감이 지속되어 치료를 받고 있다. 그녀의 결혼 생활은 남편과의 불화, 시댁과의 갈등, 경제적인 어려움 등으로 행복하지 않았다. 이혼하고 싶은 고비가 여러 번 있었지만 딸을 위해서 힘든 결혼 생활을 버텨 왔다. 그런 만큼 딸이 결혼해서 잘 살아가는 모습이 힘들었던 지난 삶에 대한 보상이 되어 주었다.

그녀는 할머니가 된 소회와 딸의 출산이 자신의 내면과 남편과의 관계에 불러일으킨 변화를 다음과 같이 이야기해 주었다.

"어른들이 내 자식보다 손주가 훨씬 예쁘다고 할 때는 그 말이 무슨 말인가 했는데 정말 그래요. 아기가 너무 예쁘고 신기해요. 사위가 딸에게 참 잘해요. 딸이 사는 걸 보면 비교가 돼서 내가 살아온 삶을 돌아볼 때가 있어요. 부럽기도 하지만 그래도 딸이 행복해 보여서 좋아요.

딸과 사위가 아이를 돌보는 것을 보면서 옛날 생각이 났어요. 저도 그렇지만 남편도 딸과 사위의 모습을 보면서 지난 시간을 반성하는 마음이 드나 봐요. 남편이 자신이 젊었을 때 잘못한 점이 많다고 미안하다는 말을 하더라고요. 남편이 나에게 사과를 다 하다니……, 살다 보니 이런 날이 오는가 싶고 또 절대 변할 것 같지 않던 사람이 자식을 통해서 이렇게 성장하는구나 싶어요."

눈물을 훔치는 그녀의 모습에 나도 뭉클했다. 조부모가 되는 신비로움과 기쁨을 간접 경험하는 것과 더불어 딸의 출산으로 부부가 서로와 지난 세월을 새롭게 인식하는 계기가 되었다는 점이 감동적이었다. 이것은 분명 희로애락을 함께해 온 오래 묵은 관계이기에 가능한 감정의 경험일 것이다.

나에게도 비슷한 경험이 있어서 그녀의 마음을 깊이 이해할 수 있었다. 나는 작년 여름, 딸을 시집보냈다. 혼기에 접어든 자녀를 둔 주변 사람들은 앞으로 머지않은 미래에 자신에게 닥칠 일을 예습이라도 하려는 것처럼 다들 신기해하며 나에게 딸 시집보내는 소감을 물었다. 결혼이라는 사건이 당사자들에게 여러 가지 의미가 있는 인생의 큰 전환점인 만큼 나의 인생사에서도 큰 사건이었다.

혼주가 되는 경험을 통해 삶의 여정에서 내가 어떤 위치에 있는지 가늠해 볼 수 있었다. 결혼할 당시 철부지 같았던 내 모습이 떠올랐다. 부모로서 함께 아이를 키워 온 배우자를 다시 돌아보게 되었고 부모님, 형제자매들, 친구들과의 관계를 새롭게 돌아보았다. 일가친척과 친구, 지인들의 축하를 받으며 타인이라는 거울에 비친 나의 모습을 보았고, 그동안 내가 다른 사람들에게 은혜를 입은 것이 참 많았다는 것을 새삼 느꼈다. 딸아이의 결혼을 치르며 마음에 가장 많이 채워진 감정은 감사함이었다.

관계의 우선순위 재조정하기

죽음, 이별, 상실 등은 우리의 삶에서 늘 있어 왔지만 50 이후 더 자주 경험하게 된다. 그래서 이 시기에는 삶의 유한함을 실감하며 자신이 보유한 시간과 에너지를 어떻게 할애할지 우선순위를 조정한다. 이때 관계도 영향을 받는다.

알지 못하는 사이에 관계가 변화하기도 하고, 때로는 스스로 관계를 변화시키기도 한다. 주도적으로 관계를 조정할 때는 이전과 달리 관계의 수를 줄이고 고립되는 방향을 선택하거나, 자신의 상황과 조건, 필요에 따라 우선순위를 매겨 관계를 재정비하는 경우가 많다. 오랫동안 참여해 왔던 모임에서 탈퇴하거나, 소원했던 사람들을 다시 찾기도 한다.

방준수 씨는 50 이후 적극적으로 관계를 조절하는 중이다. 60대로 중소기업을 운영하고 있으며 술 문제로 아내가 권유해서 진료실을 찾았다. 그는 열정적인 삶을 살아왔고 1, 2년 전까지만 해도 은퇴 없이 80세까지 일을 할 것이라고 자신했다. 그러나 최근 건강이 악화되어 은퇴를 고민해야 하는 상황이 되었다.

"그동안 유지해 왔던 모임을 많이 줄였어요. 어느 누구 못지않게 모임이 많았어요. 사람들이 날 보고 마당발이라고 했죠. 밖에서 사람들 만나느라 가족과 함께할 시간이 늘 부족했어요. 그게 늘 아내의 불만이었지요. 요즘에는 몇몇 모임은 나오라고 전화가 와도 잘 안 받아요. 지금까지 모임에 참석했던 것은 내가 사업하는 데 도움이 될까 싶어서 인맥을 쌓기 위한 것도 있었어요. 사업을 하다 보면 혼자 힘으로 해결 못 하는 일이 생길 것이고 그럴 때를 대비해서 인맥이 참 중요하다고 생각했거든요.

그런 모임이 도움이 될 때가 있기는 하지만 지금에 와서는 좀 허무하기도 해요. 자기들 유리한 대로 나를 이용하려는 사람들이 너무 많아요. 체력도 따라 주지 않고 가족이나 친구들과 함께하기에도 시간이 부족한데, 더 이상 그런 허무한 관계에 돈과 에너지를 쏟아붓고 싶지 않아요. 건강 때문에 술도 좀 줄여야 할 것 같고요."

나이가 들면서 건강 상태나 가족 상황, 관심과 욕구의 변화 등 여러 요인들로 인하여 젊은 시절에 가지고 있던 인생의 계획을 수정해야 할 때가 생긴다. 이러한 수정은 자연스러운 과정이며 현명한 삶의 태도이다. 지금 현재 자신의 상태에 맞추어 목표를 설정하는 것은 현실적이고 만족스러운 미래를 계획하는 데 도움이 된다.

사람들은 관계를 맺을 때 여러 가지 의식적 또는 무의식적인 동기에 영향을 받는다. 특히 어린 시절에 형성된 대인 관계 방식은 마음의 습관으로 자리 잡아, 성인이 된 후에도 반복되는 경향이 있다. 그 결과 어떤 사람은 강박적으로 관계에 집착하고 또 다른 사람은 관계를 회피하기도 한다.

한 40대 여성은 어린 시절 외톨이였다. 그녀는 소외감을 느꼈고 사랑받지 못한다고 느끼며 성장했다. 부모님은 그녀에게 친구를 잘 사귀는 사람이 성격도 좋고 인생에서 성공할 확률이 높다는 조언을 해 주셨다. 그녀는 자신이 친구 관계에 부족함이 있다는 것을 감추고 싶었다. 강박적으로 여러 모임에 참여해서 소속감을 느끼려고 했다.

그녀는 모임에서도 사람들이 자신에게 주목해 주기를 바랐다. 겉으로는 유쾌해 보였지만 사람들과 깊은 친밀감을 느끼는 것이 어려웠다. 혹시라도 사람들이 자신이 대인 관계를 어려워한다는 것을 알게 될까 봐 걱정이 되었다. 그녀는 모임에서 인기가 많은 사람에게 질투를 느꼈고 다른 사람들의 사소한 무관심에 쉽게 거절감을 느꼈다.

또 다른 40대 여성은 사람들과의 만남이 어색하고 불편했다. 사람들과 함께 있을 때 대화에 끼지 못했고 물 위에 뜬 기름처럼 소외감을 느꼈다. 사람들 속에서 긴장하고 말도 제대로 하지 못하는 자신을 발견하는 것이 싫어서 점점 사람들과의 관계를 단절했다.

나이 들어가면 사람들은 자신에게 반복되는 대인 관계의 패턴을 점차 인식하게 된다. 그러면서 젊은 시절에 대인 관계에서 느꼈던 강박적인 욕구를 줄여 나간다. 콤플렉스를 극복하기 위해 사람을 억지로 만나거나 피하는 일이 줄어든다. 대인 관계에 서툰 점이 있더라도 자책감도 덜 느끼게 된다.

이제는 내가 원해서 사람을 만나거나 만나지 않을 수 있고, 무의식적으로 관계를 맺거나 끊는 것이 아니라 스스로의 의지에 따라 관계를 조율할 수 있게 된다. 내면의 콤플렉스나 갈등 때문에 무의식적으로 반복되던 습관의 영향이 줄어들고, 타인에게 이끌려 가는 수동적인 관계도 점차 줄어든다.

2.

나 자신과의 관계

몸의 변화는 부탁이다

50대가 되면 몸의 노화가 가속된다. 갱년기 이후에 겪는 신체적인 변화는 더 이상 젊지 않다는 걸 확정짓는 판결문처럼 다가온다. 몸의 나이 듦을 따라가지 못하는 마음은 몸의 변화에 당황하기 일쑤이다. 노인의 옷을 입고 때론 금세라도 죽음이 우리 앞에 들이닥치기라도 할 것처럼 두려움에 압도되기도 한다.

"이제 정년퇴직이 5년 정도 남았어요. 사람들이 흔히 노후 대비를 하려면 돈이 얼마 정도는 있어야 한다고 하잖아요. 그런데 저는 그런 기준에 아직 한참 못 미쳐요. 젊어서 투자를 잘못해서 돈을 크게 잃었는데 아직 복구를 못했어요. 근데 이명이 오고 어지럼증에 소화도 안 되고 몸이 나이 들어가는 게 느껴져요.

직장 후배하고 테니스를 치는데 지기 싫어서 있는 힘, 없는 힘 쥐어짜서 시합을 하다가 무릎 연골을 다쳤어요. 그동안 제가 건강 하나는 자신 있었거든요. 병원에 갈 일이 거의 없었죠. 그런데 이번에 무릎 때문에 병원에 갔더니 혈압이 높고 신장 기능도 떨어져 있다는 거예요. 앞으로는 저염 식이를 해야 신장 기능이 더 악화되는 것을 막을 수 있대요.

몸이 아파서 출근도 못 하고 누워 있는데 뒤통수를 한 대 세게 얻어맞은 것처럼 정신이 번쩍 드는 거예요. 내가 이렇게 살다가는 인생 패배자가 되겠구나, 나에게 남은 것은 내 몸 하나인데 그간 몸을 너무 돌보지 않고 살아왔구나 하는 생각이 들었어요. 곰곰이 생각해 보니 제가 저를 돌보지 않았던 것은 낮은 자존감 때문이었어요. 자존감이 낮은 사람은 자신의 몸을 귀하게 대접하지 못하는 것 같아요. 그동안 저를 학대하며 살아온 게 아닌가 싶어요."

50대 명권 씨는 공황 발작이 와서 진료실을 찾게 되었다. 그는 건강에 문제가 생기자 몸에 더 관심을 가지게 되었다. 앞으로 건강이 더 악화되지 않도록 잘 먹고 보살펴야 한다는 숙제를 받아 든 기분이 들었다. 더불어 자신이 자존감이 낮은 사람이었으며 그것이 젊은 시절 동안 자신의 몸을 등한시한 것과 관련이 있다는 것을 깨달았다. 건강 악화와 공황 발작이라는 위기는 그가 자신을 더 깊이 알게 되는 기회가 되었다.

50 이후에는 몸에 대한 관심이 증가한다. 몸이 예전 같지 않음을 느끼기 때문이다. 당뇨, 고혈압, 심장병 등의 성인병을 앓는 사람들은 아픈 몸을 보살피며 살아야 한다. 관절에서 뚝뚝 소리가 나고

이유 없이 전신이 아프다. 몸이 뻣뻣해지고 소위 오십견을 겪는다. 젊은 시절 쇠도 씹어 먹을 수 있을 것 같았던 왕성한 소화력은 점점 약해지고 특별히 맛있는 것도 없는 데다 식욕이 떨어진다. 전에 없던 알레르기 증상이 생겨서 몸이 여기저기 가렵다. 치아가 부실해져서 임플란트 시술을 받아야 하고, 치과 의사로부터 더 이상 땅콩을 먹지 말라거나 얼음을 깨물어 먹지 말라는 조언을 듣는다.

나도 가끔 노화로 인한 신체 변화를 느낄 때, 혹시 더 나이가 들어 발톱을 스스로 자를 수 없게 되면 어쩌나 하는 두려움을 느끼곤 한다. 시력이 나빠지고, 몸의 유연성이 떨어진다면 과연 그때도 허리를 구부려 발톱을 자를 수 있을까? 심한 노쇠로 인해 나 자신을 돌볼 수 없게 되었을 때, 과연 나는 타인에게 내 몸을 맡기고 그 보살핌을 받아들일 수 있을까 하는 생각을 하게 된다.

서울아산병원 노년내과 정희원 교수는 자신의 저서 《당신도 느리게 나이 들 수 있습니다》에서 노년의 식이와 운동의 목표는 젊은 시절처럼 아름다운 몸을 가꾸기 위한 것이 아니라 스스로 몸을 일으키고, 대소변 처리를 위해 화장실에 가는 등의 기본적인 움직임을 유지하는 것이라고 말한다. 노년기에는 이동성과 신변 처리가 삶의 질을 결정하는 중요한 문제가 된다는 것이다.

50 이후 겪는 몸의 변화는 이제 다가올 시간을 준비하라는 메시지이다. 잘 보살펴 달라는 몸의 부탁이라고도 할 수 있다. 신체적 변화에서 이런 의미를 이해한 5060은 건강에 부쩍 관심을 가지게 된다. 날씬하고 아름다운 몸을 위해 운동과 식이에 관심을 가지는 젊은이들과 달리, 5060은 아픈 몸을 돌보고 남아 있는 신체의 기능

을 오래 유지하기 위해서 신경을 쓴다.

그간 즐겨 마시던 술을 삼가거나 스마트폰 앱으로 하루에 몇 걸음이나 걸었나 기록한다. 떨어진 소화력 때문에 혹은 체중 조절을 위해서 식사량을 줄이거나 식사 횟수를 줄이기도 한다. 섭취하는 음식의 내용물도 달라져서 영양학적으로 균형 잡힌 양질의 음식을 찾게 된다.

간혹 몸이 보내는 신호를 무시했다가 낭패를 보는 사람들도 있다. 몸에 이상이 있다는 경고를 무시한 경우이다. 수년 전 진료실을 찾은 40대 남성의 수축기 혈압이 200으로 확인되었다. 혈압 약을 한번 먹기 시작하면 의존하게 될까 봐 스스로 극복하려고 노력 중이라고 했다. 반드시 내과에서 진료를 받고 약물 치료를 해야 한다고 이야기하자, 그는 간섭당하는 것처럼 느꼈는지 불쾌한 티를 냈다.

수개월 후 한 여성이 불면증으로 내원했다. 이야기를 듣다 보니 고혈압을 스스로 극복하겠다고 했던 환자의 부인이었다. 그녀는 최근 남편이 고혈압으로 인한 뇌출혈로 사망했고 그 충격으로 잠을 잘 수가 없어서 약물의 도움을 받고자 내원했던 것이다.

자신과의 대화

오랜만에 동창이나 또래 친구들, 혹은 자매들을 만나면 우선 그간의 안부를 잠시 묻고 자신의 근황을 이야기한다. 60을 목전에 둔 우리가 나누는 이야기는 기승전 '나이 들어가는 것'이다. 20대나 30대는 결혼이나 출산, 자녀 양육이 주된 관심사였다면 50대인 우리에게는 노화가 중요한 이야깃거리이다. 나이 들면서 겪는 몸의 변화와 가족을 포함한 인간관계의 변화에 대한 이야기를 나눈다. 자신의 직접적인 경험과 알음알음으로 알게 된 다른 사람들의 나이 들어가는 이야기들이다.

젊은 사람들이 옆에서 듣는다면 늙어 가는 게 뭐가 자랑스러워서 저렇게 오랜 시간 수다를 떠는가 싶을 것이다. 하지만 이 시간은 나이 듦에 대한 생생한 지혜를 나누는 시간이다. 우리는 타인의 삶을 통해서 세상을 살아가는 지혜를 배운다. 먼저 나이 들어가는 사람들의 삶을 통해서 머지않은 미래에 닥쳐올 노년의 시간을 예습할 수 있다. 함께 늙어 가는 또래들과의 동지애는 고립감을 줄여 주고 불안을 완화시켜 준다. 나이가 들어가는 것으로 인해 겪는 변화를 반복해서 이야기함으로써 노화에 익숙해지고 두려움을 희석시킬 수 있다.

여러 전문가들마다 건강을 위해서 강조하는 것들이 있다. 정신과 의사로서 나는 자신과의 대화를 정신 건강의 중요한 요소로 생각한다. 어느 연령대이든 자신과의 대화는 정신 건강과 성장을 위해서 반드시 필요하지만, 특히 50 이후에는 스스로를 돌보기 위해서 자신과의 대화가 더욱 중요해진다.

50 이후에는 원하지 않더라도 고립과 외로움, 고독의 문제에 직면한다. 배우자와의 사별, 자녀의 독립, 직장에서의 은퇴, 건강 등의 문제로 활동이 제한되는 것 등 50 이후에 일어나는 일련의 사건들은 고독을 포함한 여러 가지 심리적인 어려움과 관련되어 있다. 이때 자신과의 대화는 몸과 감정 상태를 파악하고 이해하며 더 나

아가 스스로를 위로하고 보살피는 데 꼭 필요하다.

"이혼하고 어머니하고 살고 있었어요. 두 달 전 어머니가 돌아가시고 난 후로 우울하고 불안해서 왔습니다. 혼자 있으니까 하루 종일 말할 상대도 없고 먹는 것도 부실해졌어요. 밥도 대충 때우게 되네요. 그동안 어머니가 해 주시는 음식 먹다가 혼자되니 할 줄 아는 요리도 없고요. 결혼한 아들과 동생들하고는 담을 쌓고 살고 있어요. 앞으로 혼자 어떻게 살아야 할지 모르겠습니다. 내가 왜 이렇게 되었나 싶기만 해요. 내 모습이 창피해서 아무도 만나고 싶지가 않아요. 말 그대로 독거노인으로 혼자 죽어 가도 아무도 모르지 않을까 싶어 두려워요."

60대 효정 씨는 어머니와 사별 후 두려움에 사로잡혀 내원했다. 그는 극단적으로 심한 고립을 겪고 있었다. 40대까지는 직장 내에서 어울리던 사람들이 몇 명 있었지만 일을 그만둔 후로는 모두 단절이 되고 말았다. 50대 초반의 이른 퇴직 후 지인의 권유로 잘못된 투자를 했다가 퇴직금을 날리고 이혼을 당했다. 사람들은 50 이후 사회적 활동이 위축되면 친밀한 관계, 놀이, 일, 취미 활동 등으로 고독을 달랜다. 하지만 현재 그에게는 이 모든 것들이 불가능했다. 음주로 이것을 해결하는 사람도 있지만 다행스럽게 그는 술을 좋아하지 않았다. 술은 잠시 외로움을 잊을 수 있게 해 줄지 모르지만 다른 건강 문제를 일으킬 수 있기 때문에 결코 좋은 해결책이 될 수 없다.

그는 항우울제와 항불안제를 복용하면서 잠을 잘 수 있게 되었고 정서적으로도 점차 안정이 되었다. 집 근처 학교 운동장에서 걷기 운동을 시작했다. 이른 아침 학교 운동장에 가면 늘 나와서 운동하는 사람들이 있었다. 서로 얼굴이 익숙해져서 목례를 나눌 뿐 개인적인 대화를 하는 것은 아니지만 앞서거니 뒤서거니 함께 걷는 시간이 고립감을 덜어 주었다. 스스로를 위해서 요리하는 법을 배우기로 했다. 삼겹살을 사서 구워 먹기도 하고 김치찌개 끓이는 것도 배우게 되었다.

50 이후 겪는 고립의 정도는 사람마다 다르다. 젊은 시절부터 고독을 잘 견디는 사람이라면 다행이지만, 대부분은 그렇지 않으며 고독의 문제는 갑작스럽게 들이닥친다. 이제 내가 나의 친구가 되고 보호자가 되어야 한다. 혼자서 잘 지낼 수 있는 능력을 기를 것, 스스로 고독을 위로할 것, 내가 나를 보살필 것. 이것이 5060의 마음 공부에서 필수적인 요소들이다.

나 자신과 새로운 관계를 맺는 법

50 이후 관계 변화에서 특히 중요한 것은 자신과의 관계이다. 자신과 관계 맺기는 일평생 지속된다. 하지만 50 이후에는 여러 변화로 인해 생긴 공백을 스스로 채워야 하기 때문에 더욱 중요해진다. 이 시기부터는 내가 나의 보호자가 되어 자기를 돌봐야 하기 때문에 자신과의 새로운 관계 맺음에 관심을 가져야 한다.

자녀들이 독립하고 난 후 허전한 마음을 달래기 힘들었던 한

50대 여성은 자신과의 관계 맺기에 대해서 다음과 같은 이야기를 들려주었다.

"지금까지 가족들에게 쏟아 왔던 마음을 줄이고 나를 보살펴야겠다는 생각이 들었어요. 선생님께서 저에게 '아이들, 남편, 이웃 사람들, 강아지들까지 신경 쓰고 돌보면서 정작 자신은 누구에게 돌봄을 받고 있나요?'라고 물었을 때 충격을 받았어요. '아, 지금까지 나를 돌보는 데 소홀했구나. 그동안 왜 나를 사랑해 주지 못했을까?' 하는 마음이 들었어요. 나를 사랑할 수 있게 되기까지 너무 오랜 시간이 걸린 것 같아서 제 자신에게 미안해요."

'나'는 '나'와 한시도 떨어지지 않고 평생 함께한다. 나는 나와 다양한 방식으로 관계를 맺는다. 나에게 친절하거나 엄격할 수 있으며 나를 잘 보살피거나 홀대할 수도 있다. 안도현 시인의 〈무식한 놈〉이라는 시를 통해 나와의 관계 맺음을 보다 쉽게 이해할 수 있다. 시 속의 화자는 쑥부쟁이와 구절초를 구별하지 못하는 자신을 '무식한 놈'이라고 책망하며 자신을 향해 절교하겠다고 선언한다. '나'에게 절교를 선언하다니 시인의 발상이 기발해서 피식 웃음이 난다.

이 시에서는 경험하는 나와 관찰하는 나, 두 개의 내가 등장한다. 즉 쑥부쟁이와 구절초를 구분하지 못하는 '나'가 있고, 그런 '나'를 향해 '무식한 놈'이라고 일갈하며 절교를 선언하는 '나'가 있다. 이것을 50 이후의 나에게 적용하면 '나이 들어가는 나'가 있고 '나이 들어가는 나를 바라보는 나'가 있다. '나이 들어가는 나'는 시시각각 변화하더라도 '나를 바라보는 나'는 변하지 않는다. '나를 바라보는 나'는 나로부터 한 발 떨어져 관찰하는 자기 성찰적 사고를 통해 나의 나이 듦을 관찰하고 위로할 수 있다.

젊은 시절, 나는 나와 늘 불화를 겪었다. 그런데 50대가 되면서 이전보다 나 자신과 더 친해진 느낌이다. 그도 그럴 것이 이 세상에 존재하는 순간부터 함께였으니, 어느 누구보다도 나에 대해서 더 많이 알고 친한 것이 당연하다. 50년 이상 나와 함께 살아오면서 좋아하는 음식, 어울리는 옷, 습관 등 나에 대해 더 많이 알게 되었다. 나를 돌보는 것에 제법 익숙해졌고 나 자신과 대화도 더 잘할 수 있게 되었다. 이전보다 나에게 너그러워지고 그동안 애쓰며 살아왔다고 위로도 건넬 수 있게 되었다. 혼자서 아니, '나와 나' 둘이서 제법 잘 지낼 수 있게 된 것이다.

자신과의 건강한 관계를 위해서는 지난날의 자신에 대한 이해와 화해, 용서와 받아들임이 필요하다. 나이 들수록 자신에게 관대해져야 한다. 여전히 젊은 시절의 습관대로 나에게 엄격한 잣대를 들이대며 자책할 수도 있지만 너그러운 마음을 갖기 위해 의식적으로 노력을 기울여야 한다.

젊은 시절에는 자신에게는 물론이고 타인이나 세상에도 완벽함을 기대한다. 나이가 들어 나의 불완전함을 받아들인 후에는 타인이나 세상의 불완전함도 자연스럽게 이해할 수 있게 된다. 세상에 존재하는 불공평함, 불의 등에 대해서 젊은 시절보다 날선 반응이 줄어든다. 나 자신과 화해할 수 있다면 타인, 그리고 세상과도 화해할 수 있다. 나에게 너그러운 사람은 다른 사람에게 위로를 건넬 수 있다. 젊은 시절에는 '어떻게 그럴 수가 있어?'라고 하던 것이 나이 들어감에 따라 '그래, 그럴 수도 있지'로 바뀌어 간다.

있는 그대로의 나를 받아들이기

나이 들어 좋은 것은 젊은 시절의 강박에서 벗어나 나 자신으로 살아갈 수 있다는 것이다. 50대 이전에는 취업과 결혼, 자녀 양육과 같은 것이 중요한 과제였다. 이 시기는 세상을 살아가기 위해 역할과 관계를 하나씩 쌓아 가는 시간으로 성취, 도전, 모험 등의 덕목이 중요한 것으로 여겨진다.

50대 이전의 삶에서 겪는 크고 작은 갈등의 핵심은 나 자신의 내적 욕구와 타인이나 사회적 기대와 같은 외적 요구 사이에서 균형을 찾는 것이다. 이 과정에서 운이 좋거나 용기가 있는 소수의 사람을 제외한 대부분의 사람들은 자신의 욕구보다는 외부의 기대에 부응하여 스스로를 변화시키며 살아왔다. 그러지 못할 때는 이기적인 사람이라거나 사회에 부적응하는 사람 혹은 별난 사람이라는 평을 들었다.

우리는 비교적 어린 시절부터 세상이 우리에게 어떤 것을 기대하는지를 알고 있다. 세상은 때론 엄격하게 혹은 은근하게, 이기적이고 유아적인 속성을 버리고 관계를 향해 나아가라고 지시한다. 세상의 요구에 맞춰 자신을 변화시키는 과정에서 우리는 자기 안의 유아적인 욕구와 충동이 함부로 날뛰지 못하게 통제한다. 이 시기에는 이것이 성장의 방향이지만 여기에 따르는 부작용도 있다.

즉 자신의 욕구, 감정과 점점 멀어지며 자신과 소통 부재의 상태가 된다. 자신의 모습이 부모나 사회의 기대와 괴리가 있다고 느낄 때 이것을 메우기 위한 노력은 성장인 동시에 우리를 구속하는 강박이 된다. 자신이 부족하다는 인식은 자책과 죄책감을 불러일으키기도 한다.

나는 어린 시절 자신이 부족하다고 느끼는, 존재감 없는 내향적인 아이였다. 위로 딸을 둘 낳은 부모님은 당연히 아들을 기대하셨다. 그런데 셋째 역시 딸이 태어났으니 상상해 보면 부모님을 포함한 주변 어른들의 실망이 상당했을 것이다. 나는 필요한 존재가 되어야 한다고 느꼈고, 배척당하는 것에 대한 두려움이 있었다.

초등학교 1학년이었던 어느 날, 담임 선생님이 가정 방문을 오셨다. 선생님이 오실 줄 모르고 밖에서 놀다 집으로 돌아온 나는 마루에 앉아 계신 선생님을 보고 당황한 나머지 부엌으로 뛰어들었다. 부뚜막 위 구석진 곳에서 선생님이 돌아가실 때까지 숨어 있었다.

청소년기에는 내향적인 성격이 마음에 들지 않아서 성격을 확 바꾸고 싶었다. 고등학교 때는 응원단장을 하면 성격이 변하지 않을까 하고 진지하게 친구에게 상의를 했다. 친구의 반응은 “네가 응원단장을 한다고? 깔깔깔”이었다. 낙심한 나는 응원단장의 꿈을 접었다. 하지만 그 이후에도 오래도록 좀 더 사교적인 사람이 되어야 한다고 생각했다.

다음에 소개할 준구 씨의 사례에서 세상에 자신을 맞추기 위해서 고군분투하는 청년의 모습을 볼 수 있다. 스물다섯 살 준구 씨는 2년 전 군대를 전역했다. 아직 진로를 결정하지 못해서 아르바이트를 전전하고 있다. 정규적인 직장 생활을 하는 것은 아니지만 여러 건의 아르바이트와 음악 공부, 운동 등으로 하루하루를 바쁘게 보내고 있었다.

그는 체중 조절을 위해서 강박적으로 운동을 했다. 운동에 집착하게 된 것은 입대한 후부터였다. 군대에 가기 전에는 평균보다 체중이 많이 나가서 살짝 비만한 체격이었는데, 입대한 후로 딱히 할 것이 없어 운동을 하다 보니 체중이 줄었다. 스스로 자신을 변화시킬 수 있다는 것에 큰 만족감을 느꼈고 이후에 강박적으로 운동에 매달리게 되었다.

그는 어린 시절 아버지로부터 학대에 가까운 폭력을 경험했다. 아버지의 반복되는 사업 실패로 인해 경제적으로 어려웠고 어머니는 착하기만 할 뿐 무기력해서 그에게 힘이 되어 주지 못했다. 군대에 들어가 다른 동기들과 비교해 보니 자신이 모든 면에서 부족하다고 느꼈고, 이때부터 자신을 변화시키기 위한 노력을 기울이기 시작했다.

준구 씨를 비롯해 세상의 기준에 맞추기 위해서 자신을 변화시키려는 20대들의 노력은, 아름다운 나비로 변신하기 위한 성장통이라고 하기에는 가혹하거나 폭력적이라고 느껴질 때가 있다.

돌아보면 나 역시 20대 이후에는 세상의 기준에 나를 맞추려고 애쓰며 살아왔다. 하지만 50을 훌쩍 넘어 60을 향해 가는 요즘에는 내 안의 이런 구속들로부터 벗어나 있는 그대로의 나를 받아들일 수 있게 되었다. 어린 시절 나의 행동과 선택과 삶의 방향을 결정지었던 부모님의 기대, 한숨, 바람, 세상의 요구들을 이제는 걷어내고,

내가 진정으로 원하는 것이 무엇인지 귀를 기울여 그것을 향해 갈 수 있는 자신감이 생기는 것 같다. 있는 그대로의 나를 받아들이면서 해방감과 자유로움을 느끼게 되었다.

3.
자녀, 새로운 세계로의 안내자

50 이후 부모 자녀 관계의 전환

자녀는 성장하여 독립하더라도 부모에게 여전히 기쁨인 동시에 고통의 원천이 된다. 50 이후 성인이 된 자녀와 좋은 관계를 유지하기 위해서는 부모 자녀 관계의 특성을 잘 알고 시간의 흐름에 따른 관계의 변화에 잘 적응해야 한다.

자녀의 성장 과정에 따라 부모 자녀 관계의 양상은 달라진다. 아이가 어릴 때 부모는 '세상은 이런 곳'이라고 소개해 주는 역할을 한다. 부모가 아이들과 함께 공원이나 동물원, 혹은 전시회 등을 찾아다니는 것은 다양한 세상을 경험하게 해 주기 위함이다.

또 부모는 자녀에게 다른 사람과 어떻게 관계 맺으며 살아가야 하는지 보여 준다. 이것은 말이나 글을 통해 명시적으로 전달되기도 하지만 부모가 아이들을 대하는 방식, 살아가는 태도, 타인과 관계 맺는 방식, 세상을 바라보는 관점 등을 통해서 암묵적으로 전달되기도 한다.

어릴 때는 부모가 아이를 보살피지만, 자녀들이 점점 성장하면 부모와 보살핌을 서로 주고받는 단계로 나아간다. 아이는 성장할수록 부모와 분리되어 공유하지 않는 자신만의 세계를 구축해 나간다. 자녀가 성인이 되어 경제적, 정서적인 힘을 가지게 되면 부모와의 관계 방식 또한 달라진다. 어른 대 어른으로 평등하고 상호 존중하는 방향으로 변해 간다. 그래서 30대 딸과 50대 어머니가 친구나 자매처럼 지내는 경우를 흔히 볼 수 있다. 딸은 어머니에게 상담자가 되어 주기도 하고 어머니와 아버지의 부부 갈등에 중재자로 나서기도 한다. 반대로 자신만의 가치관으로 부모를 바라보면서 불만이나 원망이 생겨나서 불화를 겪기도 한다.

한 60대 초반의 여성은 딸의 도움으로 좋아하는 가수의 공연에 다녀와서 다음과 같은 이야기를 들려주었다.

"남들이 들으면 60 넘은 나이에 주책이라고 할지 모르겠는데 내가 요즘 소위 덕질을 하고 있어요. 아이돌 그룹에 빠져서 동영상 찾아보고 노래 듣고……. 그 그룹이 공연을 하는데 너무 가 보고 싶어 하니까 딸이 예매를 해 줬어요. 저는 딸이 어릴 때 연예인 좋아하면 공부 방해된다고 못 하게 했거든요. 그런데 딸은 엄마의 덕질을 인정해 주고 도와주는 걸 보니, 그때 일이 좀 미안해지기도 하고 딸이 잘 큰 것 같아서 기분이 좋아요. 딸이 요즘 세상에 생존하기 위해서는 스마트폰으로 음식 배달하는 것, 택시 부르는 것, 은행 업무 보는 것 정도는 할 줄 알아야 한다고 앱을 설치해 사용법을 알려 줬어요."

그녀가 행복해하는 것은 좋아하는 아이돌 그룹의 공연을 관람한 즐거움과 함께 성인이 된 딸에게 보살핌을 받는 뿌듯함 때문이었다. 나 역시 스마트폰이나 컴퓨터와 관련된 문제를 해결하기 위해서 아이들의 도움을 받곤 한다. 나이가 들면 시력과 청력 저하를 포함한 몸의 노화로 새로운 정보를 받아들이고 처리하는 능력이 떨어진다. 빠르게 변해 가는 세상, 자녀들의 도움을 받을 때는 딸 심청이의 손에 이끌려 가는 심봉사 신세가 되는 것 같다.

어린 시절에는 부모가 아이들을 보살피며 세상을 소개한다. 자녀가 성인이 되고 부모가 나이 들어가면 이젠 자녀들이 부모에게 새로운 세상을 안내한다. 보살핌을 주고받는 관계가 전환되는 것은 서글프면서 감동적이다. 내가 노쇠해 가는 것은 쓸쓸하지만 자녀의 성장은 뿌듯하다.

50대 후반의 한 여성은 평생 사치라고는 모르는 검소한 생활을 해 왔다. 바깥에서 식사하는 것조차도 사치라고 생각하여 집밥을 고집했다. 대학을 졸업하고 직장 생활을 시작한 딸은 지인들과 맛집이나 예쁜 디저트 카페를 가면 기억해 뒀다가 어머니를 데려가려고 했다. 하지만 그녀는 돈을 아껴야 한다며 손사래를 쳤다. 딸은 그런 어머니를 답답해했고, 이런 문제로 서로 마음이 상하는 일까지 생겼다.

어느 날 딸이 어머니와 함께 진료실을 찾았다. 고생하고 살아온 엄마에게 좋은 것, 맛있는 것을 경험하게 해 주고 싶은데 엄마가 받아 주질 않아서 속상하다 말하는 기특한 딸이었다. 하지만 어머니는 딸이 고생해서 힘들게 번 돈을 그런 데 쓰고 싶지 않다고 했다.

나는 그녀에게 딸이 효도할 기회를 주시라고 이야기했다. 타인이 나에게 주는 사랑을 기쁘게 받아들이는 것도 그 사람에 대한 사랑의 표현이다.

나이가 들수록 부모의 세계는 축소되는 경향이 있기 때문에 자녀와의 관계는 나이 든 부모의 고독이나 우울 같은 정신 건강 상태에 지대한 영향을 미친다. 부모는 점차 신체적, 정신적으로 약해지면서 자녀에게 도움을 받아야 할 일이 많아진다. 반대로 자녀는 부모에게 보살핌을 제공하는 새로운 역할을 맡게 되어 부모와 자식 간의 역할 전환이 일어난다. 자녀가 돌봄을 제공하는 과정에서 부모 자녀 관계가 한층 더 깊어질 수 있다. 하지만 자녀는 부모를 돌보는 데 부담을 느낄 수 있고, 부모는 자녀에게 의존하는 것이 불편할 수 있다.

70대 초반의 한 여성은 친구들과 해외여행을 하기로 한 뒤 예약까지 마치고 딸에게 그 사실을 알렸다. 소식을 들은 딸이 이렇게 이야기했다.

"엄마 나이에는 이런 큰일을 결정할 때 혼자 하면 안 되고 나랑 상의를 해야 돼요."

그녀는 그 말에 자존심이 상했지만 자신의 위치를 돌아보고 딸의 말에 일리가 있다는 것을 인정하게 되었다.

관계의 양상은 늘 달라질 수 있다. 관계를 건강하게 유지하기 위해서는 그 변화에 잘 적응해야 한다. 변화에 저항하고 예전 방식을 고수하면 문제가 생길 수 있다. 즉 자녀가 성인이 되면 아동기나 청소년기와는 다른 새로운 부모 자녀 관계의 설정이 필요하다. 자녀를 성인으로 대하지 않고 어린 시절처럼 군림하려 하거나 통제하면 갈등이 생긴다. 50 이후는 자녀들과의 관계에서 큰 변화를 경험하는 시기이기 때문에 건강한 부모 자녀 관계란 어떤 모습인지를 알고 있는 것이 필요하다.

자녀 독립의 빛과 그림자

어미 새는 아기 새를 지극정성으로 돌보다가 때가 되면 둥지 밖으로 날려 보낸다. 흔히 부모의 역할은 자식이 나아가게letting go하는 것이라 한다. 이때 '나아가게' 한다는 것은 부모를 떠나, 자신의 삶을 향해 떠나보낸다는 의미이다. 자녀가 자신의 삶을 주체적이고 독립적으로 살아갈 수 있도록 돕는 것이 자녀 양육의 궁극적인 목표이다.

자녀의 독립은 여러 가지 의미를 포함한다. 직업을 가지게 되어 더 이상 부모에게 경제적으로 의지하지 않는 것, 혹은 부모와 독립된 공간에서 살게 되는 것을 의미할 수도 있다. 심리적으로 부모에게 더 이상 의존하지 않는 것을 독립이라고 생각하는 사람도 있다. 이 경우 경제적인 독립이나 거주 분리와는 달리 눈으로 확인할 수 없을 뿐더러 인간관계의 특성상 완전한 독립이라는 것은 불가능하다. 부모와 자녀 관계에서는 자녀가 아무리 나이를 먹고 경제적 자립을 이루었다고 하더라도 정서적으로 얽혀 있어 상호 의존적일 수밖에 없기 때문이다.

50 이후 성인이 된 자녀와의 관계는 여러 가지 모습을 보인다.

경제적으로는 아직 부모에게 의존하고 있지만 학업 등의 이유로 주거를 따로 하는 경우, 취업을 해서 주거는 물론이고 경제적으로도 분리된 경우, 또 결혼을 해서 새로 가정을 꾸려 부모의 곁을 떠나는 경우 등이다. 학업, 취업, 결혼 등으로 자연스럽게 자녀가 곁을 떠나는 경우, 서운하더라도 부모는 자긍심과 안도감을 느낀다. 부모로부터 분리된 자녀는 성인으로서 더 넓은 세상으로 자신의 영역을 확장해 나아간다. 자녀의 세계가 확장됨으로써 부모의 경험과 세계 또한 확장된다.

어느 60대 남성은 할아버지가 되는 경험을 이렇게 말했다.

"내 아이들 키울 때는 바깥에서 돈 버느라 성장하는 모습을 보지 못했어요. 이제 18개월 된 손녀가 걸음마를 하고 말을 배우는데 신기해요. 제가 가면 '할아버지' 하고 부르면서 달려와 안겨요. 재롱부리는 걸 보면 진짜 사랑스럽죠."

손자녀가 성장하는 모습을 통해 자신이 자녀를 키울 때를 돌아보며 때론 후회하기도 하고 아쉬움을 느끼기도 한다.

이와 반대로 성인이 된 자녀가 학업이나 직장 생활에 적응하지 못해 마음이 힘든 부모들도 있다. 자녀들이 세상으로 나갈 시도조차 못 하거나 세상에서 받은 상처를 극복하지 못하고 주저앉아 버린 경우이다. 성장이 정지된 자녀를 보는 것은 경제적인 문제나 건강 문제 못지않게 고통스러운 일이다.

사회에 적응하지 못하는 성인 자녀를 바라보며 부모는 복잡한 심경을 쉽게 해소하지 못한다. 자신의 인생이 실패했다는 감정과 더불어 전체 인생이 부정당하는 것처럼 느낀다. 수치심 때문에 깊은 시름에 빠져 사람들을 멀리하기도 한다. 무엇이 어디서부터 잘못되었는지 그 원인을 찾기 위해 임신 시절부터 샅샅이 되짚어 보는 이들도 있다. 잘 자란 자녀를 둔 사람들에 대한 부러움과 열등감, 지난 인생에 대한 후회와 앞날에 대한 두려움이 밀려온다. 이런 힘든 감정을 잘 다스리지 못해 자녀들에게 날것 그대로의 감정을 쏟아부어 서로 상처를 입기도 한다. 부부 갈등을 겪을 수도 있다.

50대 후반의 한 여성은 남편과 함께 임대업을 하고 있다. 잠을 못 이뤄서 내원했는데 아들 문제로 고민하고 있었다. 대학을 졸업한 아들이 첫 번째 직장에서 적응하지 못하고 그만둔 후 집에서만 지내고 있다고 했다. 구직 활동도 하지 않고 부모님이 하는 임대업을 돕겠다고 했지만 말뿐이고, 방 안에 들어앉아 하루 종일 컴퓨터 게임만 했다. 못마땅해서 잔소리를 했다가 몇 차례 심하게 다투는 일까지 생겼다.

"아이가 성공을 거둘 거라고 기대하지는 않았지만 그래도 이 정도일 거라는 것은 생각지 못했어요. 아들이 은둔형 외톨이가 되는 것은 아닌가 걱정되고 불안해서 미칠 것 같아요. 매일 일어나 출근하고 적은 월급이라도 받고 사람들하고 어울리고 그런 일상적인 삶을 유지하는 것이 왜 불가능할까요? 남들 못지않게 돈도 벌고 이만하면 잘 살아온 것 같은데 자식 문제만큼은 내 맘대로 되지 않네요.

어디서부터 잘못되었을까 맨날 그 생각을 하죠. 아이가 어릴 때 경제적으로 어려웠어요. 가난을 벗어나야 한다는 생각밖에 없었어요. 아이를 할머니한테 맡기고 남편과 참 열심히 일해서 악착같이 돈을 모았어요. 사회에 적응하지 못하는 아들을 보면서 한편으로는 화가 나기도 하고 다른 한편으로는 애도 힘들 텐데 싶어요. 내가 어릴 때 잘 키워 주지 못해서 아이가 저러나 싶어서 미안하기도 해요."

그녀는 아들이 사회생활에 적응하지 못한 원인이 자신에게 있는 것은 아닌가 하는 미안함, 죄책감과 싸워야 했다. 자신의 기대대로 성장하지 못한 아들을 보며 젊은 시절의 오만함을 반성하고 겸손함을 배웠다는 말도 덧붙였다.

성인의 삶에 성공적으로 정착하지 못한 자녀는 그들 나름대로 여러 가지 심리적 어려움을 겪는다. 사회로부터, 심한 경우 가족으로부터도 스스로를 격리시킨다. 같은 집에 살면서도 방문을 잠그고 숨어 버린다. 병원에도 잘 오지 않는다. 수치심과 두려움 때문에 차마 자신의 문제를 드러내 놓고 도움을 청하지 못한다.

부모와 자녀 관계도 병이 든다. 각자 자기 상처에 매몰되어 서로 벽을 쌓고 같은 집에 살면서 외면하기도 한다. 서로를 향한 원색적인 분노와 화를 표출하거나 자녀 문제에 대한 책임 공방으로 부부간에 불화를 빚기도 한다. 심하면 가족 간에 물리적인 충돌이 일어나는 지경에 이르는 경우도 종종 발생한다.

끝나지 않은 육아

성인 자녀를 둔 부모가 겪는 다른 유형의 어려움은 자녀를 돌보는 것과 관련되어 있다. 성인이 되었는데도 어린 시절에 돌봐 주던 방식을 지속하는 부모들이 있다. 자녀에게 영향력을 지속하는 것으로 존재감과 보람을 느낄 수는 있지만, 결국 부모는 육체적 에너지와 정신적 에너지가 소진된다. 가사 노동에서 벗어나 자신에게 집중하고 싶어도 덫에 걸린 것처럼 쉽게 헤어나질 못한다. 함께 살면서 발생하는 경제적인 비용은 물론 가사 노동의 부담까지 부모에게 전가될 경우 그 힘겨움은 더욱 증폭된다.

"시집간 딸이 주말마다 저희 집으로 와요. 다섯 살, 두 살짜리 손주하고 사위가 함께 오는데 이젠 하나도 반갑지가 않아요. 딸 시집보낼 때 혹 하나 뗐다고 좋아라 했는데 이제 혹을 세 개나 붙이고 온 셈이에요. 물론 손주들은 예쁘죠. 그런데 딸이 주중에 애들 돌보기 힘들었다고 애들은 나한테 맡기고 아무것도 하질 않아요.

주말 내내 손주들 뒤치다꺼리하고 사위하고 딸 밥 해 먹이고……, 몸이 너무 힘들어서 언제 가나 싶어요. 남편에게는 대충 있는 반찬에 밥 차려 주면 되는데 사위한테는 그럴 수가 없잖아요. 게다가 사위가 편식을 해서 아무거나 안 먹고 꼭 고기반찬이 있어야 돼요. 딸이 오죽 힘들면 그럴까 싶지만 저도 너무 힘들어요. 오지 말라고 할 수도 없고."

산업화와 함께 핵가족이 보편화되면서 우리의 문화와 주거 환경도 그에 맞게 변해 왔다. 관계에서 독립을 중시하는 서양식 가치관과 문화의 도입으로 나이가 들면 자녀들이 부모로부터 독립해서 따로 사는 것이 바람직한 것으로 여겨지는 추세이다.

옛날에는 20대 후반쯤 되면 결혼해서 부모님의 곁을 떠나 자신의 가정을 이뤘고 남녀 모두 30대를 넘어가면 노처녀, 노총각이라고 했다. 요즘은 결혼하는 나이가 늦어지는 데다 아예 비혼을 선택하는 사람도 많아지고 있다. 비싼 집값, 취업난 등 여러 가지 사회 경제적 상황과 결혼 생활에 대한 가치관의 변화 등을 반영한 결과로 생각된다.

성인 자녀가 부모와 함께 사는 것에는 여러 긍정적인 면이 있다. 부모는 외로움이나 고독을 줄일 수 있고 자녀는 경제적인 지원이나 생활의 편의성을 제공받을 수 있다. 심심찮게 들려와 가슴을 서늘하게 하는 독거노인이나 홀로 사는 청년의 고독사 소식을 접할 때면, 부모와 성인 자녀가 함께 사는 것이 긍정적일 수 있다는 생각이 든다.

그러나 진료실에서 만나는 70~80대 어르신 중에는 미혼인 자녀와 함께 살면서 여러 가지 갈등을 겪고 있는 경우가 제법 많다. 자녀의 생활 방식이 마음에 들지 않거나, 경제적인 부담(자식이 경제 활동을 하면서도 생활비 부담을 하지 않음)을 겪거나, 가사 노동이 힘겨운 것 등을 들 수 있다.

방창민 씨는 80대임에도 70대로 보일 만큼 건강해 보였다. 별다른 지병이 없어 건강했지만 불안과 우울, 불면 등이 있었다. 이런 증상은 약 6개월 전 아내가 눈에 문제가 생겨서 앞을 거의 보지 못하게 되면서부터 시작되었다. 이전에는 서로 도와 집안일을 하다가 아내가 일을 할 수 없게 되자 방창민 씨가 집안일을 도맡아 하게 되었다.

그의 집에는 50대인 딸, 20대 손자 두 명까지 포함해 총 다섯 명이 살고 있었다. 딸은 사위가 죽은 뒤부터 지금까지 20년 이상 함께 살고 있는데, 직장 생활을 하느라 부부가 손자들을 어린 시절부터 키우다시피 했다. 최근 들어 시력을 잃게 된 아내의 신경질도 힘들었지만 딸과 손자들이 집안일을 나 몰라라 하는 것도 화가 났다. 딸과 손자들은 밥하는 것은 물론이고 청소, 빨래, 쓰레기 버리는 것, 재활용품 분리수거 어느 것 하나 돕지 않았다.

10년이 지난 지금도 가끔 생각나곤 하는 문 할머니가 있다. 당시 거의 90세에 가까운 연세였는데 택시 기사인 60대 아들, 30대 손자와 함께 살고 있었다. 그 연세에도 집안일을 하고 가족들을 위해 밥을 지었다. 아들과 손자는 집안일은 전혀 거들지 않았다. 한동안 병원을 다니다 치료가 중단되었다.

나중에 문 할머니의 이웃인 다른 환자가 소식을 전해 주었다. 문 할머니가 몸이 아파 딸이 모시고 갔는데 며칠 있다 돌아가셨다고 했다. 돌아가시기 전까지 구부러진 허리로 기다시피 움직여 자식들을 위해 밥을 지었을 그분의 고단한 삶을 생각하면 한동안 마음이 울적했다. 오랜 시간이 흘렀음에도 구부정하게 굽은 허리와 오랜 가사 노동으로 굵어진 손마디, 유난히 크고 거친 손, 그리고 순한 눈빛의 할머니가 가끔 생각이 날 때가 있다.

성인이 된 자녀와 함께 살며 끝나지 않은 육아로 고통을 호소하는 어르신들을 보면서, 자식들은 때가 되면 부모의 울타리를 떠나는 것이 효도라는 생각이 들기도 한다.

자녀의 성장과 보살핌의 방식

끝나지 않은 육아로 갈등을 겪는 것은 50대와 60대에게도 드물지 않다. 이들은 고통스러워하면서도 자녀에 대한 보살핌의 끈을 놓지 못한다. 자녀가 자신과는 다른 독립된 인격체임을 인식하지 못하는 것이 자녀를 떠나보내지 못하는 이유 중 하나이다. 내가 낳은 자식이지만 성인이 되면 이제 자신의 생각과 판단을 가진 타인이라고 생각해야 한다.

사람들 사이에는 서로 넘지 말아야 할 경계선이 있다. 자녀의 생활 방식과 가치관이 나와 달라서 마음에 들지 않더라도 성인으로서 사적 영역을 인정해 주는 것이 건강한 관계가 지속될 수 있는 비결이다. 자녀와의 사이에 건강한 선이 없거나 자녀가 설정해 놓은 선을 인정하지 못하고 마음대로 침범하는 것은, 자녀에 대한 통제력을 지속하려고 하거나 이를 통해 존재감을 느끼려고 하는 부모의 문제가 숨어 있다.

자녀를 떠나보내지 못하는 다른 이유로 분리 불안을 생각해 볼 수 있다. 어머니의 분리 불안은 다양한 모습으로 나타난다. 자녀가 아기였을 때는 젖을 뗄 나이가 지났는데도 모유 수유를 지속한다. 초등학교 고학년의 나이에도 수면 분리를 하지 않고 자신은 아이와 함께 자고 남편은 따로 잠을 잔다. 지나친 간섭이나 개입 등도 자녀에 대한 분리 불안의 다른 모습일 수 있다.

분리 불안이 심하면 겉으로는 자녀의 독립을 바라면서도 은근히 독립하지 못하게 방해를 한다. 자녀가 아직 독립할 준비가 되지 않았다고 말하지만 사실은 자신이 아직 자녀의 탯줄을 붙잡고 있는 경우가 많다. 어머니의 심한 분리 불안은 자녀와 지나치게 밀착된 관계로 이어질 수 있으며, 이는 자녀의 자율성과 독립심이 자라는 데 방해가 된다.

또 자녀에 대해서 죄책감을 느끼는 부모는 성인 자녀에게 과한 책임감을 느끼거나 나이에 맞지 않게 과잉보호를 하게 된다. 이것은 어린 시절에 자녀에게 상처를 주었다거나 잘 보살펴 주지 못했다는 후회에서 비롯된다. 아들 문제로 내원했던 60대 조순영 씨가 그랬다.

순영 씨는 아들이 어릴 때 음주 문제가 심한 남편과 이혼을 했다. 아들과 함께 살 여건이 되지 않았고 남편도 아들을 키우지 못하겠다고 해서 아이는 친할머니가 맡게 되었다. 아들이 사춘기가 되자 할머니와 갈등이 심해졌고 고등학생이 된 후 가출해서 순영 씨를 찾아왔다.

순영 씨와 함께 살게 된 후에도 아들은 친구들과 싸움이 잦았고 학교생활에 적응을 못하는 등 여러 가지 문제 행동을 일으켰다. 순영 씨는 아들이 어릴 때 돌봐 주지 못했다는 것에 죄책감을 느끼고 있었다. 아들이 문제아가 된 것이 자신의 책임인 것만 같았다. 원하는 것을 다 들어주면 어린 시절의 상처가 회복될 것이라고 기대하고 있었다.

어린 시절의 결핍은 그 시절에 주지 못했던 사랑을 준다고 채워지지 않는다. 현재의 나이에 맞는 관계 설정이 필요하다. 죄책감으로 스스로를 벌주듯이 부모 노릇을 해선 안 된다. 순영 씨에게는 부모로서의 권위와 자신감을 회복하는 것이 아들과 건강한 관계를 유지하기 위해 필요해 보였다.

부모가 때가 되었음에도 자녀와 건강하게 분리되지 못하는 또 다른 이유는 자신이 어린 시절 받지 못했던 사랑을 자녀에게 주는 경우를 들 수 있다. 즉 자신이 받고 싶었던 애정과 보살핌을 자녀에게 주는 것이다. 여기에는 자녀를 어린 시절의 자신과 동일시하는 심리가 있다. 좋은 부모가 되기 위한 노력이지만 도리어 자녀의 성장에 방해가 되기도 한다.

가족 내에는 부부 관계, 부모 자녀 관계, 형제 관계 등 다양한 관계가 존재한다. 어머니가 자녀에게 과도하게 밀착되어 있으면 가족 내 다른 관계, 특히 부부 관계에 부정적인 영향을 줄 수 있다. 부부간의 친밀감을 약화시키고 소통의 기회가 줄어든다. 이는 부부 사이에 거리감을 만들 뿐 아니라 심지어 결혼 생활에 장기적인 영향을 주어 결국 아버지와 자녀 관계에 좋지 않은 영향을 미칠 수 있다.

건강한 가정 구조를 유지하기 위해서는 각 관계가 적절한 경계와 균형을 유지하는 것이 좋다. 가족 내 여러 관계는 위계가 있으며 대부분의 가정에서 부부 관계가 다른 관계의 기반이 된다. 건강한 부부 관계는 자녀의 성장 발달에 여러 가지 긍정적인 영향을 준다.

법륜 스님(1953~)은 자녀가 어릴 때는 지극정성으로 돌보고 사춘기가 되면 한 발 떨어져서 지켜보며, 성인이 되어 가정을 이루면 정을 끊어 주는 것이 부모의 사랑이라고 했다. 이 말은 부모의 보살핌과 사랑은 자녀가 성장함에 따라 그 내용과 형식이 달라져야 한다는 것을 의미한다. 젖먹이에게는 젖먹이에게 적합한, 10대에는

10대에 적합한, 20대에는 20대에 적합한 사랑의 방식이 있다. 자녀가 나이 들어감에 따라 사랑의 표현 방식이 달라지는 것이 부모로서의 성장이다.

성인이 된 자녀와 잘 지내려면

다른 사회적 관계는 갈등이 생기면 그 관계를 단절하는 것이 하나의 선택이 될 수 있다. 하지만 부부 관계나 자녀와의 관계는 갈등이 극심한 상황에서도 쉽게 단절할 수 없어 더 고통스럽다. 무촌인 배우자는 이혼함으로써 단절할 수도 있겠지만 자식의 경우는 다르다.

타인처럼, 배우자처럼 쉽게 끊어 버릴 수 없는 인연이기에 자녀 문제는 해결이 안 되면 지속적으로 고통스러울 수밖에 없다. 하지만 누워서 침 뱉는 것이나 마찬가지라고 생각할 수 있기 때문에 속 시원하게 드러내 놓고 남에게 하소연하기도 어렵다.

또래들을 만나 이야기를 나누다 보면 누군가 이런 이야기를 꺼내곤 한다.

"내가 아는 엄마가 있는데 그 집 며느리는 손자를 안 보여 준대. 요즘 젊은 며느리들이 시부모가 돈이 없으면 어른 대접도 하지 않는다는 거야. 용돈 보내 주면 그제야 손자 사진이나 동영상을 보여 준대. 그렇지 않으면 아기가 보고 싶어도 아기 잔다고 통화도 안 시켜 준대."

풍문처럼 들려오는 어느 집 못된 며느리 이야기에 사람들은 일순 조용해진다. 마치 초등학생들이 실체 없는 학교나 도시 괴담을 듣고 두려움에 사로잡히는 것처럼, 다들 아직 생기지도 않은 며느리 걱정으로 잠시 심각한 표정이 된다.

진료실에서 직·간접적으로 요즘의 젊은 며느리들에 관한 이야기를 들을 기회가 있다. 시부모와 건강하게 관계를 맺고 책임을 다하는 며느리들도 많다. 그럼에도 불구하고 이런 소문들은 시어머니들을 긴장하게 만들고 스스로 아들 며느리와 거리를 두게 만든다. 기존의 가치관과 새로운 세대의 가치관이 그녀 내부에서 충돌하고 새로운 시대에 맞는 건강한 관계 방식이 아직 확립되지 않아서 생기는 혼돈이다.

시중에 떠도는 유쾌하지 못한 부모 자식 간의 이야기들은 앞으로 자녀들과 어떻게 관계를 맺을지 걱정스럽게 만든다. 나는 시어머니에게 아이를 보여 주지 않는다는 며느리 이야기에 드러나지 않은 이면이 있을 것이라고 생각한다. 이야기 속의 며느리가 정말 못돼서 저런 행동을 보일 수도 있지만, 혹시 부모 자신이 건강한 거리 설정을 하지 못한 것은 아닌가 돌아볼 여지도 있다고 생각한다.

다음에 이야기할 50대 여성의 사례에서 결혼한 자녀들과 건강한 관계 맺기를 고민하는 요즘 부모의 모습을 볼 수 있다.

향지 씨는 수개월 전에 외아들을 결혼시켰다. 딸이 없는 그녀는 아들 며느리 부부가 사랑스러워서 함께 시간을 보내며 친해지고 싶었다. 자신이 젊은 시절 간섭 많은 시어머니로 인해 고부 갈등을 겪었던지라 좋은 시어머니가 되고 싶었다. 요리를 잘하는 그녀는 어느 토요일에 함께 저녁을 먹자고 아들 부부를 초대했다. 며느리가 좋아하는 음식을 해 줄 요량이었다. 그러나 아들의 반응에 그녀는 괘씸한 마음이 들었다고 한다.

"엄마, 우리도 주말에 계획이 있는데 갑자기 오라고 하면 곤란해요. 앞으로 설날, 추석, 어버이날, 그리고 엄마 아빠 생일에는 꼭 가겠지만 그 외의 날은 아무 때나 오라고 하시면 안 돼요."

향지 씨는 섭섭한 마음을 다스리고 있다며 이렇게 말했다.

"아마 아들이 며느리가 혹시 시댁 때문에 스트레스 받을까 봐 선을 긋는 것 같아요. 우리 때랑 요즘 애들은 다르니까 제가 적응을 해야죠. 섭섭하긴 해도 아들이 나한테서 저렇게 뚝 떨어져 나가는 것이 그래도 내가 아들을 잘 키워서 그런 것이라고 생각하기로 했어요. 돌이켜 보니까 나는 시어머니처럼 하지 않겠다고 생각하면서도 어머니처럼 행동하고 있더라고요. 이제야 시어머니가 조금 이해되는 것 같기도 해요."

향지 씨의 경우처럼 자녀가 성인이 된 후에도 부모 역할에 대한 고민과 길 찾기는 지속된다. 성인이 된 자녀와 건강하고 균형 잡힌 관계를 유지하기 위해서는 다음과 같은 마음가짐이 필요하다.

자녀의 독립성을 존중하자. 성인이 된 자녀의 선택과 삶을 존중하는 것이 가장 중요하다. 지나친 보호는 자녀의 성장에 방해가 될 수 있다는 것을 염두에 두자. 그들이 자립적인 삶을 살 수 있도록 신뢰하고, 필요하지 않은 간섭은 자제하는 것이 좋다. 개방적이고 솔직한 대화를 통한 정확한 의사소통은 불필요한 오해를 줄여 준다. 자녀들이 중요한 결정을 앞두고 있다면, 조언을 할 수는 있지만 어떤 선택을 하라고 강요하지 않도록 주의가 필요하다.

너무 가까이 다가가면 부담을 느낄 수 있으므로, 자녀와 적절한 거리를 유지해야 한다. 자녀가 도움을 요청할 때 할 수 있는 한 지원해 주는 것이 좋다. 자녀의 사생활을 침해하지 않도록 주의하고, 그들의 가정이나 개인적 결정에 개입하려는 욕구를 억제해야 한다. 또 자녀가 자신의 기대와 다르게 행동할 때 생길 수 있는 실망감이나 서운함을 잘 다루어야 한다. 자녀의 삶은 부모의 기대대로만 흘러가지 않음을 이해하고, 이로 인한 감정적 충돌을 피하기 위해 감정 관리를 잘해야 한다.

따로 또 같이, 캥거루 가족

급격한 가치관의 변화로 과거에는 당연하게 생각했던 결혼이나 출산의 의미를 의심하는 시대가 되었다. 취업난, 집값 상승, 고물가 등으로 자녀들의 독립이 어려워지고 있다. 부모보다 자녀들이 가난한 시대, 부모와 함께 사는 캥거루 자녀 문제는 우리나라뿐 아니라 서양에서도 형편이 비슷한 모양이다.

'캥거루 소송'이라는 키워드로 검색해 보면 전 세계적으로 다양한 사례들을 볼 수 있다. 일례로 2023년 이탈리아에서는 75세 어머니가 40대인 두 아들에게 여러 차례 독립을 권유했음에도 불구하고 이에 응하지 않자 이들을 퇴거시켜 달라며 소송을 제기했다. 두 아들은 각자 직업을 가지고 있음에도 기본적인 생활비를 내지 않았으며 집안일 역시 전혀 하지 않았다. 법원은 어머니의 손을 들어 두

아들에게 퇴거를 명령했다.

성인 자녀가 부모와 함께 사는 이유는 여러 가지가 있다. 첫 번째는 자녀가 아직 자립할 능력이 되지 않아서 주거는 물론 경제적으로 거의 전적으로 의지해서 살고 있는 경우이다. 이들은 부모의 집을 떠나 자신만의 삶을 살아 본 적이 거의 없다. 학업을 마치지 못한 채 사회생활 경험도 없이 20세 전후의 시기부터 주로 집에 머무르며 심한 경우는 방문을 걸어 잠그고 부모와도 거리를 둔 채 산다.

두 번째는 학업을 마치고 취업을 해서 경제적으로 자립했으나 부모와 함께 살고 있는 경우이다. 이들은 아직 독립할 이유가 없거나 혹은 경제적인 이유, 생활의 편의 등을 이유로 부모와 함께 산다. 이 경우는 성인 자녀가 자립 능력이 있고 정서적으로도 성숙해 있으므로 부모에게 경제적인 도움과 정서적인 지지를 제공하기도 한다. 이들은 이직이나 결혼을 하면 자연스럽게 부모로부터 독립해 나갈 수 있다.

세 번째는 부모의 곁을 떠나서 자신의 삶을 살다가 이혼이나 사업 실패로 혼자 혹은 자신의 가족을 이끌고 부모의 울타리로 다시 돌아온 소위 부메랑 자녀를 들 수 있다. 이 경우는 20대 초반이나 30대 전후인 첫 번째와 두 번째의 경우보다 자녀의 나이가 많아 부모를 모시는 것과 얹혀사는 것 사이의 경계가 모호할 수 있다. 이미 부모의 나이가 돌봄을 제공하기보다는 돌봄이 필요한 노년기에 접어들었기 때문에 두 경우와는 또 다른 갈등이 생겨날 여지가 있다.

진료실에서 성인 자녀와 함께 사는 부모, 혹은 부모와 함께 사는 성인을 진료하다 보면 이들이 겪는 몇 가지 어려움들을 추릴 수 있다. 경제적인 문제와 가사 노동의 분담, 서로 다른 정서적 기대 수준, 간섭과 자율성의 문제, 갈등이 생겼을 때 의사소통의 방식, 그리고 동거하는 것에 대한 인식 등이다.

살면서 우리가 어떤 일을 겪었을 때 고통스러운 이유는 그 상황이나 조건 자체 때문이 아니라 그것을 받아들이는 마음가짐 때문인 경우가 많다. 예를 들면 자녀들이 함께 사는 경우, 그것을 문제로 인식하는 사회적인 분위기나 자신의 내적 가치관과의 충돌 때문에 괴로워하는 경우가 비일비재하다.

서양 사회는 성인이 되면 부모로부터 경제적인 독립은 물론 주거를 분리하는 것을 규범적인 삶의 방식으로 여긴다. 이에 비해 동양 문화권에 속한 우리나라는 아직까지 부모가 성인 자녀와 함께 사는 것을 자연스럽게 받아들이는 편이다. 그러나 자아실현 및 사회적 활동에 대한 관심이 높은 현재의 50대와 60대는 선배 세대와 달리 이를 불편하게 받아들이는 경향이 있다.

자녀가 성인이 되면 부모로부터 떨어져서 사는 것이 일반적인 상식으로 받아들여지는 사회에서 그렇지 못한 경우, 뭔가 잘못된 것은 아닌가 자책하거나 괴로워할 수 있다. 만약 성인이 된 자녀와 함께 살아야 한다면 어떤 하나의 전제를 모범 답안으로 삼아 그렇지 못한 것에 대해서 고통스러워하기보다는, 변해 가는 삶의 조건 속에서 어떤 선택이든 가능하다는 마음으로 함께 잘 지낼 수 있는 현명한 방법을 모색해 보았으면 좋겠다.

부모와 자녀가 함께 사는 경우 과거 농경 사회의 대가족 제도에서 여러 세대가 공존하며 유지했던 미덕과 가치를 현대적으로 재해석해 적용할 수 있다. 즉 역할 분담과 책임 의식을 바탕으로 상호 협력해야 한다. 자녀가 성인으로서 자신의 책임을 다할 수 있도록 일정 부분의 경제적인 책임과 가사 노동의 부담을 나누는 것은 물론이고, 이 문제에 대한 투명한 의사소통이 필요하다. 또한 서로 지켜야 할 규칙을 정해서 지키도록 노력한다.

부모는 자녀에게 지나치게 간섭하지 말고 자율성을 인정해 주고, 자녀는 부모에 대한 예의와 존중의 태도를 지녀야 한다. 각자의 개인적인 공간과 시간을 존중하는 것이 필요하다. 성인이 된 자녀는 자신의 독립적인 생활 방식을 유지하면서도, 부모와의 관계에서 필요한 의무와 책임을 다해야 한다. 부모 역시 자녀의 개인 시간과 자유를 존중해 주는 것이 필요하다.

함께 사는 동안 가족의 전통과 가치를 공유하는 것이 가족의 연대를 강하게 할 수 있다. 하지만 어릴 때처럼 지나친 가족애를 강조하는 것은 바람직하지 않다. 약간은 느슨한 관계, '따로 또 같이'가 바람직하다. 즉 가족으로서 함께할 수 있는 것과 서로의 독립성이 필요한 것을 구분하는 것이 좋다.

무엇보다 일방적인 돌봄이 아닌 상호 돌봄의 자세가 필요하다. 부모가 자녀에게 도움을 주는 것뿐만 아니라, 자녀도 부모의 건강과 삶의 질을 위해 함께 책임을 나누어야 한다. 세대 간의 상호 돌봄이 공평하게 이루어질 때 더 건강한 관계로 발전할 수 있다.

우리는 서로 다른 사람들이 한 울타리 안에서 협조하고 질서를 지키며 사는 것을 이미 초등학교 때 배웠다. 순서대로 돌아가며 주번을 정해서 일주일 동안 다른 아이들보다 일찍 등교해 주전자에 물을 채우고 컵을 씻었다. 교실 청소를 할 때 누구는 책걸상을 나르고 또 다른 누구는 비질을 하거나 바닥 청소를 하는 등 각자 역할을 나누었다. 일주일에 한 번씩 학급 회의를 치르며 건의하고 찬반 토론하고 표결에 부쳐 결론을 도출해 냈다. 초등학교 시절에 익혔던 교실의 규칙은 성인 자녀와 살아가는 현재의 삶에 응용해 볼 만하다.

성장이 멈춘 자녀와 함께 성장하기

자녀와 관련해서 부모가 가장 힘들어하는 것은 성장이 중단된 자녀 문제이다. 성장이 중단되었다는 것은 그 나이에 사회에서 통상적으로 요구되는 발달 과제를 수행하는 데 실패하고 세상으로부터 철수해 버린 것을 의미한다. 니트족, 캥거루, 은둔형 외톨이 등 이들을 부르는 이름도 다양하다.

이런 자녀를 보고 부모를 포함한 주변 사람들은 '배고파 보지 않아서 아직 정신을 덜 차렸다'고 이야기할 수 있다. '당장 내쫓으면 어떻게든 살아가게 될 것이다'라고 극단적인 처방을 조언해 주기도 한다. 일부 일리가 있는 이야기이지만 모든 사례에서 이런 극단적인 처방이 효과가 있는 것은 아니다.

2015년 뉴욕의 맨해튼에서 30대 아들이 자산 규모 2억 달러(약 2800억 원)에 달하는 규모의 헤지펀드 설립자인 70대 아버지를 권총으로 살해한 사건이 일어나 미국 사회가 충격에 빠졌다. 아들은 2009년 명문 프린스턴대를 졸업했지만 별다른 직업 없이 지내며 평소 아버지로부터 2400달러(약 336만 원)가량의 집세와 600달러가량의 용돈을 받아 왔다. 하지만 아버지가 용돈을 200달러 줄인 400달러만 주겠다고 통보하자 격분해서 아버지와 싸움을 벌인 끝에 이 같은 범행을 저질렀다고 한다.

부자 아버지도 자식 문제만큼은 쉽지 않았던 모양이다. 보도를 통해 드러난 것 외에 이런 비극적인 사건이 왜 일어났는지, 평소 부자 사이가 어땠는지까지는 알 수 없지만 짐작을 해 볼 수는 있을 것 같다. 아버지가 아들에게 용돈을 줄이겠다고 한 것은 돈이 없거나 아까워서는 아니었을 것이다. 이 비극적 운명의 아버지는 경제적인 지원을 중단함으로써 시쳇말로 '아직 정신을 못 차린 아들'이 부모에게 기대지 않고 스스로 살아갈 길을 모색하기를 바라지 않았을까?

부모의 기준으로 '정신을 못 차린 자녀'에게 극단적인 처방을 하는 것은 흔히 고려할 수 있는 해법이다. 진료실에서도 사회에 적응하지 못하는 자녀와 갈등을 빚고 있는 부모가 경제적인 지원을 중단하고 혼자 살도록 집에서 내보내면 자녀가 정신을 차리고 독립심을 키우지 않겠느냐고 묻는 경우가 있다.

단지 주거를 분리하거나 냉엄한 현실에 맞닥뜨리도록 억지로 몰아낸다고 해서 자녀가 혼자 살아갈 힘을 내는 것은 아니다. 간혹 극단적인 처방으로 소위 '정신을 차리는' 경우가 있을 수 있겠지만, 자녀가 이것을 처벌로 받아들이거나 혹은 버림받았다고 느끼는 경우 부모 자식 관계에 회복하기 힘든 상처를 남기기도 한다. 스스로 살아갈 능력이 없는데 극한 상황으로 내몰린 청년은 생존이 위협받는 한계 상황에 놓이게 된다. 위에서 언급한 비극적 사건의 배후에 이런 사연이 있었던 것은 아닐까 짐작해 본다.

사회에 적응하지 못하는 청년들은 겉으로는 큰 문제가 없어 보이더라도 심리적인 면에 있어서 전문적인 치료가 필요한 경우가 많다. 하지만 이들은 반복되는 실패로 수치심과 두려움에 사로잡혀 있어 좀처럼 자신의 마음을 드러내지 않기 때문에 상담받는 것조차 거부한다.

이들은 일견 성장이 멈춘 것처럼 보인다. 삶의 영역은 좁아져 있고 인간관계도 소수의 친구나 가족에 국한된다. 성취와 성장이 없는 삶을 살아가는 자녀의 모습에 부모는 당황하고 안쓰러운 동시에 화가 난다. 그런 자녀를 외면하고 눈감고 살거나 억지로 끄집어내 등 떠밀어 세상으로 내보내려고 하지만 뜻대로 되지 않아 심각한 물리적 충돌로 이어지기도 한다. 이런 자녀를 대할 때 다음과 같은 점을 고려해 보아야 한다.

첫째, 세상과 단절하고 은둔을 선택한 자녀들에게 징검다리가 필요하다. 어머니나 아버지 혹은 형제, 친구 누구라도 그를 세상과 다시 연결해 주는 징검다리 역할을 해 주어야 한다.

둘째, 신뢰를 바탕으로 한 이해가 중요하다. 자신의 방 안에 숨어 버린 자녀는 부모가 자신을 도와줄 사람이라고 믿을 수 있어야 한다. 그동안의 실패로 상처투성이인 모습을 드러내도 안전하다고 믿을 수 있어야 마음을 열어 보인다.

셋째, 서로 간의 대화 즉 소통이 중요하다. 말로 하는 대화를 먼저 떠올리겠지만 이보다 더 중요한 것은 이심전심으로 전달되는 진심이다. 움츠러든 자녀는 그간 반복된 상처로 타인의 시선과 감정에 민감하게, 또 방어적으로 반응한다. 그래서 아무리 친절한 말이라 하더라도 쉽게 신뢰하지 않는다. 자신을 이해하고 도와주려는 진심이 전달되어야 마음을 열고 부모가 한 걸음 다가오는 것을 허락할 것이다.

넷째, 자녀의 정확한 상태를 파악해야 한다. 그래야 그에 따른 처방을 내릴 수 있다. 자녀가 은둔하게 된 이유와 운둔의 상태는 다양하다. 일부는 비교적 단기간 지속되다가 스스로 회복해서 다시 세상으로 나가기도 한다. 이와 달리 우울증이나 조현병처럼 비교적 심각한 심리적 문제가 잠복해 있을 수 있다. 이런 경우 은둔은 상당히 장기간 지속된다. 시간이 걸리더라도 회복해서 다시 세상으로 나가 뒤늦게라도 자신의 삶을 살아가면 다행이다. 하지만 일부는 이러한 은둔을 회복하지 못하고 후유와 장애를 남기는 경우도 있다.

다섯째, 한계를 받아들여야 한다. 아무리 노력해도 넘어설 수 없는 한계가 있을 수 있다. 혹시 자녀의 은둔이 회복하기 어려운 장애를 남겨 앞으로 세상의 기준으로 봐서는 많이 부족한 상태로 살아가게 되더라도 그것을 받아들여야 한다. 받아들임은 포기와 다르다. 현재 상태를 받아들이고 그 상태에서 가능한 성장의 목표를 찾는 것이다. 작은 성공의 경험이 쌓이면 그것을 통해 나름의 성장을 할 수 있다.

여섯째, 자녀가 가지고 있는 장애가 심해서 앞으로 경제 활동이나 사회생활이 어려울 것이라고 예상되는 경우라도 그 안에 도달 가능한 성장점이 반드시 있다. 돈을 벌 수는 없지만 삶의 기본이 되는 자조 능력을 키우는 것, 즉 스스로 식사를 챙기고 설거지하는 것을 돕고 빨래와 집 안 청소를 하는 것 등도 성장의 목표가 될 수 있다.

일곱째, 전문가의 도움을 받아야 한다. 이때 자녀가 완진히 다른 사람으로 변모해 부모가 바라는 삶을 사는 것이 치료의 목표가 되어서는 안 된다. 자녀에게 '네가 문제가 있으니 그걸 고쳐야 한다'라는 자세보다는 '부모와 가족 모두가 서로 성장을 위해 무엇을 할지 배운다'는 마음으로 진료실을 찾아야 한다.

이런 자녀들은 어린 시절부터 현재까지 자신을 변화시키려는 압력에 시달려 왔을 가능성이 많다. 그래서 치료받는 것을 어린 시절에 부모 손에 이끌려 가기 싫은 학원에 갔던 것과 비슷하게 받아들일 수 있다. 그들은 진료받는 것을 자신이 부족하고 문제가 있으니 변해야 한다는 압박으로 여긴다. 실제로 그런 메시지를 담고 있는 경우가 많다. 그런 의도가 숨어 있는 것을 그들은 기민하게 알아차리고 달아나려고 할 것이다.

자녀들이 치료를 거부한다면 우선 부모라도 먼저 전문가를 만나 어떻게 도와주면 좋을지 조언을 구하는 것도 대안이 될 수 있다. 부모가 변하려고 노력하는 것이 자녀들에게는 긍정적으로 작용할 수 있으며 향후 치료로 나아가게 할 수 있다.

여덟째, 부모의 노력은 성실하게 꾸준히 지속되어야 한다. 지금까지 이야기한 여러 가지를 하루 이틀 혹은 한두 달 실천하다가 크게 나아지는 것이 없다고 생각해서 실망하며 화를 낼 수도 있다. 그럴 때 '내가 이렇게 노력을 했음에도 너는 왜 달라지는 것이 없느냐' 혹은 '왜 변하려고 노력하지 않느냐'라고 책망하기보다는, 내 마음 속에 현재 자녀의 상태를 받아들이지 않고 자신이 원하는 방향으로 이끌어 가려는 의도가 남아 있었던 것은 아닌지 돌아보아야 한다.

성장이 없는 삶을 살고 있는 자녀를 바라보는 부모는 이중 삼중의 고통 속에 있다. 자녀에 대한 실망감, 미움, 분노, 화, 후회, 자책, 수치심, 열등감을 느낀다. 그리고 자식을 향해 미움을 느끼는 자신을 또 자책한다. 마치 헤어날 수 없는 덫에 걸린 것과 같은 상황이다. 이런 고통을 어떻게 이겨 낼 수 있을까?

자신을 지키는 것이 우선되어야 한다. 이를 위해서는 자신의 고통을 먼저 공감해야 한다. 인간이기에 그런 감정을 느낄 수 있고, 감정이 일어나는 것은 막을 수 없다. 우리가 선택하고 변화시킬 수 있는 것은 나의 감정을 처리하는 것이다. 날것 그대로 쏟아 내거나 억눌러서 우울한 상태에 빠지지 않도록 주의해야 한다.

부모는 자녀를 키우면서 자신의 꿈, 소망, 기대를 투영한다. 내 아이가 어른이 되면 이런 모습이었으면 좋겠다는 이상적인 자녀를 마음속에서 키워 온다. 이제 현실에서 만나지 못한 마음속의 그 아이를 떠나보내고, 내 앞에 있는 아이를 받아들여야 한다.

진료실에서는 여러 유형의 부모를 만난다. 남자보다는 여자들이 많기 때문에 여러 유형의 어머니들을 만난다는 말이 더 정확할 것 같다. 내가 만난 어머니들 중에서 가장 존경스러운 분들은 자폐나 지적 장애인 자녀를 둔 어머니들이다. 그분들은 성장의 한계를 예상할 수 있는 자녀들과 함께 평생을 걸어왔다. 수많은 실망의 날을 어떤 희망과 격려로 견뎌 오셨을까? 그분들은 매일 불행감에 압도되지 않고 현재 할 수 있는 것을 묵묵히 해 오셨다. 그것이 힘든 날들을 견디는 유일한 방법이었을 것이다.

은둔해 있는 자녀를 대할 때 필요한 것은 결국 부모 자신이 변화하고 성장하는 것이다. 부모의 노력으로 자녀가 얼마나 성장하게 될지 예상할 수 없다. 처음에는 의식적으로 마음을 써서 노력해야겠지만 그런 노력이 점차 자녀와 삶을 대하는 태도로 정착이 될 것이다. 그렇게 되면 자녀의 상태가 어떻든 마음의 평화를 찾고 관계를 회복할 수 있을 것이다.

죄책감과 자책으로 고통스러운 나날을 보낸다면 그걸 보는 자녀들 역시 마음의 짐을 안게 된다. 부모가 먼저 현재의 상황을 받아들이고 그걸 성장의 출발점으로 삼아 변화를 도모해야 한다. 작은 의미와 행복을 매일의 삶에 추가한다면 물줄기가 서서히 방향을 바꾸듯이 자녀와의 관계도 변화해 갈 것이며, 그 안에서 서로의 성장이 가능하다.

4.
부부, 님과 남의 기로에서

사랑해서 결혼해도 원수가 되는 이유

결혼에는 경제적인 기능, 정서적 기능, 성장과 자아실현의 기능, 성적 욕구의 충족, 자녀 출산과 양육의 기능이 있다. 이제 결혼은 물론 자녀 출산이 필수가 아닌 선택이 되어 가고 있다. 과거에는 자녀의 출산과 양육이 결혼의 중요한 기능이었다면 최근에 결혼하는 부부들은 개인적인 행복과 만족을 중요하게 생각한다. 과거의 결혼이 가부장적 구조에 기반해 남성이 주도했다면, 요즘의 결혼은 평등한 파트너십을 중시하는 것으로 변하고 있다. 결혼을 통해 서로의 꿈을 지지하고 협력하는 동반 성장이 점차 중요한 가치로 자리 잡고 있는 것이다.

미혼 남녀는 행복한 미래를 꿈꾸며 결혼이라는 열차에 탑승한다. 하지만 이러한 기대는 결혼 후 녹록지 않은 현실에 부딪히면서 실망과 후회로 이어진다. 사람마다 결혼에 대한 기대와 욕구가 다르기 때문에 갈등은 필연적이다. 게다가 아이라도 생기고 나면 감당해야 할 의무와 책임이 커지면서 부부 사이는 악화 일로를 걷기 십상이다.

결혼으로 맺은 관계는 다른 관계보다 더 어렵고 복잡하다. 그 이유는 부부가 가지고 있는 깊은 내적 욕구들과 인격의 취약함이 충돌하기 때문이다. 다른 관계는 갈등이 생겼을 때 거리를 두거나 단절함으로써 갈등의 수위를 조절할 수 있다. 하지만 부부 관계는 그러기가 쉽지 않기 때문에 밖에서는 잉꼬부부로 알려진 부부도 실상은 심한 갈등을 안고 살아가는 경우가 허다하다.

사랑해서 결혼한 사람들이 왜 원수보다 못한 사이가 되고 마는 걸까? 친밀함이 깊어질수록 사람들은 자신의 가장 내밀한 욕망과 상처를 여과 없이 드러낸다. 부부 관계에서 친밀함이 깊어지면 억압되었던 어린 시절 마음의 습관들과 감정이 서서히 수면 위로 올라온다. 성장 과정에서 해소되지 않았던 기대와 의존심, 저항과 적개심이 배우자를 향해 투사되면서 부부 갈등은 보다 복잡해지고 심화된다.

남편이나 아내 모두 부부 관계에서 어려움을 겪지만 부부 갈등으로 진료실 문을 두드리는 것은 남편보다는 아내가 더 많다. 행복한 결혼에 대한 욕구가 크고, 기대 수준이 높으며 결혼에 대한 책임을 더 많이 느끼기 때문이다. 여기에는 아마도 여성이 남성보다는 더 관계 지향적이라는 점이 작용하는 것 같다.

남편은 아내보다 관계와 감정의 문제를 덜 심각하게 받아들이는 경향이 있고 일이나 사회생활을 핑계 삼아 결혼의 어려움을 외면할 수 있기 때문에 진료실까지 오는 경우는 여성에 비해 덜하다. 남편이 부부 문제로 진료실을 찾는 것은 자발적으로 오는 경우도 있지만, 아내의 권유 혹은 강권에 의한 경우가 많다.

순조로운 결혼 생활을 위해 가장 중요한 것이 무엇일까? 바로 애초에 배우자 선택을 잘해야 한다는 것이다. 결혼 생활을 힘들게 하는 건강하지 못한 배우자 선택의 동기는 원가족의 문제로부터 도피하는 것, 혹은 취업이나 학업 등과 같은 자신의 인생 과업을 회피하는 것 등이 있다. 또 남들이 다 하니까, 상대가 자신을 너무 좋아해서, 배우자 부모가 결혼을 서둘러서, 믿을 만한 사람이 소개해서, 부모님이 권해서 등 배우자의 선택에 있어서 주체적이지 못한 결혼도 불행의 씨앗을 품고 있다.

결혼은 장기적인 관계를 유지해야 하는 중요한 결정인 만큼, 눈에 보이는 것에 의존하기보다는 상대방의 내면과 인격을 깊이 이해하는 태도가 필요하다. 그런데 한 사람이 살아온 이력과 입체적인 전체 모습을 보기보다 경제적인 능력, 외모, 직업, 배경, 성격의 한 가지 특성 등과 같은 단편적인 면을 보고 결혼을 결정하는 경우는 힘든 결혼 생활의 위험이 있다. 이런 선택을 하는 것은 여러 가지 의식적, 무의식적 동기들이 작용한다.

힘든 결혼 생활로 인한 스트레스로 진료실을 찾는 분들에게 결혼의 동기를 물어보면 이런 대답이 돌아온다.

"남편하고는 선으로 만났어요. 결혼 전에 섬에 놀러 가게 되었어요. 작은 배를 타는데 남편이 핸드백을 들어 주고 손도 붙잡아 주는 모습을 보고 친절하고 다정한 사람이구나 싶어서 마음에 들었어요. 그런데 살아 보니 저뿐 아니라 모든 여자들에게 친절하더라고요. 결혼 생활 동안 여자 문제가 끊이질 않았어요."

"친정아버지가 너무 말이 많고 바깥에서 사람들 만나는 것을 좋아하셨어요. 가정에 소홀한 아버지 때문에 엄마가 마음고생이 심했어요. 저는 아버지랑 다른 사람하고 결혼하고 싶었어요. 남편이 아버지와 다르게 말이 없고 점잖고 조용해서 결혼했는데 이제 와서 보니 사회성에 문제가 있는 것 같아요. 사람들하고 잘 어울리질 못해서 회사 생활을 너무 힘들어해요."

이처럼 부부 갈등을 호소하는 분들이 결혼을 하게 된 동기를 파악해 보면, 결혼을 결심하게 했던 배우자의 특성이 부부 갈등의 주요한 원인이 되곤 한다. 한 사람을 전체적으로 보지 못하고 일부분만 보고 선택한 것으로 인한 패착으로 생각된다.

결혼 전에 꺼림칙했던 작은 문제가 결혼 생활을 어려움에 빠뜨릴 수 있는 큰 문제의 신호였는데, 그것을 알아차리지 못한 경우도 있다. 수년 전 한 남성은 결혼 생활 동안 여러 차례 아내의 카드 빚 때문에 곤란을 겪었다. 두 사람은 같은 직장에서 만나 연애를 했다. 결혼 전 경리로 일했던 아내가 공금을 횡령해서 문제가 되었던 적이 있었다. 당시에는 액수가 크지 않아 결혼을 재고할 정도로 심각한 문제는 아니라고 여겼다. 하지만 한 번의 실수일 거라고 생각했던 금전 문제가 반복되면서 결혼 생활을 위태롭게 하고 있었다.

결혼을 망치는 네 가지 독

건강한 부부 관계를 유지하기 위한 개인적인 전제 조건은 자존감, 책임감, 부모로부터의 정신적, 경제적 자립 등이다. 즉 한 사람의 성인으로서 자신의 몫을 해낼 수 있을 만큼 성숙해 있어야 한다. 하지만 어떤 사람도 인격적으로 완벽한 상태에서 결혼을 하는 것은 아니다. 예전에 중년의 여자 배우가 결혼이란 모난 돌 둘이 만나 끊임없이 부딪치며 조약돌이 되어 가는 것이라고 했던 말이 인상 깊게 남아 있다.

여러 가지 조건을 꼼꼼히 따져 보고 충분한 시간을 들여 숙고한 결혼이라고 문제가 없는 것은 아니다. 결혼 생활에서 발생하는 갈등과 문제는 정도의 차이만 있을 뿐, 누구에게나 존재하기 마련이다. 이러한 현실을 마주하다 보면, 배우자 선택이 마치 '뽑기'와 같다는 생각이 들 수도 있다. 뼈아픈 사실이지만 대부분의 사람들은 자신과 눈높이가 비슷한, 즉 인격 성숙의 정도가 비슷한 사람을 배우자로 선택하는 경향이 있다.

중요한 것은 완벽한 배우자의 선택에 있는 것이 아니다. 음주, 도박, 의부(처)증, 반복되는 외도, 폭력 성향 등 결혼 생활을 지속하기 어려울 정도의 심각한 문제가 있는 경우가 아니라면, 결혼을 유지하는 데 있어 중요한 것은 변화와 성장에 열려 있는 것이다. 갈등을 해결해 감으로써 결혼이라는 관계는 성장할 수 있으며 이 과정에서 부부는 한 사람의 인간으로서 보다 성숙해진다. 이를 위해서는 의사소통과 갈등 해결 능력이 필수 조건이다.

미국의 부부 치료 전문가인 존 가트맨John Gottman(1942~) 박사는

30년 이상 3천여 쌍의 부부를 연구하여 이혼하는 사람들의 공통점은 부정적인 싸움 방식에 있다는 것을 밝혀냈다. 그는 비난, 경멸, 방어, 도피(담쌓기)를 결혼을 망치는 네 가지 독이라고 했다. 이 네 가지는 결혼뿐 아니라 다른 관계에서도 해가 되는 의사소통 방식이다.

비난은 상대방의 성격이나 인격을 공격하는 비판을 하는 것이다. 이는 특정 행동을 지적하는 것을 넘어서 상대방을 부정적으로 규정한다. 경멸은 상대방을 무시하거나 비하하는 태도이다. 조롱, 냉소적인 말투, 비웃음 등이 경멸적인 표현에 포함되며 이것은 관계에 심각한 상처를 준다. 방어는 자신의 행동에 대해 변명하거나 책임을 회피하려는 태도로, 이는 갈등 상황에서 문제 해결을 방해한다. 담쌓기는 대화나 갈등 해결을 피하기 위해 상대를 차단하고 대화에서 물러나는 행위이다. 이는 상대방에게 큰 좌절감을 준다.

집안일에 지친 갑순 씨는 갑돌 씨에게 옷을 갈아입고 나면 세탁실 바구니에 넣어 달라고 부탁했다. 갑돌 씨는 알겠다고 대답해 놓고는 깜빡 잊고 예전 습관대로 방바닥에 옷을 어질러 놓았다.

갑순 제발 옷 벗으면 세탁실 바구니에 넣어 달라고 했잖아. 어떻게 된 사람이 알겠다고 대답만 하고 한 번도 제대로 지키지를 않아. 내 말이 말 같지 않은 거야?(비난)

갑돌 물 한 잔 마시고 치우려고 했지. 그걸 못 기다리고 당신이 성미 급하게 치워 놓고서 나한테 뭐라고 하면 어떡해!(방어)

갑순 (콧방귀를 뀌며) 허 참, 어이가 없네. 당신 어머니는 이런 것도 가르쳐 주지 않았어? 이런 기본적인 것까지 내가 일일이 알려 줘야 해? 당신 같은 사람이 학교에서 교육자랍시고 아이들한테 올바르게 행동을 하라고 가르칠 자격이 있다고 생각해?(경멸)

갑돌 …….(침묵)

갑순 뭐라고 말 좀 해 봐. 애처럼 그렇게 입을 꾹 닫고 있으면 어쩌자는 거야? 미안하다거나 다음부터 안 그러겠다거나. 내 말이 들리지 않아?(비난과 경멸)

갑돌 …….(침묵)

서로 간에 이런 부정적인 상호 작용이 반복되면 부부 관계라는 나무는 서서히 말라 가며 생명력을 잃게 된다. 이들의 결혼은 위안을 주고 성장의 동력을 얻을 수 있는 보금자리가 되어 주기는커녕 상처를 주고받는 전쟁터 같은 것이 되고 만다.

좋은 부부는 싸우기도 잘한다

갈등이 없는 부부는 없다. 중요한 것은 갈등을 어떻게 해결하느냐이다. 부부 싸움을 하지 않는 부부가 건강한 것이 아니라, 갈등을 생산적으로 해결하는 부부가 건강한 것이다. 부부 관계의 성장을 위해서는 잘 싸우는 법을 아는 것이 중요하다. 잘 싸운다는 말은 단순히 싸우는 빈도가 적다는 것이 아니라, 갈등이 발생했을 때 이를 해결하고 성장의 기회로 삼는다는 의미이다. 부부가 잘 싸우기 위해 염두에 두어야 할 몇 가지를 소개하면 다음과 같다.

가. 적절한 시간과 장소 선택

갈등을 해결하기 위해서는 상황에 맞는 시간과 장소를 선택하는 것이 좋다. 감정이 격해진 상태에서 즉각적으로 반응하는 대신, 진정된 후에 대화하도록 한다. 또한 공개적인 자리보다는 사적인 공간에서 대화를 한다면 서로의 감정을 더 존중할 수 있다.

나. 상대방의 말 경청하기

잘 싸우기 위해서는 대화의 기술이 중요하다. 상대방이 말할 때 끼어들지 않고 끝까지 경청하는 모습을 보여 준다. 상대방이 자신의 감정을 충분히 표현할 수 있도록 존중해 주면 갈등의 강도가 줄어들고 해결의 여지가 커진다.

다. 휴식과 감정 조절

감정이 너무 고조된 상태라면 잠시 시간을 가지는 것이 좋다. 자리를 비우고 진정할 시간을 갖고, 감정이 가라앉은 후에 다시 대화를 이어 가는 것이 효과적이다. 이 방법은 부정적인 감정의 폭발을 줄이고, 이성적으로 갈등을 해결할 수 있는 기회를 제공한다. 한 번의 부부 싸움으로 완벽한 해결책을 찾을 수 있을 것이라고 기대해서는 안 된다.

라. 감정과 욕구를 표현하는 비폭력 대화법

비폭력 대화NVC, Nonviolent Communication는 미국의 심리학자 마셜 B. 로젠버그Marshall B. Rosenberg(1934~2015)가 개발한 의사소통 방식이다. 공감과 존중을 바탕으로 배우자를 비난하거나 비판하지 않으면서 나의 욕구와 감정을 표현할 수 있다.

비폭력 대화는 관찰, 느낌, 욕구, 부탁의 네 단계로 이루어진다. 관찰observation은 상대방의 말과 행동을 평가하지 않고 있는 그대로 관찰하는 것이다. 느낌feeling은 관찰한 것에 대한 자신의 느낌이다. 욕구need는 자신의 느낌과 관련된 욕구를 찾아내 상대방에게 설명하는 것이다. 부탁 혹은 요청request은 자신의 욕구를 충족시키기 위해서 상대방이 해 주기를 바라는 것을 구체적으로 표현하고 부탁하는 것이다. 만약 갑순 씨가 비폭력 대화를 배웠다면 다음과 같은 방식으로 대화를 나눌 것이다.

갑순 퇴근해서 와 보니까 옷이 방바닥에 어지럽게 놓여 있더라.(관찰) 그걸 보고 나는 화가 나고 서운했어.(느낌) 당신이 나를 소중한 사람으로 여기고 존중해 주기를 바라.(욕구) 내가 부탁한 대로 갈아입은 옷을 세탁실에 있는 바구니에 넣어 주면 좋겠어.(부탁)

마. 부부 싸움의 목적을 분명히 알기

부부 싸움은 단순히 감정을 쏟아 내는 것이 아니라 문제를 해결하기 위한 것이 되어야 한다. 갈등의 원인을 분석하고 부부 싸움의 원인이 되는 문제를 밝힌다. 서로가 동의할 수 있는 해결책을 찾기 위해 노력해야 한다. 때로는 타협이 필요하고, 때로는 서로의 요구를 명확히 이해하는 과정이 필요하다.

부부 싸움의 목적은 상대를 굴복시키거나 자신이 원하는 사람으로 만들기 위한 것이 아니다. 갈등을 건설적으로 해결하고 관계를 더 깊고 건강하게 유지하기 위한 것이 되어야 한다. 싸움의 범위는 부부 갈등의 원인이 되는 특정 행동이나 문제로 한정하고, 그 사람 전체 혹은 인격의 문제로 싸잡아 비난하거나 매도하지 않는다.

바. 작은 싸움을 자주 하라

어떤 배우자는 평소에 불만을 드러내지 않고 마음속에 쌓아 두었다가 한 번에 폭발시킨다. 이들은 타인과의 마찰과 갈등을 회피하려는 경향이 있다. 마음속에 억눌린 감정이 한계에 이르면 문제를 해결하기보다는 관계를 단절할 각오로 감정을 분출한다. 이러한 방식은 결국 갈등을 더 깊고 복잡하게 만들 수 있다.

따라서 크고 갑작스러운 충돌을 피하기 위해서는 일상 속에서 소소한 갈등을 자연스럽게 다루며 해소하는 것이 중요하다. 이는 관계를 건강하게 유지하고, 서로를 더 깊이 이해할 수 있는 기회를 제공하여, 감정의 압력을 적절히 분산시키는 효과를 가져온다.

사. 부부 싸움에는 여섯 명이 참전한다: 원가족의 그림자

부부가 싸움을 할 때 남편과 아내 두 사람이 싸우는 것이 아니라 여섯 명이 싸우는 것이라는 이야기가 있다. 여기서 여섯 명이란 남편과 아내, 그리고 두 사람의 부모를 뜻한다. 이 말이 전하는 메시지는 부부 싸움의 원인이 단순히 현재의 배우자에 대한 불만이 아니라, 각자의 원가족 안에서 해결되지 않았던 부모와의 갈등이 영향을 미친다는 점이다.

어린 시절 부모와의 갈등과 상처는 성인이 되어 배우자와의 관계에서 무의식적으로 반복된다. 이로 인해 현재의 배우자에게 과거의 부모와 얽힌 감정과 갈등을 투사하게 된다. 이러한 감정의 왜곡은 부부 사이의 갈등을 증폭시킬 수 있다.

부부 관계에서 중요한 것은 이러한 착각을 인식하고 걷어 내는 것이다. 배우자를 있는 그대로 바라보고, 그 사람 자체의 특성과 감정을 존중하는 태도가 필요하다. 과거의 상처에서 벗어나 현재의 관계를 더 건강하게 만들어 가는 것이 부부 관계에서 도달할 수 있는 높은 단계의 성장이다.

집으로 은퇴하는 남편,
집에서 은퇴하고 싶은 아내

서로 사랑해서 행복을 꿈꾸며 시작한 결혼이지만 50 이후 결산해 보면 출발점에서 기대했던 것과는 다른 방향, 다른 지점에 도달해 있는 경우가 많다. 이미 이혼으로 소멸된 결혼도 있고 같이 살기는 하지만 정서적으로는 이혼 상태에 이른 부부도 있다. 이들은 결혼을 유지하고 있지만 해결하지 못한 갈등 때문에 정서적으로는 단절된 채 살아가고 있다.

젊은 시절 세상의 기대에 부응하기 위하여 쌓아 왔던 사회적 포장과 가면이 벗겨지고 난 후의 배우자의 모습이 낯설게 다가온다. 세월이 흐르는 동안 더욱 분명해진 그 사람의 성향과 색채는, 지금 옆에 있는 사람이 내가 처음에 결혼을 결심했던 그 사람이 맞나 싶은 의혹을 불러일으킨다. 그래서 서로 사기 결혼 운운하는 뼈 있는 농담을 주고받기도 한다.

거울을 보듯이 서로 비슷하게 늙어 가고 있는 배우자의 모습은 받아들이고 싶지 않은 자화상일지도 모른다. 속도와 방향이 다른 성장과 변화로 인해 각자 다른 자리에서 다른 곳을 바라보는 현실을 자각하면서 쉽게 좁혀지지 않을 것 같은 거리감을 느끼기도 한다.

젊은 시절 남편들은 대부분 일 때문에 혹은 사회적인 관계를 유지하기 위해서 등의 이유로 바깥 생활에 에너지를 많이 쏟는다. 이것은 젊은 부부들에게 흔한 갈등의 원인이 되기도 한다. 그러던 남편들이 50대가 되면 집에 일찍 돌아가고 싶어지는 모양이다. 그들은 젊은 시절 바깥세상에서 꿈을 좇다가 50이 넘으면 집에 돌아가야 할 때임을 알아차린다. 호르몬이 그런 신호를 주는 모양이다.

아직 집보다 바깥이 좋은 남자도 함께 어울려 놀던 친구들이 집으로 돌아가고 나면 홀로 남겨진다. 마치 어린 시절에 아이들하고 해가 저물도록 골목에서 뛰어놀다가 어머니가 저녁 먹으라고 부르는 소리에 하나둘씩 집으로 돌아가고 난 다음, 골목길에 혼자 남아 있는 아이와 같은 심정이 된다. 50 이후 남편은 집으로 은퇴하려고 한다. 결혼의 의미와 배우자의 존재에 대해서 새삼 돌아본다.

결혼하고 얼마 지나지 않아 아내는 결혼이 자신이 꿈꾸어 오던 것과 다르다는 것을 알게 된다. 일부는 한동안의 격렬한 다툼에 지쳐 결혼이라는 관계에서 하차하기도 한다. 자녀 때문에 혹은 자기 내부의 여러 이유로 결혼 생활을 유지하는 경우라도 치열한 싸움이 잦아들었을 뿐 근본적인 갈등을 해결하지 못한 채 냉전 상태로 결혼 생활이 유지된다. 일견 평화로워 보이지만 두 사람은 보이지 않는 벽을 쌓아 올린다. 나이 들면 두고 보자며 복수의 칼을 가는 아내도 있다. 이런 극단적인 경우가 아니더라도 50 이후 남편이 은퇴해서 집으로 돌아올 즈음에 아내는 자녀 양육, 가사 노동으로부터 벗어나고 집으로부터 은퇴하고 싶어진다. 자유를 얻은 그녀는 집 밖에서 즐거움을 찾으려고 한다.

은퇴 이후 남편은 여러 가지 이유로 아내에게 의지하게 된다. 사회적 역할과 책임이 줄어들면서 새로운 일상에 적응할 때 아내의 존재는 중요한 역할을 한다. 사회생활에 집중하며 살아온 남편은 집안일과 일상적인 생활 관리에 대한 경험이 부족한 경우가 많다. 은퇴 후에는 그동안 아내가 주로 담당해 온 식사 준비, 청소, 빨래 등의 집안일과 장보기나 세탁물 관리, 금전 관리와 같은 소소한 일상을 익히기 위해서는 아내의 도움을 필요로 하게 된다.

일상생활뿐 아니라 정서적인 면에서도 아내에 대한 의존도가 높아진다. 은퇴 후 직장에서의 사회적 지위와 관계를 상실한 남편은 역할의 상실로 인한 공허함을 채우기 위해 아내와의 정서적 연결이 더욱 중요해질 수밖에 없다. 특히 직장 외 사회적 관계가 활발하지 않았던 남성의 경우 아내에 대한 의존이 심해서 부부 갈등으로 이어지기도 한다.

수년 전 진료실을 찾았던 어느 60대 남성은 아내와 심한 부부 갈등을 겪고 있었다. 정년퇴직 후 그는 별다른 취미나 사회적 활동 없이 주로 집에서 소일하며 시간을 보내고 있었다. 따로 만날 친구가 없는 그는 아내와 친구처럼 지내기를 기대했다. 하지만 아내는 자신만의 친구와 취미 활동에 여념이 없었다. 아내가 아침 식사를 차려 두고 나가면 점심과 저녁은 혼자 차려 먹어야 했다. 자기 신세가 온종일 엄마 기다리는 아이처럼 처량하게 여겨졌다. 그는 자신의 결혼 생활을 이렇게 회상했다.

"제가 지난 결혼 생활 동안 가정에 소홀한 점은 있어요. 일하느라 바빴고 결혼 생활이 주는 책임이 싫어서 달아나고 싶었어요. 그래서 아내의 불평을 모르는 척했어요. 아내가 혼자 어머니 모시고 아이들 키우면서 고생한 점도 인정합니다. 그런데 그 시절에는 대부분의 남자들이 그렇지 않나요? 아내가 젊은 시절 나한테 맺힌 것을 지금 복수하는 것 같아요."

이것은 젊은 시절 동안 친밀함을 저축해 두지 못한 5060 결혼의 흔한 모습이다. 서로에게 소홀했던 시간들이 쌓이면서 회복하기 어려운 공백이 고스란히 드러난다.

남편들은 대체로 아내보다 관계를 다루는 데 서툴다. 이는 전통적으로 남편과 아내가 맡아 온 역할의 차이와 관련이 깊다. 아내들은 대체로 가족 간의 정서적 유대와 관계 유지에 더 적극적으로 관여해 왔기 때문에, 가족 내에서의 의사소통이나 갈등 해결에서도 중요한 역할을 맡게 되는 경우가 많다. 어느 40대 여성이 다음과 같이 남편에 대한 불만을 털어놓았다.

"저는 친정 엄마가 입원한 병원에 가야 하기 때문에 남편에게 추석에 저 없이 아들하고 시부모님 댁에 다녀오라고 했어요. 그런데 남편이 싫다고 자기도 가지 않겠대요. 도대체 왜 그러는 걸까요? 자기 부모님인데 왜 가기를 싫어하죠?"

아내들은 자녀들과의 관계뿐만 아니라 남편과 원가족(부모나 형제자매) 사이에서도 자주 중재자 역할을 수행한다. 이러한 중재 역할이 없을 때 남편들은 소통에 어려움을 느낄 수 있다.

부부 관계는 50 이후의 삶에서 젊은 시절과는 또 다른 의미로 중요하다. 평균 수명의 증가로 부부로 함께 보내는 시간, 즉 부부 관계의 수명이 이전보다 길어졌다. 점점 노년기의 독립성이 강조되고, 자녀에게 돌봄을 기대하기 어려운 사회적 분위기가 확산되고 있다. 사회적 역할의 축소와 대인 관계의 폭이 줄어드는 노후에 배우자는 서로 돌보고 의지할 수 있으며, 정서적 친밀함과 유대감을 제공하는 중요한 대상이 된다.

자녀의 독립 이후 빈 둥지 시기를 보내면서 부부는 더 깊고 의미 있는 관계로 발전할 수 있다. 서로에게 더 많은 시간을 쏟을 수 있으며, 자녀나 외부의 압력에서 벗어나 관계를 돌보는 데 집중할 수 있는 기회를 갖게 된다. 어떤 부부는 인생의 힘든 시기를 함께 지내 온 동지애로 더 친밀해질 수도 있지만, 부모로서 실패했다고 여길 경우 혹은 지난 시간 동안 소통의 통로를 만들어 놓지 못하고 마음의 문을 닫고 살아온 부부라면 고통스러운 시기가 될 수도 있다.

50 이후 변화한 부부 관계에 적응하고 관계를 성장시키기 위해서는 정성과 노력이 필요하다. 이 시기에 부부 관계를 성장시키기

위해 필요한 요소들을 정리해 보면 다음과 같다.

은퇴 계획, 경제적인 문제, 건강 상태 등 부부가 처한 현재 상황에 대한 이해와 수용이 필요하다. 이를 위해서는 솔직하고 개방적인 의사소통은 필수이다. 부부 공동의 삶에서 중요한 문제들에 대해 서로 개방하여 정확하게 파악하고 받아들여야 한다. 부부가 파트너로서 협력하여 현재 상황에서 가능한 선택지를 추리고 방향을 설정해야 한다. 그러지 못하면 서로에 대한 책임 공방과 원망의 시간을 보낼 수 있다.

50 이후 겪는 신체적인 변화는 부부의 성관계에도 영향을 준다. 부부간에 성적인 문제에 대해서 솔직하게 대화하는 것이 필요하다. 나이가 들면서 성적 만족은 반드시 성관계를 통해서만 이루어지는 것이 아니라, 정서적 친밀감과 손을 잡거나 포옹 등과 같은 가벼운 스킨십을 통한 신체적 친밀감을 통해서도 유지할 수 있다.

50 이후 부부에게서 흔히 발견되는 모습은 그동안의 결혼 생활 동안 남편의 일, 아내의 일이라고 생각했던 고정된 역할을 바꾸는 것이다. 이전의 역할에서 벗어나지 못해 갈등을 겪는 부부도 있지만 이러한 역할 변화를 즐겁게 받아들여 성장의 기회로 삼는 사람들도 있다.

지난해 결혼한 딸이 요리 학원을 다니고 있는데, 함께 요리를 배우는 회원 중에 60대 남성이 있다. 그분은 자신이 요리를 배우는 이유가 그동안 아내에게 밥을 얻어먹었으니 이젠 요리를 배워서 아내에게 식사 대접을 하기 위해서라고 밝혔다고 한다. 멋지지 않은가?

남편의 가사 참여도가 높을수록 아내의 결혼 만족도가 높은 것으로 알려져 있다. 특히 우리나라는 전통적으로 남녀의 성 역할이 고정되어 있어서 이것이 나이 든 부부들에게 갈등을 일으키는 경우가 흔하다. 50 이후 남편들에게 요리나 청소, 빨래 등과 같은 집안일을 배우라고 권하고 싶다. 이것은 아내에 대한 배려이기도 하면서 자신의 생존을 위해서 꼭 필요한 일이기도 하다. 다가올 70대 이후를 위한 준비가 될 수 있다.

또 부부가 함께 시간을 보낼 수 있는 방법을 찾는 동시에 각자 독립적인 영역을 인정해 주도록 노력해야 한다. 부부가 취미나 운동, 여행을 통해 함께 시간을 보내고 추억을 쌓는다면 서로 친밀감을 쌓을 수 있다. 이와 동시에 배우자의 성장을 지지하고 자아 성취 욕구와 자율성을 존중하는 태도를 가지면 관계를 발전시키는 데 도움이 될 것이다.

앞에서 50대 이후의 성장은 서로 충돌하는 욕구를 조화시켜 나가는 것이라고 했다. 배우자와 자신의 욕구를 서로 인정하고 이것이 충돌될 때는 양보하고 타협하여 절충해 가는 지혜로움이 필요하다.

결혼 생활을 병들게 하는 문제들

지금의 50대와 60대는 보통 20대에 결혼을 했다고 가정했을 때 20년에서 길게는 40년 가까이 결혼 생활을 이어 온 셈이다. 치명적인 상처를 입고 일찌감치 생명을 다한 결혼도 있지만, 여러 가지 난관을 극복하며 살아남은 결혼도 가까이서 들여다보면 크고 작은 상처들이 존재한다.

부부가 서로 만족하며 행복한 결혼 생활을 하고 있다면 더할 나위 없겠지만, 부부 갈등을 극복해서 건강한 부부 관계로 발전시켜 나가고 싶다면 결혼의 현주소를 파악하고 그렇게 된 이유를 밝혀야 한다.

외도, 폭력, 음주 문제, 의처증이나 의부증 같은 심각한 문제를 일으키는 경우뿐 아니라 소소한 문제들이 누적되어 방치되는 경우에도 부부 사이에는 회복하기 힘든 균열이 생긴다. '가랑비에 옷 젖는 줄 모른다'는 속담처럼 제때 해결되지 못한 작은 갈등과 불만들은 시간이 지나며 깊은 상처로 변해, 부부 관계의 신뢰와 친밀감을 서서히 갉아먹는다.

결혼은 상처받기 쉽고 병들기 쉬운 관계이기에, 시간이 흐른다고 저절로 성장하지 않는다. 건강한 부부는 결혼이라는 관계의 성장을 위해 꾸준히 노력한다. 지속적인 관심과 돌봄이 필요하며, 이기심을 내려놓고 자신을 희생하고 헌신하는 정성이 있어야 결혼이라는 나무가 튼튼하게 뿌리를 내리고 무성한 가지를 뻗으며 성장할 수 있다. 과거의 갈등이나 해결되지 않은 문제는 50 이후 부부 관계에 걸림돌이 된다. 50 이후 부부 관계가 발전하기 위해서는 이러한 문제들의 해결이 전제되어야 한다.

부부 관계를 서서히 병들게 하는 요인들은 다양하다. 우선 결혼 생활을 위해 요구되는 변화에 적응하지 못하는 것이다. 결혼 생활을 위해서는 결혼이 요구하는 책임과 의무를 받아들여야 한다.

결혼 전에 가졌던 낭만적인 기대를 버리고 결혼을 현실적으로 바라보아야 한다. 이기심은 줄이고 자기희생과 헌신이 필요하다.

한쪽 배우자가 결혼의 책임과 의무를 소홀히 할 때, 그 관계는 두 사람이 함께 있는 것처럼 보여도 사실은 혼자인 것과 다를 바가 없다. 상대방의 무관심과 책임 회피는 고립감을 느끼게 만든다. 한 40대 여성은 결혼 생활 동안 무관심했던 남편을 다음처럼 이야기했다.

"남편은 늘 중요할 때 옆에 있어 주지 않았어요. 늘 '부재중'이죠. 저 혼자 아빠 없는 애를 키우는 과부 같아요. 부탁하고 협박해도 변화가 없으니 제 마음에서 점점 남편을 포기하게 돼요. '그래, 남편 없는 셈 치고 살지 뭐' 이런 마음이 들어요."

결혼한 사람들은 배우자가 인생의 파트너가 되어 삶의 중대한 고비와 결정의 순간에 함께 있어 주기를 바란다. 부모님의 질병, 중대한 건강 문제 등의 상황에서 배우자로부터 위로받지 못한다고 느끼면 점점 마음의 벽을 쌓아 올리며 배우자에게 향한 애정을 거두어들여 부부 관계는 냉담해진다.

"저희 첫째가 벌써 스무 살이 넘었어요. 그런데도 아내는 걔 낳을 때 제가 친구들하고 술 마시느라 병원에 같이 있어 주지 못한 걸 원망해요. 애 생일 때마다 첫째 낳을 때 어디에 있었느냐고 시비를 걸어요. 아들이 어버이날이라고 카네이션이랑 선물을 줬는데 저 같은 사람은 그걸 받을 자격이 없대요."

일상에서 배우자의 정서적인 욕구가 충족되지 않는 상황이 반복되면 그로 인한 서운한 감정들이 해소되지 않고 쌓이면서 결혼은 온기를 잃게 된다.

결혼은 배타적인 관계이다. 이는 부부가 서로를 다른 사람과 대체할 수 없는 특별하고 유일한 존재로 여기며, 두 사람만의 성적·정서적 친밀함을 지켜 나간다는 것을 의미한다. 결혼의 배타성이 지켜질 때 부부는 서로를 신뢰할 수 있고 헌신할 수 있으며 결혼 관계에서 안정감을 느낀다.

외도는 결혼의 가장 중요한 전제인 배타성을 깨뜨리는 행위로 결혼 자체를 위험에 빠뜨린다. 배우자 이외의 사람과 섹스를 하지는 않지만 우정이라는 미명하에 보통 이상의 친밀함과 유대감을 유지하고 있는 것도 결혼을 병들게 한다. 여기에는 결혼 전 친하게 지냈던 동아리 선후배, 직장 동료와 지나치게 일상의 이야기를 공유하거나 내밀한 고민을 털어놓는 것 등도 포함된다. 당사자는 아무것도 아닌 관계라고 하며 배우자가 질투를 하는 것이라고 몰아갈 수도 있다. 하지만 결혼을 하면 결혼 안과 밖의 관계에 대해서 명확한 선을 긋는 것이 배우자에 대한 예의이며 결혼의 안전을 지키기 위한 전제 조건이다.

결혼을 했음에도 배우자보다 원가족과 더 친밀해서 문제가 되는 경우는 흔하게 볼 수 있다. 결혼해서 가정을 이뤘음에도 원가족으로부터 정서적으로 독립하지 못하면 배우자는 소외감을 느끼고 의지할 수 없다고 느낀다. 결국 부부간의 신뢰가 형성되지 못하고 냉담해질 수 있다.

40대 후반의 한 여성은 원가족과 유난히 사이가 좋은 남편에 대해 불평을 토로했다.

"남편은 외아들인데 시누이들하고 너무 친해요. 지난 주말에도 함께 여행을 갔어요. 저는 안 갔죠. 저희 가족하고 가는 것보다 좋은가 봐요. 남편이 그럴수록 저는 시댁 식구들이 더 싫어져요. 그럴 거면 왜 결혼을 했는지 모르겠어요. 질투하느냐고 하는데 당연히 질투심이 들지요. 그래도 내가 느끼는 소외감이나 사랑받고 싶은 마음은 자존심이 상해서 이야기하고 싶지 않아요. 그럴수록 나도 남편 빼놓고 아이들하고만 여행 가서 내가 느낀 감정을 남편도 느끼게 해 주고 싶어요. 나중에 나이 들어서 후회하게 만들고 싶어요."

그 외에도 결혼 관계를 좀먹는 요소들로는 반복되는 거짓말, 성적 무관심, 무례함, 불공평함, 이기심, 약속 위반 등이 있다. 이런 문제들을 해소하지 않고 방치하면 시간이 지날수록 부부 관계가 위험에 처할 수 있다.

과거의 상처를 넘어서려면

지난 결혼 생활에서의 상처를 극복하는 것은 앞으로 결혼이라는 관계가 성장하고 부부가 함께 나이 들어가는 파트너가 되기 위해서 중요한 과정이다. 잘 지내고 싶은 부부도 과거의 상처를 어떻게 청산해야 할지 몰라 번번이 좌절하고 만다. 여기에서는 특히 외도를 중심으로 50 이후 부부가 과거의 상처를 어떻게 극복할 수 있는지 살펴보려고 한다. 외도의 상처를 안고 부부 관계를 유지하는 노력은 결혼의 다른 상처를 극복하는 데도 비슷하게 적용할 수 있다.

외도는 부부 관계에서 천재지변이라 할 수 있는 치명적인 사건이다. 잘 치유되지 못한 외도의 후유증은 50 이후 부부 관계의 성장을 지속적으로 방해한다. 외도를 경험한 부부는 종종 두 가지 어려운 상황에 직면하게 된다. 한편으로는 함께 살기로 하면서도 결혼생활의 행복에 대한 기대를 접는다. 다른 한편으로는 관계를 회복하고 싶어도 방법을 모르는 상태에 빠진다. 다시 상처받을지도 모른다는 두려움 때문에 결혼이라는 관계에 온전히 몰입하지 못하고 피상적인 관계를 유지하며 살아간다. 자녀들 때문에 혹은 경제적인 이유로 결혼 생활을 유지하지만 시간이 지나도 부부의 친밀함은 깊어지지 못하고 유대감은 두터워지지 못한다.

배우자의 외도는 부부 관계에서 오랫동안 쉽게 회복하기 힘든 상처이다. 결혼이 유지되는 데 있어서 신뢰는 가장 기본적이고 중요한 전제 조건인데, 외도는 심각한 배신행위로 부부 관계를 치명적인 위험에 빠뜨린다. 외도의 피해자는 배신감, 분노, 상실감, 자신의 매력과 가치에 대한 의심, 자신감의 저하, 자책 같은 마음의 상처를 입는다. 습관적으로 외도를 일삼고 반성하는 마음이 없는 사람이 아니라면, 외도 당사자도 자신의 외도에 대한 마음의 부담을 안고 있다.

진료실을 찾는 기혼 여성 중에는 배우자의 외도로 상처를 입고 내원하는 경우가 상당히 많다. 외도의 충격을 이겨 내지 못하고 이혼하는 부부도 있지만 외도를 경험한 이들이 모두 이혼을 하지는 않으며 여러 가지 이유로 결혼을 유지하기도 한다.

어느 정도 상처가 치유된 것처럼 지내면서도 마음 한편에는 완전히 없어지지 않는 의심과 두려움을 품고 산다. 치유되지 못한 상처는 언제든지 재발되어 부부 관계에 어려움을 초래한다. 상처를 준 사람은 그 상처를 덮어 두고 앞으로 다가올 미래만을 바라보며 살자고 한다. 하지만 배우자의 외도로 인한 상처는 약해질지언정 사라지지 않는다.

부부에게 외도 문제는 함께 극복해야 할 사건이다. 상처 준 사람은 진정 어린 사과와 함께 상처받은 사람의 아픔에 대해 공감하고 재발되지 않도록 노력하는 모습을 성실하게 지속적으로 보여야 한다. '성실하고 지속적'이라는 게 중요하다.

상처를 준 사람은 한두 번의 사과로 사태가 일단락되기를 바라지만 마음의 상처는 그렇게 쉽게 낫지 않는다. 기억으로 저장되어 있다가 그 사건을 떠올리게 하는 자극에 되살아나곤 한다. 그러면 그 사건이 방금 일어난 것처럼 생생하게 떠올라서 배우자를 공격하고 상처 주는 말을 한다. 거친 감정 표현으로 부부 사이는 다시 갈등을 겪는다.

한두 번의 사과 후에도 이런 일이 반복되면 상처 준 사람은 '그게 벌써 언제 적 일인데 아직도 그 이야기를 꺼내네요. 이제 그만할 만도 한데……. 도대체 언제까지 그 이야기를 재방송할까요?'라고 말한다.

배우자의 진심에 감동을 받고 그것이 쌓여서 신뢰가 회복되었을 때 상처받은 사람의 재방송은 멈출 것이다. 진정성은 외도로 인한 상처를 회복하는 데 있어서 가장 중요한 요소이다. 늘 변함없는 진심 어린 태도만이 마이너스가 된 신뢰를 회복시킬 수 있다.

상처받은 사람 또한 상대를 용서하는 마음이 필요하다. 외도 사건에 대한 기억은 평생을 간다. 다만 그 기억을 돌보며 살아갈 뿐이다. 어떤 것이 보다 성숙한 자세인지, 또 상처를 치유하고 관계를 회복하는 데 도움이 될지 생각해 보아야 한다. 마음을 할퀴는 말이나 날선 감정 표현보다는 용서, 화해, 공감, 현실에 집중하는 마음, 연민, 서로 안쓰럽게 생각하는 마음이 필요하다.

무엇보다 외도가 왜 일어났는지에 대한 이해가 필요하다. 만약 습관적으로 배우자를 속이고 외도를 반복한다면 그것은 한쪽이 아무리 노력을 해도 회복하기 어려운 문제다. 그런 경우라면 배우자의 외도를 고치려고 하기보다는 배신과 상처로 얼룩진 그 결혼을 왜 유지하려고 하는지 자신의 마음을 돌아보아야 한다. 그래도 결혼을 유지해야 한다면 그 결혼에서 자신이 포기할 것과 지킬 것을 분명히 해야 한다. 자신의 삶과 마음이 피폐해지는 것을 막기 위한 노력을 기울여야 한다.

부부가 외도의 상처를 극복하고 결혼을 지속하겠다는 결심을 분명히 세워야 한다. 다음과 같은 마음으로 외도를 바라보는 것이 이런 결심을 유지하는 데 도움이 된다. 외도는 부부의 결혼 생활에 일어난 일종의 대형 사고이다. 이 사고로 인해 부부의 결혼에는 장애가 생겼다. 이 장애는 병든 조직을 외과 수술로 제거하는 것처럼 두 사람의 삶에서 없었던 일로 돌이킬 수 없다. 부부는 이 장애를 돌보며 살아가야 한다. 한 번씩 발작을 일으키겠지만 그때마다 이것을 진정시키고 다루는 과정은 개인의 성장과 부부라는 관계의 성장을 가져올 수 있다.

결혼이라는 관계로 만난 두 사람은 완벽할 수 없는 연약한 존재이다. 누구나 자신이 원하는 욕구나 감정을 완전히 통제하기란 어렵고, 때로는 실수하고 흔들리며 살아간다. 결혼이라는 관계 안에서 부부는 '함께 또 각자' 인생을 살아간다.

부부는 인생이라는 여행길에서 잠시 같은 열차를 타고 가는 동행자이다. 그 여정은 서로의 삶에 깊이 연결된 채 함께 만들어 가는 것이다. 그 시간 동안 서로에게 헌신하고 지지를 보내면서 깊은 관계를 형성하게 된다. 그리고 언제고 두 사람 중 한 사람이 먼저 기차에서 내림으로써 그 관계는 끝이 난다.

외도로 인해 상처 입은 결혼 생활을 유지하는 것은 아픈 아이를 함께 돌보며 여행을 하는 것이나 마찬가지이다. 이것은 부부 모두 자신과 배우자를 깊이 이해하고, 다시금 신뢰를 쌓는 시간이 될 수 있다. 결국 외도의 상처를 극복하는 것은 관계를 새롭게 하고 함께 성숙해질 수 있는 과정이다.

미워도 다시 한번, 결혼을 끝내기 전에

심각한 부부 갈등을 겪으며 살아온 부부 중 일부는 50 이후 별거나 졸혼, 이혼이라는 결혼의 마침표를 찍기 전에 마지막 노력을 위해 진료실 문을 두드린다. 이들은 자녀를 위해서 관계 회복을 원하는 경우가 많다. 부모의 불화로 고통받아 온 자녀가 성인이 되고 난 후에 부모에게 부부 상담을 권하기도 한다. 또 자녀에게 짐이 되고 싶지 않거나 문제 많은 결혼 생활이 자녀에게 부끄러워 관계 개선에 나서기도 한다.

방송과 교육의 영향으로 상담 기관이나 병원에서 부부 문제에 대한 도움을 받을 수 있다는 것을 알고, 혹시나 하는 희망을 안고 찾아오기도 한다. 혼자 나이 들어가는 것에 대한 두려움, 지금까지 참고 살아온 세월이 아까운 것 등도 부부 관계 개선을 원하는 이유가 된다.

50 이후에 부부 문제 개선을 원하는 또 다른 이유는 그들이 이전보다 지혜로워졌기 때문이다. 그동안의 경험을 토대로 결혼에 대해서 현실적인 기대를 하게 되었고, 자신과 상대를 객관적으로 바라볼 수 있게 되었다. 부부 갈등이 배우자 탓이라고 원망하기보다는 자신에게도 문제가 있음을 인정할 수 있게 되었다.

나이가 들면서 부부가 각자 다른 사랑의 표현 방식을 가지고 있었음을 깨닫는다. 그동안 사랑받지 못한다고 생각하여 배우자를 원망해 오다가, 사실 배우자는 자기 방식대로 사랑하고 있었는데 그것이 내가 원하는 방식이 아니었기 때문에 사랑임을 알아차리지 못했다는 것을 알게 됨으로써 자신의 결혼을 다시 바라보게 되는 것이다.

50 이후 부부는 진정한 한 인간으로서 서로를 마주하게 된다. 부부에게 50 이후는 인생 전반기의 과업을 내려놓고 난 후 서로에게 몰입할 수 있는 시간이다. 나이 듦에 따른 신체적 변화, 사회적 역할의 축소, 자녀의 독립, 부모님이나 가까운 사람과의 사별 등 모든 사건들이 결혼 생활의 변화를 요구한다. 이 시기는 결혼의 성장

에 있어서 중요한 변곡점이 되어 그 이전과는 다른 부부의 이야기를 만들어 갈 수 있다.

50 이후 부부는 결혼 전반부를 마무리하고 후반부를 시작하는 새로운 출발선 위에 선다. 결혼 생활을 시작했던 풋내기 시절에는 결혼의 현실에 무지했고 심리적으로나 정서적으로 미성숙했다. 경제적으로나 시간적으로 가난했으며 내가 가진 역량에 비해 감당해야 할 책임이 많아서 결혼을 돌보는 데 정성을 다하지 못했다. 이제는 그간의 결혼 생활의 경험에서 배운 바가 있고 나와 배우자에 대해서 더 잘 알게 되었으며 여러 가지 인생 경험을 통해 지혜로워졌기에 결혼 전반부와 다른 후반부를 만들어 가기에 유리하다.

젊은 시절의 열정과 성적 이끌림, 낭만적인 기대가 사그라진 이후, 50대 이후의 부부를 연결해 주는 것은 더 깊고 성숙한 정서적 유대와 서로를 돌보는 마음이다. 결혼을 앞둔 예비부부가 혼수를 챙기듯이 50 이후 부부에게 결혼 후반을 위해서 필요한 혼수는 수용, 화해, 사과, 용서, 감사, 연민이다. 결혼 후반에서 청산해야 할 부채는 억울함과 복수심이다.

결혼 후반부의 혼수

누구나 자신의 결혼이라는 방을 아름다운 향기로 채우고 싶어 한다. 화해, 사과, 용서, 감사, 그리고 연민은 인생 후반의 결혼이라는 방을 채우는 가장 아름다운 향기들이다. 그러나 이 향기를 유지하기 위해서는 먼저 악취를 풍기는 원인을 제거해야 한다. 억울함과 복수심이라는 악취는 결혼의 향기를 금세 혼탁하게 만들고, 결국에는 사그라들게 한다. 50 이후 결혼의 성장을 위해서는 이러한 부정적인 감정을 해소하고, 긍정적인 감정으로 채워 가는 것이 필수적이다.

가. 억울함

"결혼하고 남편이 6년 동안이나 돈 한 푼 벌어 오지 않으니 내가 얼마나 애를 태우며 살았겠어요. 그래서 내가 시어머니 장사하는 거 도와주면서 생활을 꾸렸어요. 새벽부터 허리 한 번 제대로 펴지 못하고 손이 부르트도록 설거지해 가면서 살았어요. 남편은 친구들하고 어울려 다니면서 술이나 마시고 집안일에 나 몰라라 했어요. 내가 힘들다고 한마디 하면 눈을 부릅뜨고 화를 내면서 아무 말도 못하게 억압을 했어요. 나이 70 넘어가면서는 내가 뭐라고 하면 미안하다는 표현도 하고 집안일도 도와주고 해서 살 만하다고 생각했는데, 철들자 노망이라고 뇌경색이 와서 반신불수가 되었어요. 젊은 시절 나한테 했던 걸 생각하면 꼴도 보기 싫은데 그렇다고 남편을 버릴 수도 없고 정말 억울해요."

행복하지 못했던 결혼 생활을 해 온 60대나 70대의 여성들이 진료실에서 가장 흔하게 호소하는 감정이 억울함이다. 억울함은 주로 부당하거나 불공평한 대우를 받았다고 느낄 때, 자신의 헌신과 노력을 인정받지 못한다고 느낄 때 생긴다. 나이가 들어가면서 느끼는 억울함은 종종 자신의 지난 삶에 대한 불만족에서 기인한다. 예를 들어 젊은 시절을 충분히 즐기지 못한 아쉬움이나, 깊이 사랑하고 사랑받는 경험을 나누지 못한 허전함이 억울함의 씨앗이 될 수 있다.

나. 복수심

억울함이 오랜 시간 동안 해결되지 않으면 복수심으로 발전할 수 있다. 이는 자신이 상처 입은 만큼 상대방에게 되돌려주고자 하는 마음이다. 80대의 한 남성은 부인과의 불화 때문에 마음이 답답하다며 몇 년에 한 번씩 진료실을 찾는다.

"설거지도 내가 하고 내 빨래는 내가 다 합니다. 나는 아내랑 잘 지내고 싶어서 아부를 하는 셈인데 아내는 도통 반응이 없어요. 원래도 말이 없는 성격이기는 한데 내가 말을 붙여도 무뚝뚝하고 신경질적이에요.

내가 젊었을 때 바람을 피우고 아내한테 과격하게 대했던 것에 마음의 상처를 많이 입었다고 하더라고요. 한 번씩 자식들 앞에서도 면박 주듯이 옛날이야기를 꺼내면 화를 참을 수가 없어요. 나한테 복수를 하는 것처럼 느껴져요. 알아주지도 않는데 내가 노력할 필요가 있나 하는 생각이 들어요."

복수심은 의도적으로 상대방에게 상처를 주고자 하는 행동으로 이어질 수 있다. 무관심, 창피 주기, 공격적인 언행, 돌봄의 거부, 정서적 단절 등은 복수심을 품고 있는 행동이다. 결혼 후반부 억울함과 복수심이 해소되지 않으면 심리적 거리감과 소통의 단절, 더 나아가 고립감과 외로움을 유발한다.

다. 수용과 감사

부부 갈등으로 상담을 받으러 온 한 50대 여성은 그동안 깨닫지 못했던 배우자에 대한 고마움이나 결혼 생활의 긍정적인 측면을 발견하면서 자신과 배우자, 그리고 결혼에 대한 평가가 달라졌다. 그동안 결혼이나 배우자의 단점만을 바라보던 시각에서 벗어나 관계를 더 넓게, 전체적으로 바라보는 것은 관계 회복에 긍정적인 영향을 미칠 수 있다.

수용은 결혼의 현재 상황과 배우자와 자신을 있는 그대로 명확하게 알고 받아들이는 것이다. 한계와 장점, 실패와 성공, 결점과 미덕을 모두 인정하고 받아들이는 것이 결혼 후반부 성장의 출발점이 된다. 상대방의 작은 노력에 대해 감사하는 태도가 부부간의 관계를 따뜻하게 만든다. 부부가 써 온 결혼의 이야기에서 긍정적인 부분과 배우자의 수고와 헌신에 대해서 감사를 표현함으로써, 서로의 존재와 노력에 대한 존중이 깊어지고 관계가 긍정적인 방향으로 발전할 수 있다.

라. 연민

측은지심, 혹은 연민은 상대방의 고통이나 어려움을 진심으로 이해하고, 그에 대해 함께 마음 아파하며 도우려는 태도이다. 연민은 부부가 서로를 더욱 깊이 이해하고 지지하는 데 필수적인 정서적 자원이다. 나이가 들어가면서 경험하는 신체적, 정신적 어려움에 대한 연민은 관계를 더욱 돈독하게 한다.

마. 사과, 용서, 화해

화해는 갈등이나 오해가 발생했을 때 서로의 감정을 풀고 관계를 다시 회복하는 과정이다. 이 과정은 사과와 그 사과를 받아들이는 용서를 필요로 한다. 사과는 자신의 잘못을 인정하고 상대의 아픔에 공감하는 태도를 담고 있으며, 용서는 상대의 진심을 받아들이고 과거의 상처를 내려놓는 결단이다. 이러한 화해의 과정을 통해 관계는 더 깊어지고, 상호 이해와 신뢰가 다시금 자리 잡을 수 있다.

진심 어린 사과는 50 이후 결혼 생활에서 억울함과 복수심을 푸는 열쇠가 된다. 사과는 말로 그쳐서는 안 되고 갈등의 씨앗이 되었던 문제 행동들을 개선하려는 성실한 노력이 반드시 뒤따라야 하며 변화된 모습을 보여야 한다. 그래야 사과가 진정성을 얻을 수 있고 부부간의 신뢰가 쌓일 수 있다.

다른 사람으로부터 받은 상처는 원망, 괴로움, 분노, 증오심과 같은 감정을 남긴다. 용서는 이러한 감정을 떠나보내는 것이다. 용서란 상대방의 잘못이나 실수를 눈감아 주는 것 혹은 잊는 것이 아니다. '복수를 하려면 우선 무덤 두 개를 파 두어라'라는 말이 있다. 하나는 복수를 당하는 자의 무덤, 또 다른 하나는 복수를 하는 자신의 무덤이다. 상처로 인한 원망과 분노를 복수심으로 키워 간다면 가장 비싼 대가를 치르는 사람은 바로 자신일지도 모른다. 배우자를 괴롭혀서 복수하기 위한 행동들이 상대방은 물론이고 나의 마음까지 지옥으로 만들고, 배우자를 불행하게 할 뿐 아니라 내가 행복할 수 있는 기회를 스스로 걷어차는 결과를 초래한다.

용서는 심리학적 개념 중에서도 설명하기 어렵고 실천하기는 더욱 어려운 개념이다. 진정한 용서를 위해서는 자신의 마음속에 자리한 분노, 원망, 괴로움 같은 감정을 억압하지 않고, 오히려 그 감정들을 인정하고 공감하는 과정이 필요하다. 이러한 감정들이 자신의 행동과 선택에 부정적인 영향을 미치지 않도록, 감정과 적절한 거리를 두는 것이 용서의 중요한 단계라고 할 수 있다.

때때로 용서는 나를 해친 사람에 대한 이해, 공감, 연민의 감정으로 이어질 수도 있다. 하지만 용서한다고 상대가 변해야 하거나 화해가 이루어져야 하는 것은 아니다. 용서는 상처 준 사람의 죄를 사함이 아니고 내 자신을 위한 선택이다.

우리가 용서를 결심하는 것은 지난 상처로 인해 품게 된 원한과 복수심이라는 전쟁터에서 벗어나, 나의 내면에 집중하고 삶을 계속 이어 나가기 위한 평화를 찾기 위함이다. 용서는 과거에 묶여 있는 나 자신을 풀어 주고, 현재와 미래에 집중할 수 있게 하는 해방의 과정이다.

예를 들어 여러분이 자동차를 운전해서 고속도로를 주행하고 있다고 상상해 보자. 옆 차선을 달리던 차가 무리하게 차선을 바꿔서 내 앞으로 끼어드는 바람에 자칫하면 사고가 날 뻔했다. 브레이크를 급히 밟아 사고를 면하긴 했지만 놀란 가슴이 가라앉기까지는 한참이 걸렸다. 화난 마음은 그 차를 뒤쫓아 가서 상대방에게 내가 당한 걸 고스란히 되돌려주고 싶은 충동으로 이어진다.

용서하지 못하는 사람은 그 충동을 실행에 옮기고 만다. 그는 결국 보복 운전으로 신고당하거나 큰 사고를 일으켜서 상대방은 물론이고 자신도 큰 피해를 입을 수 있다. 반면에 용서할 수 있는 사람은 그 차 때문에 놀라고 화나는 감정을 스스로 가라앉힌다. 짧은 욕을 내뱉는 사람도 있겠지만 그 차를 뒤쫓아 복수하는 대신 자신의 남은 길을 안전하게 운전해 가는 것에 집중한다.

"요즘 남편하고 너무도 사소한 걸로 유치하게 싸우고 있어요. 결혼도 나이를 먹는다면 저희의 결혼은 20년차임에도 불구하고 아직도 다섯 살짜리 같아요."

남편과의 부부 싸움 방법을 개선하고 싶은 40대 여성의 이야기이다. 그녀의 말처럼 결혼도 나이를 먹는다. 한 살짜리의 결혼과 30년, 40년 베테랑 결혼의 모습은 달라야 하지 않겠는가?

결혼 초보일 때 나의 결혼의 목표는 나이 들어 서로 등 긁어 주는 다정한 노부부가 되는 것이었다. 결혼의 목표라고 하기에는 너무 소박하고 쉬운 것이라고 생각했는데 살면서 이것이 쉽지 않다는 것을 깨달아 가고 있다.

나이 들어 서로 의지하고 보살피는 다정한 노부부가 되고 싶다면, 결혼이라는 관계를 소중히 여기고 꾸준히 노력해야 한다. 지난 결혼 생활의 상처로 인한 후유증을 줄여 가면서 새로운 긍정적인 경험을 쌓아가는 것이 결혼을 성장으로 나아가게 할 것이다. 사이좋은 노부부의 모습은 젊은 시절부터 열심히 저축한 정성과 우정에 대한 보상이다. 다정한 노부부가 되기 위해서는 결혼의 오랜 여정에서 서로를 위해 인내하고, 용서하며, 소통하고, 배려하는 과정이 필요하다.

5.

독신, 사별과 이혼과 비혼에 관하여

결혼의 종말을 예견하는 사회

결혼이라는 제도는 인류의 발전과 함께 삶의 조건을 반영하여 생존에 유리한 방향으로 변천해 왔다. 과거에는 주로 경제적·정치적 이유로 결혼을 해서 가족 간의 동맹을 형성하거나 재산을 보호하는 역할을 했다. 현대에 들어서는 사랑과 같은 정서적 연대가 결혼의 주요 동기가 되었다.

결혼을 통한 가족의 구성은 삶에서 만나는 다양한 위험으로부터 개인을 보호해 주는 기능이 있었다. 가족은 경제적 안정과 사회적 연대감을 제공하며, 특히 자녀 양육과 재산 분배, 사회적 지위 유지 등 여러 기능을 담당해 왔으며 노후의 보살핌을 보장받을 수도 있었다.

오늘날 여성의 지위 향상, 청년 세대의 경제적 불안, 가치관의 변화, 수명 연장, 양극화 등으로 결혼을 둘러싼 변화가 가속화되고 있다. 개인주의와 독립적인 삶을 중시하는 경향이 강해지면서 결혼을 필수라고 생각하기보다는 선택으로 여기는 사람들이 늘어나고 있다. 또한 동거, 사실혼, 동성 결혼 등 결혼의 전통적인 형태를 넘어서 가족 구성 방식 또한 달라지는 추세이다. 이러한 흐름 속에서 일부 전문가들은 결혼 제도의 종말을 예견하기도 한다.

구체적인 통계를 예로 들지 않더라도 개인적인 경험으로 결혼을 둘러싼 변화를 감지할 수 있다. 20여 년 전 개원 초기에는 진료실을 찾는 50대 이상의 사람들 중에 결혼하지 않은 사람들은 많지 않았다. 하지만 요즘 진료실을 찾는 40대와 50대 중에는 결혼이라는 제도 바깥에 있는 사람들이 제법 많아졌다.

진료실에서 여러 연령대의 어머니들이 자녀의 결혼에 대해서 다른 태도를 보이는 것을 발견하곤 한다. 이것을 통해서 결혼에 대한 사람들의 인식이 과거와 달라졌다는 것을 확인할 수 있다. 70대 이상의 어머니들은 결혼을 해야 비로소 어른이 되고, 힘든 세상을 사는 데 혼자보다는 둘이 좋다고 생각하는 시대를 살아왔다. 그분들은 결혼하지 않은 자녀들에 대한 걱정을 이렇게 털어놓는다.

"우리 아들(혹은 딸)은 왜 결혼을 안 하는지 모르겠어, 짝을 채워줘야 내가 죽어도 안심을 할 텐데. 직장도 괜찮고 생긴 것도 나쁘지 않은데 왜 짝이 안 생기나 몰라."

하지만 50대나 60대 어머니들은 이렇게 말한다.

"나는 딸을 시집보내기가 너무 아까워요. 자기 능력이 있으면 굳이 결혼하지 않아도 된다고 생각해요."

내가 어릴 때는 안경 쓴 아이들이 거의 없었다. 그래서 안경 쓰는 것을 비정상적인 것으로 여겼다. 특히 여자가 안경 쓰는 것을 결점으로 여기기도 해서 눈이 나빠도 안경을 쓰지 않는 경우도 있었다. 그런데 점점 안경 쓰는 사람들이 많아지자 이제는 이상한 눈길도 없을뿐더러 패션 아이템으로도 자리를 잡았다. 즉 절대적이고 불변하는 가치 기준은 존재하지 않는다.

인간을 둘러싼 환경과 삶의 조건은 끊임없이 변해 왔으며, 인간은 이러한 변화에 적응하며 생존해 왔다. 결혼 제도 역시 시대와 문화에 따라 진화해 왔고 변화에 적응해 가며 그 모습이 달라질 것이다. 대부분의 사람들이 결혼을 하는 사회에서는 결혼하지 않은 사람들이 비정상적인 것으로 여겨질 수 있다. 하지만 젊은 사람들이 결혼을 하지 않는 추세를 고려했을 때 언젠가는 결혼한 사람들이 비주류인 세상이 올 수도 있을 것이다.

우리 사회는 다양한 삶의 방식을 포용하는 데 한계가 있었다. 결혼에 대해서도 마찬가지였다. 나이가 들면 결혼해서 가정을 꾸리고 아이를 낳는 것이 성인 삶의 모범 답안이라고 여겼다. 그래서 결혼이라는 제도 밖에서 살아가는 것은 겉으로 드러나지 않는 편견과 차별, 그리고 개인적인 어려움을 감수해야 하는 일이었다.

하지만 결혼이라는 제도 안에서 사는 사람이라 할지라도 언제든지 결혼에서 하차할 수 있다. 어느 누구도 이혼이 나에게만은 절대 일어나지 않을 것이라고 자신할 수 없으며, 배우자의 죽음으로 혼자 남게 되는 것은 시간의 문제일 뿐 모두가 겪을 일이다.

또한 오늘날의 50대와 60대는 가정을 이루고 자녀를 낳는 것이 보편적이었던 시대를 살았지만, 그들의 자녀들이 결혼과 관련해서 다양한 선택을 하는 것을 지켜보아야 하는 입장이다. 만약 결혼해서 가정을 이루고 자녀를 낳고 살아가는 것이 인생의 모범 답안이라고 여기는 부모라면, 결혼하지 않겠다는 자녀 혹은 결혼을 해도 아이는 낳지 않겠다는 자녀와 갈등을 겪을 것이다.

이제는 결혼 제도 바깥에서 살아가는 것 또한 하나의 선택이고 삶의 방식임을 받아들이고 이해해야 한다. 그래야 나와 다른 가치관을 가지고 다른 삶의 방식을 선택하는 사람들, 특히 아래 세대를 이해하고 변화하는 세상의 흐름을 유연하게 받아들일 수 있다.

미혼, 비혼, 독신

결혼이라는 제도의 바깥에 있는 사람들의 모습은 다양하다. 결혼 경험이 없는 사람, 결혼 경험이 있지만 이혼이나 사별 후 재혼하지 않은 사람, 혼인 신고를 하지 않아 법적 배우자로 인정받지 못하지만 사실혼 관계에 있는 사람, 동성 커플, 결혼하지 않고 혼자 아이를 키우며 살아가는 미혼모, 미혼부 등이 있다.

이혼이나 사별로 혼자된 사람의 경우 결혼 기간, 자녀 유무, 재혼 의지가 사람마다 다르다. 결혼 경험이 없는 사람들 중에도 결혼에 대한 의지가 전혀 없는 사람이 있는가 하면, 아직은 결혼하고 싶은 사람을 못 만났을 뿐 기회가 되면 할 수도 있다고 결혼의 가능성을 열어 두고 있는 사람도 있다. 이성 교제를 하는 사람도 있고 이성

교제 없이 살아가는 사람도 있다. 이들은 혼자 살고 있는 1인 가구이거나, 가족을 포함한 타인과 함께 살아가고 있을 수도 있다. 이렇듯 혼인 상태에 있지 않은 사람들의 상황은 각각 다르기 때문에 그들이 해결해야 할 삶의 과제도 천차만별이다.

결혼하지 않은 사람을 부르는 말은 여러 가지이다. 독신(자)은 사전적인 의미로 결혼하지 않고 혼자 사는 사람, 또는 같이 사는 배우자가 없는 사람을 뜻한다. 아직 결혼하지 않은 상태를 보통 미혼이라고 하는데 요즘은 비혼이라는 신조어도 있다. 미혼은 혼인을 아직 못한 상태라는 의미가 있고, 비혼은 혼인하지 않기로 결정했다는 주체적인 의미를 담고 있다고 한다. 점차 비혼이라는 말을 많이 사용하는 추세지만 이 말이 사별이나 이혼 등 배우자 없이 살고 있는 여러 사람들을 모두 아우를 수 없기 때문에 여기에서는 독신이라는 말을 사용하려고 한다.

결혼과 독신 중 어떤 것이 행복한지 다투는 것은 의미 없는 논쟁이다. 독신 생활은 결혼 안에서 짊어져야 할 자녀 양육, 처가나 시댁 스트레스, 배우자와의 관계에서 비롯된 부담 등으로부터 자유롭다는 장점이 있지만 이들이 짊어져야 할 부담도 있다. 결혼의 장점은 독신의 단점이 되고, 결혼의 단점이 독신에게 장점이 될 수 있다. 결과적으로 결혼이든 독신이든 어떤 조건의 삶을 살든 모습만 다를 뿐 저마다의 인생에는 피해 갈 수 없는 삶의 과제들이 있다.

독신자는 어떤 삶을 살고 있을까? 결혼은 일종의 시스템으로 경제적, 정서적, 성적, 관계적인 기능을 제공한다. 결혼 제도 안에 있는 기혼자가 살면서 부닥치는 다양한 문제를 배우자를 포함한 가족이라는 팀으로 해결해 나간다면, 독신자는 혼자 해결해야 한다.

독신자는 정서적인 불안과 외로움을 겪을 수 있다. 물론 기혼자도 그런 감정을 느끼지만 그 내용은 다소 다르다. 독신자는 기댈 수 있는 배우자나 자녀가 없기 때문에 경제적인 부담을 스스로 해결해야 한다. 일을 계속할 수 없는 상태가 되었을 때 혹은 건강의 문제가 생겨서 수입이 없어지면 이들은 안전이 흔들린다고 느낀다.

아이를 낳아 본 적이 없는 독신자는 조카를 통해서 부모 역할을 간접적으로 경험한다. 조카에게 제2의 부모 역할을 할 수도 있다. 조카에게 향하는 애정은 정서적인 것은 물론 금전적인 지원도 포함된다. 이들이 걱정하는 것 중의 하나는 병이 생겨서 수술이나 검사를 받게 되었을 때 누가 동의서에 서명을 해 줄 것인가 하는 것이다. 진료실에서 조카가 독신으로 나이 든 이모나 고모, 삼촌의 보호자 역할을 하는 경우가 제법 있는 것을 보면 조카가 1순위 후보이다.

독신자는 자기 계발에 많은 시간을 투자한다. 결혼한 사람들은 돈, 시간, 육체적, 정신적 에너지를 자녀, 배우자, 배우자의 가족을 돌보는 데 쓰느라 자신에게 투자할 여유가 없다. 반면 독신자는 비교적 이런 부담에서 자유로워서 자신의 삶에 집중할 수 있다. 여러 개의 취미 활동을 하거나 학습을 지속하는 등 자기 계발에 힘쓴다. 결혼한 사람들이 자식을 돌보고 교육하는 것에서 삶의 성취를 느끼는 것과 달리, 이들은 자신의 성장과 발전에서 보람을 느낀다.

50 이후 독신자 성장의 시간표

미국의 심리학자 에릭 에릭슨Erik Erikson(1902~1994)은 40세부터 65세에 이르는 중장년기 삶의 과제를 생산성 대 침체감이라고 했다. 생산성이란 다음 세대를 생산하고 가치를 전달하는 것을 의미한다. 좁게는 자녀를 낳아 기르는 것을, 넓게는 다음 세대에게 자신의 능력이나 가치를 전수하는 모든 활동을 의미한다.

생산성을 발휘하기 위해서는 자신의 욕구 충족을 어느 정도 희생해야 한다. 생산성은 자신의 만족이 아닌 다음 세대를 위한 돌봄을 통해 발현이 되기 때문이다. 자신에 대한 관심은 다음 세대가 살아갈 세상을 더 좋은 것으로 만드는 것으로 확장된다. 이러한 생산성이 제대로 발휘되지 않으면 과도한 자기 몰두, 공허, 지루함 등의 자기 침체가 나타난다.

자녀의 성장은 기혼자에게 성장의 시간표가 될 수 있다. 부모 역할을 하는 사람들은 자녀의 성장과 변화에 맞추어 자신의 역할을 수정해 가며 함께 성장한다. 자녀 양육을 통해 부모들은 생산성의 욕구를 충족할 수 있다. 결혼이라는 폐쇄적인 시스템 안에서 기혼자는 다른 사람들과 끊임없이 부딪치며 자신을 변화시킨다. 앞에서 이야기한 대로 결혼은 모난 돌 둘이 만나 부딪치며 둥글둥글한 조약돌이 되어 가는 과정이다.

독신자도 자신이 관계 맺고 있는 사람들과의 관계에서 자기 변화의 과정을 겪는다. 하지만 이는 결혼이라는 관계가 요구하는 것보다 강제력이 덜하다. 그러다 보니 독신자의 경우 이런 성장의 시간표가 명확하지 않다. 에릭슨의 이론을 고려했을 때 이들에게는 사회적 기여나 다음 세대에 대한 관심을 어떻게 실현하는지가 중요한 질문이 될 것이다. 이를 통해 독신자는 자신만의 성장 시간표를 만들 수 있으며, 이것은 인생을 어떻게 살아갈지에 대한 이정표가 될 수 있다.

일 년 전 한 강연장에서 어느 수녀님으로부터 이런 이야기를 들었다.

"결혼 생활을 하는 어머니들은 자식을 키우면서 자신을 변화시켜 가는데 저희 같은 수녀들은 나이는 먹었지만 마음은 아직 소녀 같은 면이 있어요."

40대 후반의 공무원인 철현 씨도 이와 비슷한 이야기를 했다.

"신입 여직원이 있는데 저랑 스무 살 정도 차이가 나요. 이 직원이 긴장을 잔뜩 해서 그런지 실수를 자꾸 하는 거예요. 친절하게 잘 가르쳐 주다가 같은 실수를 반복하니까 갑자기 화가 나서 버럭 소리를 질렀어요. 그랬더니 이 직원이 여직원 휴게실에서 울었대요. 당황스럽기도 하고 마음이 아픈데 그 이후로 이 직원을 어떻게 대해야 할지를 모르겠어요.

나랑 비슷한 나이 대의 다른 팀장은 아들딸을 키워 봐서인지 아버지처럼 후배들한테 너그럽게 잘하던데 나는 그게 잘 안 돼요. 생각해 보니까 내가 살아남는 것만 생각했지 후배들에게 어른으로서 어떻게 도움을 주겠다는 생각을 해 보지 못한 것 같아요."

독신자는 다양한 사회적 활동이나 직업적 기여를 통해 생산성을 추구할 수 있다. 예를 들어 봉사 활동, 젊은 세대들을 지도하는 것, 직업에서의 성취를 통해 자신이 속한 공동체나 사회에 기여하는 방식으로 생산성을 발휘할 수 있다. 생산성, 즉 다음 세대의 삶을 위해 공헌하는 것에 대한 고민은 독신자가 자신의 삶을 풍요롭게 만드는 데 있어 필수적인 요소이다. 이를 통해 사회와의 연결 고리를 유지하고 개인적인 성취감을 느끼는 인생의 한 축을 형성할 수 있다.

가벼운 사회 공포증 증상으로 약물 치료를 하고 있는 일본인 여성이 있다. 한국인과 결혼해 살면서 대학에서 원어민 강사로 일하는데, 아직까지 자녀는 없으며 앞으로도 자녀를 낳을 계획은 없다. 대학에서 일하기 전 그녀는 입시 학원에서 일한 적이 있었다. 주로 일본 대학 진학 준비를 하는 고등학생들에게 일본어를 가르쳤다. 수업뿐 아니라 에세이 첨삭까지 하며 하루 24시간이 부족하게 살았다. 그녀는 몸은 바빴지만 보람 있는 나날이었다고 당시를 회상하며 다음과 같은 말을 덧붙였다.

"저는 아이를 낳아서 키워 본 적이 없잖아요. 그래서 그 아이들이 대학 입시 준비하는 것을 도와주고 성장하는 모습을 지켜보는 것이 정말 보람이 있었어요."

그녀의 이야기에서 중장년기의 생산성이 자녀를 양육하는 것 외의 다른 영역에서 어떻게 발휘되고 있는지를 관찰할 수 있다. 독신자의 삶에서 개인적인 관심사에만 몰두하거나, 사회와의 연결을 잃게 된다면 자기 몰입 상태로 빠질 가능성도 있다. 이는 사회적 고립감이나 자신의 삶이 무의미하다는 느낌으로 이어질 수 있다.

독신자는 기혼자보다 외로움과 고독에 노출될 가능성이 크다. 따라서 보다 적극적으로 사람들과 관계를 맺고 유지하는 데 노력을 기울여 가족을 대신해서 의지할 수 있는 다양한 관계를 형성해 놓아야 한다. 끈끈한 관계를 유지했던 단 한 사람이나 가족을 잃을 경우 생의 의미를 함께 잃을 수 있기 때문이다.

친구들과의 모임, 취미 활동을 함께할 수 있는 동호회, 종교 활동 등이 도움이 될 수 있다. 모든 관계에서 깊은 친밀함이 있어야 하는 것은 아니다. 다양한 정도의 친밀함으로 맺어진 관계가 여럿 있다면 고립감을 줄일 수 있다. 독신으로 나이 들어가기 위해서 중요한 것은 스스로 자신을 돌보는 자립적인 삶을 살아가는 것과 동시에 타인과 어울려서 살아가는 법을 터득하는 것이다. 즉 친밀함을 나눌 수 있는 능력을 기반으로 한 주도적이고 능동적으로 관계를 맺고 유지할 수 있는 능력이 필요하다.

원가족과의 건강한 관계 설정

독신자가 마주하게 될 가장 큰 과제 중 하나는 바로 노후 준비이다. 배우자와 자녀로 구성된 가족이라는 시스템으로부터 보호받을 수 없기 때문에 노후를 안정적으로 보내기 위해서는 경제적, 신체적 건강, 사회적 측면에서 보다 신중하고 현실적으로 대비해야 한다.

결혼하지 않고 독신으로 사는 사람이 마주할 수 있는 또 다른 문제는 원가족과의 경계 설정이 어려울 수 있다는 것이다. 독신자들은 1인 가구로 살아갈 수도 있지만 부모나 또 다른 미혼 형제들과 함께 살면서 경제 공동체로 살아가는 경우도 많다.

함께 사는 원가족이 독신자에게 중요한 사회적 지지망이 될 수 있다. 하지만 건강한 경계를 설정하는 것이 필수적이다. 원가족은 심리적 안정감과 외로움을 덜어 주는 역할을 할 수 있으며, 노후에 있어 경제적, 정서적 지원을 제공하는 중요한 역할을 한다. 하지만 만약 원가족과의 경계를 명확히 하지 못하고 지나치게 의존하거나 상호 간의 역할을 제대로 설정하지 못한 경우, 이는 은퇴 시점, 건강 악화, 갱년기, 또는 신체적 쇠퇴와 같은 삶의 변화에 직면했을 때 어려움을 초래할 수 있다.

이런 상황에서 갑작스럽게 자신의 현실을 자각하게 되면 심리적 불안을 경험할 수 있다. 특히 자신의 노후를 준비하지 못한 상태에서 시간이 얼마 남지 않았다는 생각이 들면, 일시적인 공황 상태나 불안에 빠질 수 있다. 이는 노후를 위한 재정적·정서적 준비가 부족할 때 더욱 두드러지며, 그로 인해 미래에 대한 불확실성이 커진다.

원가족과의 경계 설정을 제대로 하지 못한 경우 노쇠한 부모님을 모시는 과정에서 형제들과의 갈등이 발생할 수 있다. 부모님의 간병에 대한 책임 분담, 간병비 부담은 물론이고, 부모님이 돌아가신 후의 유산 상속을 둘러싸고 마찰을 빚을 수도 있다. 이러한 갈등은 단순히 재정적 문제에 국한되지 않고, 가족 내에서 오랜 시간 쌓인 감정적 갈등을 재점화할 수도 있다.

동호 씨는 50대 남자로 오남매 중 넷째였다. 형님 두 분과 누님 한 분, 그리고 남동생이 있다. 20대 후반에 결혼을 한번 했지만 일 년 만에 이혼한 후 부모님과 함께 살았다. 아버지가 돌아가신 뒤에는 조현병을 앓는 동생과 어머니와 함께 살았다.

수개월 전 어머니가 돌아가셨고 이후 불안과 우울, 짜증, 무기력 등이 찾아왔다. 스스로 감정을 다스리기 어려워 진료실을 찾게 되었다. 평생 의지했던 어머니가 돌아가신 상실감도 있었지만 그를 더욱 괴롭힌 것은 형제들과의 갈등과 자신의 미래에 대한 불안, 그리고 지난날에 대한 후회와 억울함이었다.

오래 사귄 여자 친구가 있었지만 다시 결혼을 한다는 생각을 해 본 적은 없다. 결혼 생활이 그에게는 너무 힘들었고 다시 실패하게 될 것이 두려웠기 때문이다. 결혼보다 부모님과 동생을 책임지는 것이 자신에게는 더 중요한 일이라 생각하며 살았다. 형제들도 조금씩 거들기는 했지만 같이 살면서 발생하는 문제나 금전적인 부담은 그의 몫이었다. 자녀가 없는 그는 조카들에게도 용돈 잘 주는 삼촌이었다. 한 번씩 학자금을 지원해 주기도 했다.

아버지가 집을 살 때 자신이 가지고 있던 얼마간의 돈을 보탰다. 부족한 돈은 자신의 명의로 은행에서 대출을 받아 충당했고 이자와 원금은 아버지와 동호 씨가 힘을 합쳐서 갚았다. 동호 씨는 부모님이 돌아가시고 나면 당연히 그 집에서 살게 될 줄 알고 따로 저축을 하거나 자신의 집을 마련한다는 생각은 해 보지 않았다.

하지만 막상 어머니가 돌아가시고 나니 큰형이 어머니의 집을 팔아서 분배하자고 요구해 오면서 그는 혼란에 빠졌다. 먹고살 만한 형제들이 욕심을 부리는 것 같았고 그동안 서로 사이가 좋다고 생각해 온 형제들과 인연을 끊어야 하나 하는 생각까지 들었다.

앞으로 몇 년이나 일할지 알 수 없는 상황에서 노후 대비도 제대로 해 놓지 못했다. 경제적 활동이 불가능한 동생을 돌보며 함께 살아야 한다는 현실적인 문제도 막막했다. 자신이 희생하고 살아온 것을 형제들이 몰라준 것이 서운했고 배신감이 몰려들었다. 어머니가 나 죽고 나면 이 집은 네 것이라고 이야기하셔서 다른 형제들도 다들 그렇게 알고 있겠거니 하고 넘어갔던 것이 후회가 되었다.

이제라도 형제들에게 그간의 사정을 밝히고 자신이 바라는 바를 주장하고 싶었지만 이때까지 쌓아 온 착하고 이해심 많은 셋째 아들이라는 이미지가 깨지고 계산적인 사람으로 비칠 것 같아 쉽게 입이 떨어지지 않았다. 그러면서도 한편으로는 나이 50이 넘도록 제대로 된 자기주장도 할 줄 모르는 자신이 한심하고 바보 같았다.

동호 씨가 현재 곤란한 상황에 처한 이유는 명확한 의사소통의 부재와 경계를 설정하지 못한 데서 비롯되었다. 동호 씨의 사례에서 볼 수 있듯이 독신자에게 원가족은 중요한 사회적 지지망이 되므로 좋은 관계를 유지하는 것이 필요하다. 이를 위해서는 건강한 경계를 설정하는 것이 필수적이다. 건강한 경계는 자신과 타인 사이의 적절한 심리적·정서적 거리를 의미한다. 서로의 책임을 명확히 하면서도 필요한 순간에는 감정적·실질적 지원을 주고받을 수 있는 균형을 찾는 것이라고 할 수 있다.

가지 않은 길에 대한 애도

고등학생과 중학생 딸을 둔 50대 여성이 최근 친구의 결혼식에 다녀온 이야기를 들려주었다.

"지난 주 토요일, 친구 결혼식에 다녀왔어요. 제가 20대일 때 직장 생활하면서 만난 친구예요. 그 친구가 그동안 결혼에 별 뜻이 없어서 혼자 살고 있었는데 이번에 초등학교 동창하고 결혼을 했어요. 두 사람 다 초혼이에요. 저도 깜짝 놀랐어요. 둘이 외롭지 않게 함께 늙어 갈 수 있다면 좋을 것 같아서 결혼하기로 했대요. 아이를 낳아 기를 것도 아니고 양가 부모님 다 돌아가셔서 결혼과 함께 딸려 오는 책임에서 상대적으로 자유로우니 부담이 덜하다고 해요."

그녀의 이야기를 듣고 이제는 결혼 적령기라는 것이 따로 없고 비혼을 선언한 사람도 언제든 마음이 변해서 결혼을 선택할 수도 있겠다는 생각이 들었다.

상당한 기간 동안 결혼 생활을 유지하다가 이혼이나 사별로 독신이 된 사람을 제외하고 한 번도 결혼 생활을 해 보지 않은 채 독신으로 살아가는 사람들은 크게 두 가지의 구별되는 모습을 보인다. 독신으로 살아가는 자신의 삶에 만족하거나 결혼을 하지 못한 것에 대한 아쉬움과 미련을 가지고 있는 경우이다.

독신의 자유로움은 더 깊이 있는 자아 탐구와 다양한 사회적 관계의 경험을 제공한다. 하지만 어떤 계기로 이들도 후자의 경우처럼 자신의 선택과 그 선택으로 인하여 놓쳐 버린 경험들에 대해 아쉬움을 느낄 수 있다.

50에 가까워지면 남녀 모두 폐경이나 성적 기능의 저하를 포함한 신체적 변화를 겪게 된다. 좀 더 젊었을 때는 결혼과 출산을 선택할 기회가 있을 것이라고 생각했지만, 시간이 지나면서 가능성은 점차 줄어들고 이제는 현실적으로 불가능하다는 인식이 커진다.

결혼과 출산에 대한 의지를 완전히 포기하지 않고 살아온 독신이라면 자신이 가지 않은 길, 즉 결혼과 출산, 부모가 되는 경험에 대한 생각이 많아질 수 있다. 따라서 과거에 선택하지 않았거나 놓친 것들에 대한 아쉬움이 마음속에 피어오를 수 있으며 이러한 감정을 다루는 것이 중요해진다.

"남동생이 늦게 결혼해서 이제 조카가 두 돌이 되었어요. 올케가 육아를 힘들어해서 주말 동안에는 제가 가서 돌봐 주고 있어요. 조카를 보면 정말 사랑스러워요. 내가 누군가를 이렇게 깊이 사랑할 수 있다는 것이 신기해요. 전에는 나만 잘 살다 가면 그만이라고 생각했는데 이제는 그 아이가 살아갈 다음 세상에 대한 생각을 해요.

주말 동안 동생 집에서 조카랑 놀아 주다가 집에 돌아오면 한동안 헛헛하고 불안한 감정이 들어요. 몸은 피곤한데 잠이 쉽게 들지 않아 뒤척이게 되네요. 저에게는 낯선 감정이라 당황스럽게 느껴져요. 아마도 제가 혼자 있는 것이 외로운 모양이에요.

혼자 나이 들어가는 삶이 두렵기는 하지만 그렇다고 결혼을 하고 싶지는 않아요. 이제는 혼자 사는 삶에 너무 익숙해져서 누군가와 함께 산다는 것을 상상할 수가 없어요. 그럼에도 불구하고 원장님 말씀처럼 내가 결혼을 하지 않음으로써 경험할 수 없었던 것들에 대한 애도가 필요한 것 같아요."

50을 목전에 둔 수민 씨는 결혼을 하지 않겠다고 결심을 하고 독신의 삶을 산 것은 아니었다. 좋은 사람이 나타나면 결혼할 수도 있다고 가능성을 열어 두고 지내 왔지만, 그렇다고 적극적으로 배우자를 찾는 노력을 기울이지는 않았다. 낯선 사람들과 관계를 맺는 것이 어려워서 제대로 된 연애를 해 본 적도 없었다. 호감을 표현하며 다가오는 사람들은 몇 있었지만 짧은 만남 후 더 깊은 관계로 이어지지 않았다. 그녀는 결혼 생활을 원하면서도 그것이 두려웠다.

결혼한 사람들은 배우자나 자녀, 혹은 배우자의 가족과의 갈등을 자연스럽게 이야기하고, 이를 통해 공감과 위로를 얻는다. 하지만 독신자들은 독신 생활에서 겪는 어려움을 표현하기가 쉽지 않다. 이는 독신 생활에 대한 사회적 이해와 포용이 아직 충분하지 않기 때문이다. 독신자들은 종종 '독신이니 더 자유롭고 편할 것이다' 혹은 '결혼을 못한 것은 뭔가 문제가 있기 때문일 것'이라는 사회적 시선 속에서 자신이 겪는 외로움이나 불안, 혹은 결혼하지 않은 것에 대한 미련을 드러내는 것에 부담을 느낀다.

이런 상황에서 독신자들이 겪는 내면의 어려움은 드러내기 쉽지 않은 비밀이 되어 당사자들조차 자신의 감정을 인정하지 않거나 외면하게 된다. 이런 태도는 외로움, 관계에서의 소외로 이어질 수 있으며 혼자 살아가는 삶에 대한 현실적인 조언이나 대책을 세우는 것이 어려워질 수 있다.

일반적으로 애도는 사랑하는 사람의 죽음과 같은 명확한 상실을 다루는 개념으로 소개되곤 한다. 그러나 결혼, 출산, 부모 역할과 같은 인생의 중요한 경험을 갖지 못한 것도 넓은 범위의 상실로 보고 이를 애도의 시각으로 다룰 필요가 있다. 가지 않은 길에 대한 아쉬움과 미련, 자신의 선택에 대한 후회는 누구나 느낄 수 있는 감정이다. 이러한 감정을 다루기 위해서는 먼저 자신의 감정을 인정하고 수용하는 것이 필요하다. 자신이 느끼는 감정이 결코 비정상적인 것이 아니라는 것을 인식하고, 이를 터놓고 이야기할 수 있는 공간과 관계를 찾는 것이 필요하다. 이를 통해 자신이 겪는 어려움에 대해 더 솔직해지고, 공감과 지지를 얻을 수 있는 환경을 만들 수 있다.

가지 않은 길에 대한 애도는 단순한 후회나 아쉬움의 감정을 넘어서 자기 자신을 이해하고 치유하는 단계를 거쳐 성장의 가능성을 열어 준다. 즉 현재 자신의 삶에서 발견할 수 있는 의미와 가치를 새롭게 탐색할 수 있다. 결혼이나 출산이 인생의 유일한 의미나 목표가 될 수는 없다. 독신의 삶도 다양한 경험과 목표로 가득 차 있는 여정이다. 지나간 선택이 아니라 지금의 선택에 집중하고 현재 자신이 성취할 수 있는 것에 가치를 두는 것이 필요하다. 자신이 걸어온 길을 존중하고 그 속에서 의미를 찾으며 자신만의 방식으로 인생을 완성해 나아간다면, 어떤 조건의 삶을 살아가든 그것은 충분히 의미가 있는 삶이 될 수 있을 것이다.

6.
부모, 최초의 집이자 울타리

부모는 집이다

우리에게 최초의 집은 어머니의 자궁이다. 아버지가 돌아가시고 형제자매들이 다 출가해서 집을 떠난 후 어머니는 한동안 혼자 살았다. 어머니가 큰언니와 살림을 합치기 전, 어머니 집에 가서 잠을 잘 때가 있었다. 창밖이 희붐하게 밝아 오는 이른 새벽에 늙은 어머니는 나이 든 딸이 깰까 봐 소리를 죽여 가며 식사 준비를 하셨다. 수돗물 트는 소리, 가스 불 켜는 소리, 냄비 뚜껑 여닫는 소리, 보글보글 찌개가 끓는 소리, 그리고 코끝에 내려앉는 찌개 냄새…….

젊은 내가 식사를 차려 드리는 것이 마땅함에도 불구하고 나는 눈을 감고 가만히 누워서 그 시간을 음미했다. 어머니가 나를 위해서 밥을 짓는 그 시간은 다시 어머니의 자궁으로 들어간 듯 세상에서 가장 안전하고 따뜻한 시간이었고, 나는 잠시 그 안온한 시간에 머물러 있고 싶었다.

집은 두 가지 의미가 있다. '우리 집은 방이 세 개다'라고 할 때의 집은 벽, 지붕, 방과 같은 구조로 이루어진 물리적 공간을 의미한다. '우리 집은 매년 설날에 모두 모여 조상님께 차례를 지낸다' 혹은 '우리 집은 형제자매 간의 서열을 중요하게 생각해'라는 말을 할 때가 있다. 이때의 집은 정신적 의미의 집으로 가족이 공유하는 전통과 문화, 그리고 가치관을 의미한다. 가족 구성원이 만들어 낸 정신적 시스템 같은 것이다.

한집에서 살다가 다른 집으로 이사를 가면 물리적 공간으로서의 집이 바뀐다. 하지만 가족의 삶과 그 안에 담긴 경험들로 이루어진 시스템으로서의 집은 지속된다. 자녀가 독립하고 부모가 죽고 난 후에도 이 무형의 집은 마음속 깊은 곳에 남아 있다. 추억이라고 이름 붙일 수 있는 기억보다 훨씬 더 심오한 어떤 것으로 우리의 삶에 지대한 영향을 미친다.

한 사람이 결혼을 하면 새로운 집이 만들어진다. 물리적 공간으로서의 집은 그가 어린 시절 부모와 살았던 집과는 전혀 다른 공간이다. 새로운 가족과 만들어 갈 기억 저 깊숙한 곳에는 부모의 집이 있다. 부모의 집은 다시 조부모의 집을, 조부모의 집은 또 그들 부모의 집을 품고 있다. 그렇게 다음 세대로 전해지면서 마음속의 집에는 오랜 시간 동안 수많은 기억들이 겹겹이, 층층이 쌓이게 된다.

영화 〈건축학개론〉은 이것을 시각적으로 잘 보여 준다. 대학 신입생 시절 서로의 첫사랑이었던 승민과 서연은 제대로 된 고백도

해 보지 못하고 사소한 오해로 헤어졌다. 세월이 흘러 건축사가 된 승민 앞에 서연이 나타난다. 승민은 결혼을 앞두고 있고 서연은 짧은 결혼 생활을 접고 이혼을 했다. 승민은 결혼식을 올린 후 평생 살아왔던 집과 어머니를 떠나 미국에서 새로운 삶을 시작하려는 계획을 가지고 있다.

대학생이 된 이후 서울에서 지내 오던 서연은 이제 고향 제주도로 돌아가려고 한다. 낡은 아버지의 집을 허물고 새 집을 지어 아픈 아버지와 새로운 삶을 시작하려고 하는 것이다. 각자 걸어왔던 두 남녀의 인생길은 결혼과 이혼이라는 인생의 전환점에서 잠시 교차한다.

이 영화에서 집은 자기 자신을, 지난 시간의 삶을, 그리고 부모를 상징한다. 서연과 승민은 제주도의 낡은 집을 허무는 대신 증축하기로 한다. 즉 아버지 집의 골조를 유지한 채 그것에 덧대어 새로 공간을 확장한 것이다. 그들이 함께 지은 집은 아버지의 옛날 집을 새 집이 품고 있는 듯한 형상이다. 이것은 그들이 부모가 살아온 삶을 이해하고 수용했음을 의미한다. 또한 자신에 대한 용서와 지난 시간과의 화해를 포함한 그들의 내적 성장을 상징적으로 보여 준다.

쉰 살 되던 해에 한 친구가 친정아버지로부터 '생일 축하합니다. 반백 년'이라는 메시지를 받았다고 했다. 그 이야기를 듣고 부러웠던 적이 있다. 그녀가 부러웠던 것은 나이 오십이 넘어서도 아버지와 한세상에 살고 있어서 생일 축하를 받는다는 사실이었다. 나는 가끔 아버지가 살아 계신다면 어떤 모습으로 당신의 80대를 보내실까 상상해 본다. 아버지의 모습은 56세에 머물러 있기 때문에 아버지를 닮은 작은아버지들을 통해서 그 모습을 그려 볼 뿐이다.

부모는 내가 세상에 태어나 처음 맺는 관계이며, 돌아가시고 나서야 끝나기 때문에 다른 어떤 것보다 오래 지속되는 관계이다. 그럼에도 불구하고 성장하면서 내 삶의 무대에서는 부모님보다는 친구, 공부, 일, 결혼, 자녀와 배우자 등이 더 중요한 비중을 차지했다. 부모님은 무대의 중심에서 물러나 그저 배경으로 머물러 있었다. 내 앞에 펼쳐진 삶의 길을 따라 걸었을 뿐인데, 그것이 부모님으로부터 멀어지는 방향이었다.

성장의 방향은 부모로부터 떨어져 나와서 나의 길을 가는 것, 부모의 세계를 벗어나 나의 세계를 구축하는 것이다. 대부분 나와 비슷한 삶의 궤적을 그리며 성장해 왔을 것이다. 그러다가 50 이후, 부모는 다시 나의 삶에서 중요한 등장인물이 된다. 죽음으로 가는 부모의 마지막 길을 배웅하는 것은 50 이후 숨어 있는 또 하나의 성장점이다.

아이를 낳아서 키워 본 사람이라면 아이가 다 자라기 전에 내가 죽으면 어떡하나 불안한 마음을 느껴 본 적이 있을 것이다. 그러다가 아이가 고등학교를 졸업하고 20대가 되면, 문득 안심이 된다. 이제는 만에 하나 내가 세상에 없더라도 아이가 스스로 살아갈 수 있을 것 같다는 생각이 들기 때문이다.

진료실에서 부모 역할에 대해 고민하는 어머니 혹은 아버지들을 만날 때가 있다. 나 역시도 그런 고민이 있었다. 그들에게 우선 자신을 잘 돌보시라는 이야기를 해 주곤 한다. 다른 무엇보다도 건강하게 오래 아이들 곁에 있어 주는 것이, 부모로서 아이들에게 줄 수 있는 가장 기본적이고 중요한 선물이기 때문이다.

부모의 장수는 심리적, 정서적, 그리고 실질적인 장점이 있다. 성인이 되어 경제적인 지원이 더 이상 필요하지 않게 된 후에도 부모의 존재는 여러 긍정적인 영향을 준다. 일단 부모의 존재는 정서적 위안을 제공하는 쉼터가 된다. 또한 형제자매 관계에서 구심점이 되어 가족 간의 유대감을 강하게 할 수 있다. 서로 사이가 좋지 않아서 타인이라면 가까이하지 않을 형제자매라도 부모님이 살아 계시는 동안에는 명절이나 부모님 생신에 얼굴을 마주해야 한다.

부모는 자녀들에게 재정적인 지원을 해 줄 수 있으며 손자녀 돌보기나 가사 일을 도와주는 것과 같은 실질적인 도움을 줄 수 있다. 출산한 지 얼마 되지 않은 젊은 여성이 산후 우울증으로 진료실을 찾는 경우가 있다. 대부분 혼자 신생아를 돌보느라 몸도 마음도 지쳐 있어서 도움이 필요한 상태이다. 도움을 받을 곳이 없느냐고 물어보면 친정어머니가 일찍 돌아가셨다고 해서 참 안쓰러울 때가 있다.

부모가 살아가는 모습은 삶을 배울 수 있는 살아 있는 교과서이다. 부모가 나이 들어가는 모습을 통해 나이 듦과 죽음을 배울 수 있으며, 부모가 살아오면서 터득한 경험과 지혜를 배울 수 있다. 부모가 오래 살면 관계를 보다 깊이 발달시킬 시간이 더 주어진다. 나이 들어감에 따라 부모에 대해 달라진 감정과 관계를 경험할 수 있고 이것이 인간과 관계를 더욱 깊이 이해할 수 있게 해 준다. 부모가 오래 살아서 함께 만나는 시간이 길어지면 어린 시절 부모에게 받았던 상처를 극복하고 새로운 친밀감을 경험할 수도 있다.

한 50대 여성은 아버지가 40세를 넘기지 못하고 돌아가셨고 어머니마저 60세를 겨우 넘기고 돌아가셨다. 명절에도 갈 곳이 없다며 그녀는 이렇게 이야기했다.

"부모님이 살아 계셔서 형제자매들이 명절에 모이는 친구들이 부러워요. 엄마 손잡고 엄마한테 어릴 때 못 했던 이야기도 해 보고 싶어요. 엄마가 없으니 엄마에 대한 내 마음을 표현할 수 없다는 것이 제일 슬퍼요."

손자녀는 조부모와의 관계를 통해서 가족의 역사와 전통을 배울 수 있다. 과거 세대의 삶과 가치를 이해하게 된다. 조부모는 부모와는 다른 사랑을 손자녀에게 줄 수 있다. 아이들의 대리 부모 역할을 할 수 있고, 부모보다는 덜 엄격한 무조건적인 사랑과 정서적 지원을 줄 수 있다. 손자녀는 조부모가 나이 들어가는 모습, 부모와 조부모의 관계를 통해서 우리가 다양한 관계 안에서 살아가고 있음을 자연스럽게 알게 된다.

50 이후 새롭게 만나는 어머니 아버지

자살 사고와 음주 문제로 10여 년간 내원하고 있는 50대 여성이 있다. 이혼 후 30대인 딸과 함께 살고 있다. 그녀는 젊은 시절 제법 크게 장사를 하다 실패를 했다. 40대에 이혼한 후 혼자 아들과 딸을 키우며 살아왔다. 사업 실패로 인한 경제적인 어려움을 극복하지도, 받아들이지도 못한 그녀는 비관 속에서 삶의 의지를 잃고 늘 죽음을 생각하며 살고 있었다.

어린 시절 그녀의 어머니는 일찍 친정 부모를 여의고 난 후 동생들을 집에 데리고 와서 돌보며 살았다. 그래서 그녀의 집에는 친할머니와 부모님, 어머니의 어린 남동생 두 명(외삼촌들), 형제자매가 함께 살았다. 어머니는 딸인 그녀보다는 자신의 동생들에게 더 애정을 쏟았기에, 그녀는 자연스럽게 할머니에게 정을 붙이고 살았다. 경찰이었던 아버지는 술에 취하면 감정을 폭발시키곤 했다. 아버지는 어머니와 사이가 좋지 않아서 늘 어두운 얼굴이었고 그녀에게 엄격했기 때문에 정을 느낄 수 없었다. 하지만 그녀가 초등학교 3학년 때 크게 아팠을 때, 아버지가 그녀를 데리고 병원에 가서 진료를 받게 해 주었던 것은 정다운 기억으로 남아 있었다.

어머니가 돌아가시고 난 후 아버지는 92세로 돌아가시기 전까지 그녀와 함께 살았다. 아버지와 함께한 10여 년의 세월은 그녀의 인생에서 가장 따뜻한 시간이었다. 여전히 삶에 회의를 느끼고 미래에 대한 불안이 찾아오지만 그녀는 그 기억으로 마음을 다스렸다.

그녀의 아버지는 말년에 심장 수술을 했다. 90세에 가까운 나이에도 포기하지 않고 큰 수술을 받아들였다. 신체적인 고통에도 불구하고 삶을 이어 가던 아버지가 이런 말씀을 하셨다고 한다.

"몸이 고통스러워도 너 때문에 내가 견디고 있다. 너도 자식들 생각해서 버티고 살아라."

그녀는 마음이 힘들어질 때면 아버지의 산소에 가서 한참을 앉아 있다 왔다. 그 시간 동안 마음으로 아버지를 만나며 다시 살아갈 힘을 얻는다고 했다. 어린 시절 무뚝뚝하고 엄격했던 아버지는 자신이 짊어진 삶의 무게를 이기지 못한 연약한 인간이었고, 사실은 보드랍고 따뜻한 마음을 가지고 있는 분이었다는 것을 그녀는 어른이 되고 난 후에야 새로 알게 되었다.

약물 복용에도 불구하고 그녀의 음주 문제와 자살 사고는 악화와 호전을 반복하고 있다. 아버지와 함께한 몇 년의 시간이 그녀에게 살아가는 힘이 되어 그나마 다행이었다.

나이 들어가며 좋은 점 하나는 철이 들면서 부모를 새롭게 만날 수 있다는 것이다. 그분들의 입장이나 삶을 더 깊이 이해하게 된다. 어릴 때는 그저 나를 돌봐 주는 대상으로 봤다면 어른이 된 후에는 부모 역시 자신만의 삶의 짐과 고민이 있는 인간이라는 걸 발견하게 된다. 이러한 깨달음은 부모에게 공감할 수 있는 기회를 주고, 과거의 상처나 오해를 치유하는 데도 도움이 된다. 나이 들어가며 부모를 새롭게 만난다는 것은 다음과 같은 여러 가지 의미를 가지고 있다.

나이가 들면서 잊고 있던 어린 시절의 기억이 불현듯 떠오를 수가 있다. 부정적인 것 일색이던 어린 시절의 기억에 긍정적이고 따뜻한 기억이 추가된다. 어른의 눈높이에서 바라보면 어린 시절의 기억에 대한 해석이 달라지거나 그 기억의 이면을 발견하게 될 수도 있다.

부모가 나이가 들어 더 연약해지거나 보살핌이 필요해지면 부모와 자식 관계에서 역할이 역전되는 경험을 하게 된다. 부모를 돌보면서 새로운 방식으로 그들을 바라보게 되는데, 이 역시 부모를 새롭게 만나는 한 과정이라고 할 수 있다.

나이가 들수록 세상사를 바라보는 시야가 넓어진다. 부모의 인생 여정을 더 깊이 알게 되면서, 그들이 젊은 시절 어떤 도전과 어려움을 겪었는지 이해하게 된다. 어린 시절에는 이해할 수 없었던 부모의 행동이나 상황에 대한 이해의 폭이 더 넓어질 수 있다. 나이 듦에 따라 부모를 한계와 약점을 지닌 한 인간으로, 객관적으로 거리를 두고 바라볼 수 있게 된다.

50 이후 부모를 새롭게 만날 수 있는 것은 그동안 잘 성장해 왔기에 가능한 일이다. 성장의 단계를 잘 통과해 온 사람은 정서적, 경제적으로 부모로부터 자립하여 자신의 세계를 구축한 상태이다. 부모로부터 건강하게 분리하여 자립한 사람은 어린 시절의 상처로부터 어느 정도 벗어나 부모와 적절한 관계를 유지할 수 있다. 부모의 영향을 덜 받을 수 있고 또 본격적으로 노쇠해 가는 부모를 돌보는 역할을 받아들일 수 있다.

자신의 자녀를 키우면서 의식적으로나 무의식적으로 어린 시절을 다시 한번 경험한다. 부모로서의 자기 모습을 통해 부모를 다시 바라보게 된다. 자녀 양육의 수고로움과 실수, 자녀에 대한 사랑과 미움의 양가감정, 이에 따른 죄책감과 스스로에 대한 용서와 격려, 인간적인 한계들과 고뇌를 경험함으로써 어린 시절 부모의 미숙함을 용서하고 화해할 수 있게 되는 것이다. 자녀를 키우면서 성장한 모성애나 부성애는 자식을 넘어 부모에게로 확장된다. 이를 통해 이제 부모의 부모로서 역할을 하게 된다.

성장하는 사람은 자신의 경험이나 타인의 경험을 통해서 인간과 세상에 대해 배운다. 즉 어느 누구도 완벽할 수 없으며 단점과 장점, 강점과 약점, 선함과 악함이 함께 있다는 것을 알게 된다. 50대라는 나이는 부모에 대해 미움과 사랑의 감정이 공존할 수 있다는 것을 이해하고 받아들일 수 있는 지혜를 준다.

또한 나이 들고 약해져 가는 부모를 보며 시간의 유한함을 느끼는 한편, 죽음을 향해 다가가는 부모에 대해 연민을 느낀다. 모든 인간은 우연하게 이 세상에 던져져서 자기에게 주어진 조건과 맞서 싸우며 살다가 다시 무로 돌아가는 유한한 존재이다. 나의 부모 역시 지구 별에 잠시 머물렀다 가는 여행자일 뿐이다. 50 이후 인간 존재에 대한 이런 깨달음을 통해 나이 들어가는 부모를 안타깝고 불쌍하게 바라볼 수 있게 된다.

나이 들어가면서 부모와 이전과는 다르게 상호 작용을 할 수 있다. 10대의 나는 50대인 지금의 나와 같은 사람이지만 동시에 다른 사람이다. 부모님도 마찬가지이다. 즉 우리는 나이 들어감에 따라 같지만 다른 사람을 만나는 것이다. 어렸을 때는 이해하지 못했던 부모님의 말이나 행동이 시간이 지나 성숙해지면서 이해되기도 하고, 부모님과 나누지 못했던 깊은 대화나 감정을 나눌 기회가 생길 수 있다. 이때 부모님과의 관계가 새로운 차원으로 발전하며, 관계가 회복되거나 더 깊어질 수 있다.

과거의 상처는 상처를 준 사람과 대면해서 사과를 받아 내야만 풀리는 것은 아니다. 자신을 받아들이고 화해할 수 있는 사람이 부모와도 화해할 수 있다. 50 이후에는 어린 시절의 상처나 결핍에 대해서 굳이 캐묻지 않고 비언어적인 대화를 통해서 부모와 화해를 할 수 있다. 소통이 꼭 말을 통해서 일어나는 것은 아니며, 달라진 서로에 대한 느낌이 마음에 가닿을 수도 있다. 80대의 부모나 50대의 자녀 모두 남겨진 시간이 유한함을 알기 때문에 가능한 한 서로 긍정적인 감정을 느끼려고 하고 이것이 이심전심으로 전달이 된다.

부모님이 우리 곁을 떠나고 난 후, 마음속에서 그들을 새롭게 만나는 경험은 우리가 살아 있는 한 지속될 것이다. 나이 들며 삶을 더 깊이 성찰할 때 이해하기 어려웠던 부모님의 말이나 행동의 의미를 새롭게 알아차릴 수도 있다. 부모님과 함께한 시간이 짧은 경우라도 그들이 남긴 기억과 가르침은 우리가 살아가는 동안 계속해서 재해석되고 의미가 더해진다. 이는 그들의 존재가 물리적인 시간을 뛰어넘어 우리의 내면으로 찾아와 끊임없이 재회하게 된다는 것을 의미한다. 부모님이 세상을 떠난 후, 그 이후의 삶을 살아갈 수 있는 위안을 그리움 속에서 찾을 수 있다.

나이 들어가면서 부모를 새롭게 만나는 경험은 자녀들과의 관계에 대한 몇 가지 통찰을 준다. 자녀들이 나의 마음을 이해하지 못한다고, 나의 진심을 오해하고 있다고 서운하고 화가 날 때가 있다. 아무리 설명하고 이해시키려고 해도 그 노력이 통하지 않아 실망하고 가슴 아팠던 적도 있을 것이다.

지금 아무리 노력해도 풀리지 않는 어려운 관계도 시간이 지나면서 좋아질 수 있고, 설사 살아 있을 때 서로의 마음이 닿지 못한 채 죽음으로 물리적인 관계가 소멸되더라도 자녀가 부모를 마음으로 만나는 것은 계속될 것이다. 즉 육신의 관계는 유효 기간이 있지만 정신적 관계의 유효 기간은 무한하다.

관계에서는 시급하게 해소해야 할 갈등도 있지만 기다림 또한 중요하다. 지금 당장 자녀들이 나를 이해하지 못하더라도, 조급함보다는 그들이 자신들의 삶을 살아가며 성장할 시간을 주는 것이 필요하다. 나처럼 자녀들도 시간이 지나며 자연스럽게 부모를 재발견하고 새롭게 해석하여 더 깊은 관계로 나아갈 수 있다는 믿음을 가지는 것이야말로 부모에게 필요한 큰 지혜라고 볼 수 있다.

부모가 할 수 있는 것은 자신의 성장을 위해 노력하는 것이다. 관계의 성장을 위해 공부하고 그것을 실천한다면 아이들은 그 모습을 마음속에 담아 두었다가 언제든지 부모를 떠올리며 살아갈 희망을 충전할 것이다.

효도는 부모와의 건강한 관계 맺기

진료실에서 부모와의 관계로 인한 어려움을 토로하는 성인 환자를 꽤 자주 만난다. 이것은 한국인의 효도 콤플렉스와 연관 지어 생각해 볼 수 있다. 사람들이 흔히 생각하는 효는 부모 뜻을 거스르지 않으며 순종하고 복종하면서 지극정성을 다하여 그들을 정신적, 물질적 부족함 없이 돌보는 것이다.

어린 시절부터 효에 대한 교육을 받아 온 대부분의 한국인들은 효도에 대한 높은 개인적, 사회적 기준 속에 살아가고 있다. 이것은 개인적으로는 죄책감을 불러일으키고, 부모 자식 간의 불화, 결혼을 한 경우라면 배우자와의 갈등 요인이 되기도 한다. 잘못된 효도로 인해 '효' 자체를 혐오하는 지경에 이르게 된다.

현대적 의미의 효도란 '부모와의 건강한 관계 맺음'이라고 할 수 있다. 이 관계에서 주체는 부모가 아닌 '나'다. 부모의 권위에 순종해서 수동적으로 이끌려 갈 것이 아니라 내가 주체적이고 능동적으로 관계의 주인이 되어야 한다.

이것은 부모와의 관계에 있어서 거리나 양, 질을 스스로 결정하고 조율할 수 있어야 한다는 의미이다. 그렇다고 자녀가 독단적으로 관계를 이끌어 가야 한다는 뜻은 아니다. 어린 시절 일방적으로 보살핌을 주고받던 어른과 아이의 관계가 아니라, 서로를 성숙한 인간으로 존중하는 성인 대 성인의 관계가 효도의 전제 조건이라는 의미이다.

따라서 단순히 부모의 요구를 다 들어주는 것이 아니라 성숙한 관계 속에서 서로의 한계와 필요를 이해하고, 그에 맞춰 건강한 경계를 설정하는 것이 중요하다. 이러한 관계는 부모와 자녀가 서로의 독립성을 인정하면서도 감정적, 정서적으로 연결되어 있을 때 가장 건강하게 유지될 수 있다.

한 50대 여성은 시도 때도 없이 전화를 해서 이런저런 불편함을 토로하고 보살핌을 요구하는 부모님 때문에 하루도 마음이 편할 날이 없다고 했다. 어린 시절 기억 속의 아버지는 무서운 분이었다. 평소에도 과격한 편이었는데 술을 마시면 폭력성이 더 심해져서 어머니를 구타하기도 하는 등 문제 행동이 많았다. 감히 아버지에게 반항한다는 것은 상상도 할 수 없는 일이었다.

어머니는 행복하지 못한 결혼 생활과 아버지의 폭력으로 인해 젊은 시절부터 항불안제와 우울증 약을 달고 살았다. 그런 어머니가 안쓰러워서 보살펴 드려야 한다는 책임감이 있었다. 나이가 들수록 어머니도 아이처럼 더 많은 것을 요구하며 그녀를 지치게 했다. 하루는 그녀가 상담 중에 이런 말을 했다.

"남들은 제가 아버지한테 가스라이팅 당하고 있다고 해요. 왜 떨쳐 버리지 못하느냐고, 그냥 아버지 요구를 모르는 척해 버리라고 충고하기도 하지요. 저도 그러고 싶어요. 그런데 내가 모르는 척하면 그 화가 엄마한테로 가요. 아님 남동생이 혼자 감당하든가 그것도 여의치 않으면 요양 보호사 이모님을 괴롭히겠죠. 그럴 바에는 잠시 가서 원하는 거 해 드리자 하고 가는 거예요. 요즘 가만히 제 마음을 들여다보며 내가 과연 부모님이 오래 살기를 바라는가 자문할 때가 있어요. 그런데 선뜻 그렇다는 대답을 못 하겠어요."

자녀가 부모에게 지나치게 헌신하고 희생하며 이를 통해 자신의 가치나 정체성을 찾으려고 하는 것은 효도 강박 혹은 효자 콤플렉스라 할 수 있다. 이는 사회 문화적 배경 외에 여러 가지 개인적인 상황들이 관련되어 있다. 우선 부모가 잘못된 효도를 강요하며 자식에게 죄책감과 두려움을 심어 주어 복종하게 만들 수 있다. 부모 자신이 건강한 부모 자식 관계를 알지 못하거나 정신적으로 미숙한 경우이다.

병적인 효도를 하는 심리에는 애정 결핍이 숨어 있는 경우가 많다. 부모로부터 건강한 사랑을 충분히 받는 사람은 부모의 곁을 떠나 자신의 길을 찾는다. 건강한 부모는 이것을 반긴다. 하지만 부모의 사랑이 결핍된 자녀는 어린 시절부터 사랑과 인정을 갈구한다. 효도에 대한 몰입은 형제자매들 속에서 부모의 사랑을 받기 위한 안쓰러운 노력일 수도 있다.

또 다른 건강하지 못한 효도에는 소위 스톡홀름 증후군에서 발견되는 심리가 관련이 있다. 스톡홀름 증후군이란 인질로 사로잡힌 사람이 가해자에게 동조하거나 감정적으로 의존해서 두려움을 줄이려고 하는 심리적 현상을 말한다. 강압적이고 통제적인 부모 밑에서 성장한 자녀는 두려운 상황을 피하기 위해 부모에게 더욱 순종하고 의존하게 된다. 부모에게 혼나는 형제자매를 보며 자신은 그런 상황을 피하기 위해 말 잘 듣는 착한 아이가 되는 심리이다.

이 외에 뿌리 깊은 불안이 관련되어 있을 수도 있다. 분리 불안이 있는 사람은 자신이 안전하다고 생각하는 영역에서 벗어나 새로운 세상으로 옮겨 가는 것에 두려움을 느낀다. 그는 부모의 곁을 떠나는 모험을 감수하기보다 부모의 주변을 머물며 위험을 회피한다.

수년 전 진료했던 한 20대 여성은 어머니가 암 투병을 하는 동안 직장 생활을 그만두고 어머니 간병을 맡았다. 어머니의 투병이 지속되는 수년 동안 그녀는 직업적 성장은 물론 결혼의 기회까지 놓치고 말았다. 그녀의 행동은 겉으로 보면 지극한 효도였지만 그 실상은 두려움 때문에 사회생활과 결혼 생활을 회피하려는 심리가 작용하고 있었다.

효도와 효행을 굳이 분리해서 정의해 보면 효도는 이론이고 효행은 실천의 영역이다. 효도는 부모와의 건강한 관계 맺음이며 이것을 실천하는 구체적인 행동을 효행이라 할 수 있다. 효행은 모든 사람들에게 획일적으로 적용되지 않고 시간과 장소, 대상, 처한 상황에 따라 달라질 수 있다.

어떤 부모에게는 자주 찾아뵙는 것이, 또 어떤 부모와는 적당한 거리를 두는 것이 효행이다. 노년에 이른 부모가 중년의 자녀를 뒷바라지하며 고통스러워하는 사례에서 알 수 있듯이 때가 되면 부모의 울타리를 떠나는 것이 효도일 수 있다.

진료실에서 지배적인 부모와의 갈등을 해소하지 못하고 사실상 관계를 단절해 죄책감을 호소하는 분들이 있다. 한 40대 남성은 자신이 부모와 관계를 끊고 지내는 이유를 이렇게 설명했다.

"부모님과의 관계가 제 마음의 평화를 자꾸 무너뜨려요. 제가 하는 일과 가정, 삶에 좋지 않은 영향을 주는 것 같아서 지금은 스스로를 보호하기 위해 그런 선택을 했습니다."

건강하고 성숙한 부모라면 자식을 불편하게 하는 잘못된 효도를 요구하지 않는다. 부모가 원하는 대로 착한 자녀의 역할을 하며 고통스러워하는 것은 효도가 아니다. 건강하고 대등한 관계라면 무리한 요구를 하지 않고, 또 거절할 수 있어야 한다. 부모와 관계 회복을 위한 노력을 해야겠지만 불가피하다면 거리 두기나 관계의 단절이라는 초강수를 두는 선택을 할 수도 있다고 생각한다. 이것을 비도덕적이다, 천륜을 어겼다 하며 싸잡아 매도할 수는 없다.

서로 부담을 주거나 심하면 관계 단절에까지 이르는 왜곡된 효도의 프레임을 걷어 내고 건강한 효도와 효행 문화가 정착되기 위해서는 특히 50대와 60대의 역할이 중요하다. 더 이상 부모와 자녀가 채권자와 채무자의 관계여서는 안 된다. 부모는 자녀 양육을 투자나 부채로 생각해서는 안 되며, 그저 자신의 책임을 다한 것에서 스스로 보람을 느껴야 한다.

이를 위해서는 자기가 가진 모든 것을 자식에게 쏟아부어 희생하는 부모 역할을 경계해야 한다. 부모의 올인은 자신에게도 위험하지만 자녀에게 부채 의식을 남기고 성장을 방해한다. 자녀가 효도, 즉 부모와 건강한 관계 맺음을 할 수 있도록 여지를 만들어 주는 것이 부모의 역할이다.

노부모 모시기, 인격과 관계의 시험대

샌드위치 세대sandwich generation는 부모와 자식을 함께 부양해야 하는 중년 세대를 일컫는 용어로, 미국의 사회학자 도로시 밀러Dorothy A. Miller가 1981년 처음으로 사용했다. 또 우리나라의 베이비 부머 1세대(1955년~1963년생)는 부모를 모시는 마지막 세대이자 자식들에게 부양받지 못하는 낀 세대라고 불린다. 평균 수명의 증가와 출산율 저하 등을 포함한 급격한 사회 변화를 몸으로 겪어 내고 있는 세대의 현실이다.

아직 끝나지 않은 자녀 돌봄과 자신의 노후 준비, 그리고 나이 든 부모를 모시는 삼중고에 시달리고 있는 50대 후반의 한 남성은 자신의 처지를 이렇게 이야기했다.

“부모가 참 짐입니다. 90세 넘은 아버지는 요양원에 입원해 계세요. 치매도 없고 정신은 또렷한데 걸을 수가 없어서 요양원에 계시죠. 그래도 본인이 거기 계시는 것을 긍정적으로 생각하세요. 어머니가 더 문제인데요. 어렸을 때도 억척같이 사셨던 분이에요. 자신이 나이 들어서 도움이 필요하다는 것을 받아들이지를 않아요.

지금 병원에 입원해 계시는데 내가 고생하고 살아서 너희가 이만큼이라도 사는 건데, 너희는 왜 나에게 효도하지 않느냐 원망이 많으세요. 아직도 아버지에 대한 분심이 남아 있어서 아버지 때문에 자기 인생이 엉망이 되었다고 입에 담을 수 없는 욕을 하시죠. 어린 시절에 두 분이 싸우시면 붙들고 말리는 것이 제 일이었어요. 정말 고통스러운 기억입니다. 평생 어머니가 저를 힘들게 하시네요.

이제 몇 년 지나면 정년퇴직인데 아직 고등학생인 늦둥이 딸이 있어요. 부모로서 부족함 없이 뒷바라지하고 내 노후 준비도 하려면 재취업은 필수예요. 요즘 새로운 자격증을 따려고 준비 중인데 젊은 시절처럼 공부가 잘되질 않네요."

50 이후에는 본격적으로 부모의 부모 노릇을 해야 하는 시기가 도래한다. 자녀 양육의 부담에서 벗어났다고 한숨 돌리는 순간, 이제 노부모를 봉양해야 하는 시간이 찾아오는 것이다. 부모와 자녀가 서로 주고받는 보살핌이 균형을 이루고 있다가 어느 순간 부모에게로 향하는 보살핌이 점점 커진다. 부모의 상태에 맞춰 적절한 보살핌을 제공하는 것은 50 이후에 맞닥뜨리는 숙제이다.

부모의 노쇠가 본격화되거나 질병으로 인하여 스스로를 돌볼 수 없는 지경에 이르면 자녀에게 큰 부담이 된다. 자식을 키우는 것보다 노부모를 모시는 것은 훨씬 난이도가 높은 과제이다. 자식을 보살피는 것은 본능적인 것이지만 노부모를 돌보는 것은 더 많은 인내와 의식적인 노력이 필요하다.

노부모를 모시는 동안 정서적, 신체적, 경제적 어려움에 직면하게 된다. 평소 사이가 좋았던 형제자매 간에도 노쇠한 부모를 모시면서 의견 대립과 갈등이 생길 수 있다. 그동안 건강한 관계를 유지해 왔다면 그런 갈등을 소화해 낼 수 있지만 그러지 못했다면 관계는 파탄에 이를 수도 있다. 그래서 노부모를 모시는 것은 가장 극단적인 인격의 시험대이며 관계의 시험대이기도 하다.

60대 초반의 한 여성은 아버지가 스스로 생을 마감해서 큰 충격을 받아 진료실을 찾았다. 그녀의 어머니는 치매를 앓고 있었는데 그간 아버지가 어머니를 보살펴 왔다. 어머니의 치매 증상이 점점 심해지자 아버지가 몇 차례 힘들다고 이야기를 했다. 그녀는 그것이 도움이 필요하다는 신호였음을 알아차리지 못한 것에 대한 죄책감으로 괴로워했다. 나이 든 부모를 둔 사람이라면 누구에게라도 일어날 수 있는 슬프고 비극적인 일이다.

아직까지 우리나라는 나이 든 부모를 모시는 것이 가족의 책임이다. 한 부모가 열 자식 돌볼 수는 있어도 열 자식이 한 부모 모시기 쉽지 않다는 속담이 있다. 예나 지금이나 부모를 모시는 것은 쉽지 않은 일이다. 형제자매 관계를 보호하고 부모의 마지막을 잘 배웅하기 위해서는 인격의 성숙과 삶의 지혜를 바탕으로 지식과 정보를 총동원해야 한다. 나이 든 부모 모시는 것은 혼자의 힘이 아니라 형제자매라는 시스템으로 접근해야 한다.

93세의 박 할머니는 불안과 불면 등으로 오랫동안 약물을 복용해 왔다. 박 할머니는 거동이 어려워 2남 2녀의 자녀 중 50대 막내딸이 약을 받으러 온다. 하루는 약을 처방받기 위해 내원한 막내딸이 이런 이야기를 들려주었다.

“엄마가 저희 어릴 때 자식들보다 본인 위주였어요. 그러다 보니 다들 엄마한테 큰 정이 없어요. 저희는 형제들끼리도 그다지 사이가 좋지 않아요. 작년에 큰오빠가 어머니 집을 자기 명의로 해 버리는 바람에 큰오빠랑은 단절이 되었어요. 그런데 큰오빠는 어머니를 잘 돌보지도 않아요. 어머니가 저희 어릴 때 장사를 하시느라 집안일을 큰언니에게 많이 시키셨어요. 그래서 큰언니는 원망이 많아서 어머니를 멀리해요. 저도 엄마에게 좋은 감정이 있어서가 아니라 그저 도리로 돌봐 드리는 거예요.”

어린 시절 부모로부터 사랑받은 경험이 형제자매 사이의 좋은 관계, 효도로 이어질 수 있다는 것을 그녀의 이야기를 통해서 알 수 있다.

부모의 부모 노릇을 어떻게 할 것인가

나이 든 부모를 돌보기 위해서 형제자매는 다음과 같은 점을 고려하는 것이 좋다. 형제자매는 잘 조직된 한 팀으로 부모 돌봄에 임해야 한다. 경영 전문가들은 높은 성과를 내는 팀은 명확한 역할과 책임을 설정하고 다양한 기술을 활용하며 원활한 의사소통을 중시한다고 했다. 이것을 부모 돌봄에 응용할 수 있다. 각 형제들은 자신의 상황에 따라 부모 돌봄에서 어떤 역할을 할 수 있을 것인지에 대해 소통해야 한다. 어떤 이는 부모와 함께 살거나 지근거리에 살면서 물리적인 보살핌을 제공할 수 있을 테고, 이것이 여의치 않아 경제적인 지원을 하는 형제자매도 있을 것이다.

그리고 부모에게 어떤 보살핌이 필요한지를 정확히 파악한다. 부모의 노쇠함이나 돌봄이 필요한 정도에 대해서 형제들마다 생각이 다를 수 있기 때문에 전문가의 평가와 조언이 필요할 수도 있다. 신체적인 노쇠의 정도, 이동 가능성, 치료가 필요한 질병, 인지 능력 저하의 정도를 종합해서 평가한다. 이때 들어가는 비용, 부모의 거주 생활비 등도 의논 대상이 된다.

의사소통을 위해 정기적인 회의 시간을 마련한다. 부모에게 심각한 위기가 발생하기 전에 가족 간에 의사소통을 할 수 있는 창구를 만들고, 개방적이고 정직하게 정기적으로 소통해야 한다. 부모가 원하는 것과 필요 사항을 의논하는 것 외에도 각자 자신의 감정, 걱정, 선호 사항을 공유한다.

무엇보다 형제자매 간에 서로의 마음을 돌보고 감사를 표현하며 상대방의 수고를 인정하는 것이 중요하다. 보통 부모 근처에 살거나 가장 가까운 관계에 있는 성인 자녀가 주 보호자로서의 책임을 지게 된다. 가족의 다른 구성원이 도와주지 않거나 지속적인 의사소통이 부재하면 주 보호자는 고립감과 외로움이 쌓일 수 있다. 주 보호자가 어려움을 겪고 있는 것을 다른 형제자매가 모를 수도 있다. 주 보호자가 힘들어할 때 다른 형제자매는 경제적 지원을 하거나 병원 가는 것 등에서 도움을 줄 수 있다. 주 보호자는 자신의 노력이 인정받고 있으며 다른 형제자매들이 부모 돌봄에 함께한다고 느낄 때 마음의 부담을 줄일 수 있다.

이처럼 주로 돌봄을 제공하는 사람의 신체적, 정신적 건강을 보살피는 것은 중요하다. 위에서 본 사례처럼 치매에 걸린 배우자를 주로 돌보던 다른 배우자가 자녀들에게 힘들다는 표현을 하지 못하고 극단적인 선택을 하는 경우가 가끔 있다. 또 자녀들에게 부담을 주기 싫어서 동반 자살을 하는 비극적인 경우도 있다. 한 사람에게 책임이 가중되면 그것이 불행한 결과로 이어질 수 있기 때문에 주의가 필요하다.

부모를 시설에 보내거나 연명 치료하는 것과 같은 중요한 결정을 할 때 종종 형제자매들의 의견이 일치하지 않을 수 있다. 이때 소외감이나 불만을 느끼는 형제가 있을 수 있다. 주로 의사 결정을 하는 형제자매는 비난에 대한 걱정이나 책임감 때문에 부담을 느낄 수도 있다. 어려운 결정을 어느 한 명에게 맡기지 않아야 한다. 부모 돌봄과 관련된 의사 결정으로 일어나는 일의 결과는 모두의 책임임을 서로 분명히 알고 있어야 한다.

연로한 부모를 모시는 동안 어린 시절 가족 내에서 겪었던 갈등이 표면에 드러날 수도 있다. 앞서 이야기한 박 할머니의 경우처럼 형제자매는 저마다 부모를 생각하는 마음이 다를 수 있고, 이로 인해 부모의 보살핌에 동등하게 참여하는 것이 어려울 수 있다. 이것이 서로에 대한 불만이 될 수도 있다. 다른 형제자매들이 이를 존중하고, 그들이 그 과정에 계속 참여할 수 있는 방법을 찾도록 도와주는 것이 중요하다.

가족의 힘으로 할 수 있는 범위를 넘어서면 외부에 반드시 도움을 요청해야 한다. 요즘은 노인 요양 보험을 통해서 사회적인 도움을 받을 수 있는 길이 많다. 노치원이라 불리는 주간 보호 센터나 요양 보호사의 재가 서비스를 받을 수 있다. 이용 가능한 도움을 최대한 활용해서 부모를 모시는 부담을 줄일 수 있다.

고령의 부모를 모시는 데 있어서 가장 어렵고도 중요한 마지막 선택은 그분들을 시설에 보내는 결정을 하는 것이다. 지금보다 사회적인 여건이 더 좋아지면 달라지겠지만 현재로서는 다른 대안이 없다면 부모를 요양원에 보내는 선택을 해야 할 때가 올 수 있다. 이는 우리 자신에게도 닥칠 수 있는 일이다.

치매 어머니를 둔 한 50대 후반의 여성이 어느 날 진료실에서 이런 말을 했다. 그녀의 어머니는 결혼한 남동생과 살고 있다. 그녀는 일주일에 며칠 동생네 가서 어머니를 보살펴 드리는 것으로 동생 부부의 부담을 덜어 주었다.

"요즘 힘든 시간을 보내고 있어요. 어머니의 치매가 심해져서 대소변을 가리질 못하고 계세요. 올케는 차마 말을 꺼내지 못하고, 동생이 저에게 이젠 어머니를 요양원에 모셔야 할 것 같다고 상의를 하네요. 어머니가 치매가 아주 심해져서 아예 아무 생각도 없으시면 모르겠지만 가끔 제정신이 돌아오면 저를 보고 '네가 와서 좋다' 하고 반기세요. 그런 분을 요양원에 보낸다는 것이 너무 죄송스럽게 느껴져요."

부모를 모시는 책임을 지고 있는 당사자는 먼저 나서서 부모를 요양원에 보내자는 말을 꺼내지 못할 수 있다. 사실 부모 혹은 배우자를 요양원에 보내자고 말하는 것은 누구에게나 어려운 일이다.

죄책감을 불러일으킬 수 있는 선택의 짐을 피하고 싶고, 또 서로 다른 의견 때문에 충돌이 일어날 수 있어 가능하면 피하고 싶은 주제일 수도 있다.

나이 든 부모의 상태는 언제 어떻게 될지 알 수 없고 예상하지 못했던 상황이 어느 때건 일어날 수 있기 때문에 평소에 마음의 준비를 해 두는 것이 좋다. 또 정보를 취득하고 서로 간의 열린 소통으로 대비를 하는 것이 필요하다.

형제자매와 한 팀으로 부모를 잘 돌보고 떠나보낸 뒤 나의 인격은 한층 성장할 것이다. 또한 부모가 남긴 소중한 유산, 즉 형제자매 관계도 더욱 돈독해질 수 있다. 이것이 부모 돌봄 과정을 통해 도달할 수 있는 또 하나의 성장점이다.

7.
형제자매, 이토록 친밀한 나의 경쟁자

형제자매 관계는 인생 첫 학교

우리는 사회 구성원으로 살아가기 위해 필요한 많은 것들을 형제자매 관계를 통해서 배운다. 시인 미당 서정주는 '스물세 해 동안 나를 키운 건 팔할이 바람'이라 했는데, 나에게 누가 묻는다면 나를 키운 팔할은 형제자매였다고 할 것이다.

나의 두 언니들은 손재주가 좋았다. 뜨개질을 잘해서 목도리는 물론이고 스웨터도 뜨곤 했다. 초등학교 저학년 시절, 그런 언니들 옆에 앉아 대바늘 대신 젓가락으로 뜨개질을 배웠다. 둘째 언니의 책꽂이에 꽂혀 있던 책을 통해 내가 모르는 새로운 세계에 눈을 떴고, 언니가 방학 숙제로 식물 채집을 하는 걸 보고 배워서 나도 따라 했다.

미술 교사가 된 둘째 언니는 어릴 때부터 그림을 잘 그렸다. 당시 미술 교사였던 외삼촌이 가끔 집에 오시면 언니가 그린 그림에 관심을 보이며 언니를 예뻐하셨다. 나는 그것이 부러워 외삼촌에게 내가 그린 그림을 보이곤 했지만 그다지 신통치 않았는지 외삼촌의 관심을 끄는 것은 성공적이지 못했다.

방학 동안에는 둘째 언니와 시골 할머니 집에서 지내곤 했다. 동네에 들어서면 어르신들이 언니를 알아보고 반겨 주셨다. 나를 알아보고 내 이름을 불러 주는 사람은 없어서 어린 나이에도 나의 존재감 없음을 고민했던 기억이 난다.

어머니가 집을 비울 때면 큰언니가 식사를 챙겨 주었다. 언니는 친구들하고 밖에서 새로운 음식을 먹으면 그걸 동생들에게 소개해 주고 싶어 했다. 집에서 곧잘 그 음식들을 흉내 내어 만들어 주곤 했다. 큰언니와 둘째 언니는 다른 방식으로 동생들에게 언니로서의 리더십을 보여 주었는데, 셋째인 나는 언니들에 비하면 턱없이 부족하다고 느꼈다.

바로 아래 동생하고는 두 살 터울인데 어쩐 일인지 동생의 키 크는 속도가 빨라서 초등학교 2, 3학년이 되자 둘이 키가 비슷해져 버렸다. 어머니가 동생과 나에게 색깔만 다르고 디자인은 같은 옷을 사 입히는 바람에, 사람들은 우리 둘을 보고 쌍둥이냐고 묻곤 했다. 나는 동생과 같은 옷을 입는 것이, 또 사람들이 우리를 쌍둥이라고 오해하는 것이 부끄러웠다.

형제자매 관계는 유전적, 환경적 공통점을 공유하고 있기 때문에 전 생애에서 다른 관계와 구별되는 속성이 있다. 어린 시절에 형제자매는 부모의 관심과 자원을 두고 경쟁한다. 그러면서도 함께 놀고 어울리며 때로는 연대를 이루거나 보살펴 주고 위로하기도 하면서 깊은 유대감을 형성한다. 모방을 통해 닮아 가고 싶으면서도 형제자매와 구별되는 독특한 존재로서 자신의 가치를 확인받고 싶어 한다.

갓 태어난 강아지는 생후 3주에서 16주 사이 사회화 과정을 거치며 성장한다. 이 시기를 통해서 다른 강아지, 더 나아가 사람들과도 잘 어울리고 주변 환경과 자극을 자연스럽게 받아들이며 살아갈 수 있게 된다. 강아지는 두 번의 사회화 과정을 거친다. 1차 사회화 단계에서 어미의 보살핌을 받으며 형제들과 어울려 노는 동안 개로서 살아가는 것을 배우고, 2차 사회화 단계에서는 다양한 사람들과 좋은 관계를 경험하며 사회성을 기른다. 사회화 과정에서 고립되거나 방치되어 보살핌을 받지 못하거나 학대를 경험하면 성견이 되었을 때 사람을 두려워하거나 공격적이 된다.

가끔 동물 관련 방송을 보면 새끼 호랑이나 사자가 형제자매들과 먹이를 가지고 다투거나, 함께 뒹굴고 쫓고 깨물며 노는 장면이 나온다. 어린 동물들은 이러한 활동을 통해 성체가 되었을 때 다른 동료들과 무리를 짓고 먹이 활동을 하는 데 필요한 기술을 배운다.

이와 마찬가지로 우리도 형제자매 관계를 통해 타인과의 관계에서 생길 수 있는 여러 가지 감정을 경험하고 이것을 다스리는 법을 배울 수 있다. 또 갈등을 해소하고 타인과 소통하고 협력하는 것을 배운다. 그런 의미에서 형제자매 관계는 인생의 첫 학교라고 할 수 있다.

이러한 인생 첫 학교에서는 다음의 것들을 배울 수 있다. 먼저 성인기 대인 관계 갈등 상황에 대처하는 방식이다. 만약 형제자매 간의 갈등을 열린 소통과 협력을 통해 해결해 왔다면, 그 사람은 성인이 되어서도 유사한 방식으로 다른 사람들과의 갈등에 대처할 가능성이 높다. 언쟁, 신체적인 충돌 등의 갈등 해결 방식은 이후의 관계에서도 반복될 가능성이 크다. 특히 친밀한 사람, 즉 배우자나 자녀들과의 관계에서 어린 시절에 형성된 갈등 해결 방식이 재현될 수 있다.

어린 시절 형제자매와 심한 비교나 경쟁을 경험한 사람은 성인이 된 후에 대인 관계에서 상호 협조적인 태도보다는 경쟁적인 태도를 보일 수 있다. 반면, 각자의 독립성과 개성을 존중받았다면, 성인이 되어 더 건강하고 자신감 있는 대인 관계를 맺을 수 있다. 부모로부터 차별이나 비교를 받은 사람은 부정적인 자존감이 형성되며 부족감에 시달릴 수 있다. 형제자매 간의 경쟁심은 성인이 된 후에도 지속될 수 있는데, 이것은 부모 돌봄이나 유산을 두고 심한 갈등을 유발하기도 한다.

또한 형제자매 관계 안에서 타인에 대한 보살핌과 배려, 책임감을 배울 수 있다. 형제자매 관계에서의 역할은 향후 대인 관계와 성인이 된 후 형제자매 관계에서도 지속되는 경향이 있다. 형제자매 관계에서의 서열은 책임감, 리더십, 혹은 의존성 등의 성격 특성을 형성하는 데 영향을 줄 수 있다. 예를 들어 맏이는 돌봄과 책임감을 더 많이 배우게 되어 대인 관계에서 보호자의 역할을 수행할 수 있고, 막내는 의존적이거나 수동적인 성향을 보일 수 있다.

형제자매는 어린 시절부터 많은 시간을 함께 보내면서 사랑, 미움, 경쟁심, 질투, 연민 등 다양한 감정을 경험하며 그것을 처리하는 방식을 배울 수 있다. 즉 형제자매의 감정에 대해서 외면하거나 억압, 비난할 수 있고 심지어 조롱할 수도 있다. 반면에 감정의 표현이 허용되고 위로를 주고받으면서 서로 이해하거나 공감할 수 있다. 건강한 형제자매 관계를 통해 공감과 이해를 배운 사람은 여러 인간관계 속에서 긍정적인 상호 작용을 이끌어 낼 가능성이 크다.

우리는 형제자매 관계를 통해서 대인 관계에서 중요한 적정한 거리 유지를 경험할 수 있다. 친밀하면서 동시에 서로의 독립성을 존중하는 건강한 유대감을 배울 수 있게 된다. 서로에게 지나치게 간섭하거나 반대로 무관심했던 경험은 성인이 되어 타인과의 관계에서 경계를 설정하는 방식에 영향을 준다. 경계를 잘 설정하고 유지하는 법을 배우지 못한 경우, 성인이 된 후 대인 관계에서도 상대방과의 거리를 조절하는 데 어려움을 겪을 수 있다.

부모가 물려준 가장 큰 유산

형제자매 관계는 부모 자식 관계와 더불어 인생에서 가장 오랫동안 지속되는 관계이다. 성인이 된 후 취업, 결혼, 자녀 출산과 양육 등 자기 삶의 과제를 처리하느라 형제자매 관계는 한동안 소강상태에 머무를 수 있다. 하지만 인생의 어느 시기이든지 서로 막역한 친구가 될 수 있다. 삶의 과정에서 직면하는 여러 가지 사건이나 상황에 대한 고민을 나누고 조언을 구하기도 하며 위기에 처했을 때는 지지하고 위로해 주는 울타리 역할을 한다.

50 이후에는 자의건 타의건 대인 관계의 폭이 줄어든다. 따라서 가장 오래 유지되어 온 관계인 형제자매의 중요성이 더 커진다. 부모나 형제의 죽음, 형제들이 겪는 이혼과 사별, 건강의 문제, 혹은 자녀의 결혼과 출산, 부모 돌봄의 책임 증가 등 50 이후에 일어날 수 있는 중요한 인생사를 겪으면서 점차 서로를 소중하게 여기고 협력할 일이 많아진다. 형제자매 관계는 나이 들어가는 시간을 이겨 낼 수 있는 중요한 자원이 될 수 있다.

50 이후 형제자매 관계는 여러 가지 이로운 점이 있다. 우선 형제자매는 가족의 역사를 공유하는 동반자라는 점이다. 50 이후에는 자신의 삶을 돌아보는 시간이 많아지는데, 이때 형제자매와 공유한 어린 시절의 기억과 추억은 깊은 위로와 연결감을 준다. 또한 부모님이 돌아가신 이후에도 형제자매를 통해 가족의 이야기를 이어 가며 기억을 공유할 수 있다. 이것은 형제자매가 아니라면 나누기 어려운 특별한 유대감을 형성해 준다.

형제자매는 부모에 대해서 서로 다른 기억과 추억을 가지고 있다. 이것을 공유하면서 부모에 대한 오해를 풀거나 이해의 폭을 넓힐 수 있다. 내가 알지 못했던 부모의 다른 모습을 새롭게 알게 되고, 부모를 입체적으로 더 깊이 이해하게 된다.

또 형제자매 관계는 원가족의 문제를 해결하는 데 서로 협력할 수 있다. 성인이 된 형제자매는 서로 독립하여 각자의 가정을 꾸리고 있지만 가족으로서 함께 해결해야 할 문제들이 있다. 50 이후에는 부모의 건강 문제나 상속과 같은 가족 문제에 직면할 수 있다. 부모의 간병비, 병원비, 생활비 등을 서로 나누어 부담해야 하며, 노부모의 돌봄과 죽음에 있어서 가장 중요한 협력자가 되어 그 부담을 줄일 수 있다.

형제자매는 인생에서 앞서거니 뒤서거니 나이 들어간다. 비슷한 삶의 위기와 변화에 적응해야 하는 과제를 맞이한다. 그래서 나이 들어가는 과정에서 다른 누구보다 정서적인 지지와 실제적인 도움을 줄 수 있다. 집안 대소사를 의논하거나 정보를 공유하고 자신의 경험을 통한 실제적인 조언을 제공함으로써 각자가 처한 상황에 대한 해법을 찾는 데 도움을 받을 수 있다. 그리고 배우자가 사망하거나 질병에 걸렸을 때 빈자리를 채워 주는 역할을 한다. 경제적인 상황이 좋지 않은 형제자매에게 경제적인 지원을 해 주거나 간병이나 건강 관리에 도움을 줄 수도 있다.

그렇다고 형제자매 관계가 항상 긍정적인 것은 아니다. 어린 시절 원가족 안에서 겪었던 형제자매 간의 경쟁과 질투가 해소되지 않고 평생 지속될 수도 있다. 50 이후에는 서로 다른 경제적 상황, 자녀들의 성취, 배우자와의 관계 등이 잠재되어 있던 갈등을 재생시키기도 한다. 50 이후 형제자매는 남이라면 관계가 유지되기 어려울 정도로 서로 다른 취향과 가치관을 가지고 있을 수 있다.

하지만 형제자매는 혈연으로 공유한 기억과 유대를 밑천으로 우정과 상호 지지의 관계를 지속할 수 있다. 자기 삶의 과제를 해결하며 성장해 왔다면 형제애를 위협하는 복병들의 존재에도 불구하고 서로를 더 성숙한 시선으로 바라보고 존중할 수 있다.

50 이후는 형제자매가 과거의 경쟁과 갈등에서 벗어나 새로운 관계로 재탄생할 수 있는 시기이다. 형제자매 관계가 부정적이었던 사람들조차도 나이 들면서 서로를 더 소중하게 생각하게 된다. 젊은 시절 소원했던 관계를 다시 회복하고 싶어 하고, 특히 노년기가 되면 그 전의 갈등을 용서하거나 화해하며 과거의 유대를 새롭게 다시 연결하는 경우가 많다.

1991년, 아버지가 돌아가신 후 어머니는 아버지의 제사를 정성 들여 모셨다. 딸들이 다섯이나 되어도 추석이나 설날 같은 명절에는 다들 시댁을 가느라 어머니는 쓸쓸한 명절을 보내야 했다. 아버지의 제삿날만은 모든 아들딸을 한자리에 모아 두고 볼 수 있는 어머니만의 명절이었다.

수년 전 큰언니와 살림을 합치면서 어머니는 아버지 제사를 없애기로 결정했다. 아버지의 제사를 모시는 대신 우리 형제자매들은 아버지의 기일 즈음 주말에 어머니를 모시고 아버지의 산소에 성묘를 하고 일박 이 일 가을 여행을 하고 있다.

이번 가을에는 부여로 여행을 다녀왔다. 특히 올해는 둘째 언니가 환갑을 맞이해서 이를 축하하는 뜻깊은 여행이 되었다. 여행에서 기억에 남는 것은 둘째 날 구드래 선착장에서 고란사 선착장까지 황포돛배를 타고 백마강과 낙화암, 고란사를 유람한 것이다.

자매들은 유람선 선실 밖 복도에서 강바람을 맞으며 '백마강 달밤에 물새가 울어' 하고 시작하는 어머니가 즐겨 부르던 노래를 나지막하게 함께 불렀다. 언젠가 세월이 흐른 후에 이 노래를 들으면 그날 자매들과 함께했던 여행이 떠오를 것이다. 부모님에게 큰 재산을 물려받지 않았지만, 나이가 들수록 서로 더 좋은 친구가 되어 가는 형제자매는 부모님이 나에게 남겨 주신 가장 큰 선물이다.

가족의 역사와 추억의 공유는 형제자매 간의 유대를 더욱 단단하게 한다. 형제자매 관계는 부모의 죽음을 겪으면서 더 가까워지는 경향이 있으며 부모가 돌아가신 이후에도 서로에게 중요한 정서적 지지와 이해를 제공하는 관계로 발전한다. 이는 형제자매만이 나눌 수 있는 특별한 관계의 가치이자, 노년기의 삶에 중요한 위로와 연결을 제공한다.

건강하고 성숙한 경계의 설정

〈의좋은 형제〉라는 전래 동화가 있다. 서로의 형편을 안타까워하던 형님과 동생이 밤새 번갈아 가며 쌀가마니를 지게로 져서 서로의 집 앞에 놓아두는 이야기이다. 나이가 든다고 모든 형제자매 관계가 저절로 좋아지는 것은 아니다. 또 현실 속의 형제자매 관계가 동화처럼 늘 아름답기만 한 것도 아니다.

형제자매 간의 갈등은 여러 가지 표면적인 이유가 있지만 보통은 어린 시절 원가족 안에서 만들어진 갈등의 패턴이 성인기 이후에도 해소되지 못하고 지속되는 경우가 흔하다. 이들은 그동안 서로 소원하게 지내 왔거나 반복해서 충돌을 경험하며 살아왔다. 또

50 이후 겪는 갖가지 사건들로 인하여 형제자매 관계의 약한 고리가 끊어지면서 어린 시절부터 잠재해 있던 갈등이 표면으로 드러나는 경우가 있다.

원가족 안에서 형제자매가 부모로부터 충분히 사랑과 배려, 보살핌을 받아야 건강한 자아가 형성되며 이것을 토대로 좋은 형제 관계가 유지된다. 부모의 심한 차별, 비교로 인한 경쟁과 갈등, 애정 결핍 등은 갈등의 씨앗이 된다.

형제자매 관계는 출생 순서에 따라 영향을 받는다. 손위 형제는 더 큰 권력을 가지며 관계를 주도하거나 지배적으로 군림하려고 할 수 있다. 반면에 막내는 가족 내에서 책임이 덜하고 자유로우며 의존적인 성격으로 자랄 수 있다. 어린 시절의 일방적인 의존심이나 지배 관계가 성인이 되어서도 지속되는 경향이 있는 것이다.

특히 우리나라는 부모들이 형제자매 간의 평등한 관계보다 서열에 따른 역할과 책임을 강조한다. 예를 들면 형에게는 권력을 부여해서 동생이 복종하게 하거나, 형에게 동생의 보호자 역할을 하게 만드는 것이다. 어린 시절에 형성된 관계의 방식이 성인이 되고 나서도 지속된다면 문제가 될 수 있다. 형이라는 권위의식이나 동생이라는 어리광을 내려놓고 서로 성인으로서 관계에 임해야 갈등을 줄일 수 있다.

형제자매 사이가 소원해도 문제지만 너무 좋아서 문제가 되기도 한다. 어린 시절에는 비스킷 한 조각도 나누어 먹고 누군가 내 동생을 괴롭히면 나서서 대신 싸워 줄 수 있었지만, 성인이 되고 나면 서로 건강한 경계가 필요하다. 건강한 경계는 성숙한 대인 관계의 조건으로 적정한 거리를 유지하면서도 사랑을 주고받을 수 있는 능력이다.

타인과 건강한 경계를 설정하지 못하는 사람들은 자신의 권리를 주장하지 못하거나 남의 요구를 쉽게 거절하지 못하는 경향이 있다. 남의 일에 불필요한 책임감을 느끼고 과도한 짐을 지려 한다. 이들은 자신의 감정과 필요를 무시하고 타인의 기대에 맞추려고 노력한다.

반대로 타인이 설정해 놓은 경계를 침범하는 사람들도 있다. 이들은 상대방의 의사나 감정을 충분히 고려하지 않고 무리하게 간섭하거나 지나친 관심을 보인다. 과도하게 개인적인 질문을 하거나, 상대방의 결정을 무시하고 자신의 조언이나 간섭을 강요하는 행동이 이에 해당한다.

모든 집은 울타리와 문이 있다. 우리는 남의 집 울타리를 넘어 함부로 들어가지 않는다. 마찬가지로 다른 사람이 나의 울타리를 존중해 주기를 바란다. '울타리'는 울타리로 둘러싸인 영역이 나의 사적인 공간이며, 따라서 함부로 침입하면 안 된다는 사실을 알리는 표식이다. '문'은 울타리 안의 사적인 영역에 들어서기 위해서는 허락이 필요하다는 의미이다.

다른 모든 대인 관계에서와 마찬가지로 형제자매 관계가 튼튼하게 오래 유지되기 위해서는 건강한 경계 설정이 필요하다. 형제자매 간에 경계를 설정한다는 것은 서로의 감정, 권리, 책임, 사생활을 존중하며 관계의 건강한 한계를 정하는 것을 의미한다. 이는 서로의 독립성을 보장하고, 불필요한 갈등이나 상처를 방지하기 위해 필수적인 요소이다. 경계는 물리적인 공간에만 해당하는 것이 아니라, 심리적·정서적·경제적 차원에서도 고려되어야 한다.

가. 심리적 경계

심리적 경계는 개인의 생각, 믿음, 가치관, 자아에 대한 존중을 의미한다. 이는 다른 사람의 생각을 존중하고, 자신의 생각을 강요하지 않으며, 서로 다른 의견이나 관점을 받아들이는 것을 포함한다. 심리적 경계를 존중한다는 것은 상대방의 자율적인 사고와 판단을 침해하지 않고, 상대가 가진 개인적인 신념과 의견을 존중하는 것을 뜻한다.

성인이 되어 가정을 이루면 서로 적정한 거리를 두고 각자의 삶을 존중해야 한다. 어린 시절 내가 돌봐 주던 동생이 이제는 성인으로 누군가의 배우자이고 부모라는 사실을 받아들이고 관계의 역학이 달라졌음을 인정해야 한다.

자신들이 공유했던 어린 시절 가족의 역사와 상처로 인해 만들어진 공감대를 새로 편입된 가족에게 강요하기보다 새로운 문화와 역사를 만들어 가는 것이 좋다. 이러한 개방적이고 유연한 태도가 새로운 관계가 뿌리내릴 수 있는 비옥한 토양이 된다.

나. 정서적 경계

정서적 경계는 한 사람의 감정, 감정적 반응, 정서적인 취약성을 보호하는 것을 의미한다. 이는 상대방의 감정을 존중하고, 상대가 감정적으로 편안한 상태를 유지하도록 돕는 것을 포함한다. 정서적 경계를 존중한다는 것은 상대방의 감정에 민감하게 반응하고, 상대방이 감정적으로 상처받거나 불편해질 수 있는 상황을 피하려고 노력하는 것을 뜻한다.

형제자매는 오랜만에 만나면 어린 시절에 사용하던 말투와 행동을 흉내 내고, 서로의 별명을 부르기도 한다. 이는 형제자매 사이에서 자연스러운 상호 작용으로, 잠시 어린 시절로의 퇴행을 보여준다. 형제자매가 함께하는 시간은 어린 시절의 추억을 회상하며 어른의 책임과 긴장을 잠시 내려놓고 휴식을 취하며 재충전을 할 수 있는 기회를 제공한다. 하지만 어린 시절을 회상하는 것이 모두에게 즐겁기만 한 것은 아니다. 누구에게는 추억으로 여겨지는 기억이 다른 사람에게는 상처나 모욕감을 불러일으킬 수 있다는 점을 기억해야 한다.

자녀들이나 배우자 앞에서 어린 시절의 별명을 부른다거나 더 이상 기억하고 싶지 않은 사건을 재미 삼아 이야기하는 것은 당사자에게 수치심이나 분노를 유발할 수 있다. 이러한 행동은 종종 비공감적인 태도로 비춰질 수 있으며 수동 공격의 한 형태일 가능성도 있다. 형제자매라 해도 성인이 된 서로에 대한 예의와 배려가 필요하며 서로의 감정을 존중해야 한다.

다. 경제적 경계

형제자매가 성인이 되고 나면 경제적 형편이 서로 다를 수 있고, 이로 인해 가족 행사나 부모 돌봄과 관련된 비용 분담에서 갈등이 발생할 수 있다. 경제적으로 여유가 있는 형제가 모든 부담을 져야 한다고 기대하는 것은 공평하지 않으며, 장기적으로는 형제자매 사이의 신뢰를 무너뜨릴 수 있다.

각 형제가 할 수 있는 만큼의 성의를 보이고, 공평하게 비용을 분담하려는 태도가 중요하다. 이는 모든 형제자매가 경제적 상황이 다를지라도, 자신이 할 수 있는 범위 내에서 최대한 노력한다는 의지를 보여 주는 것이다. 이렇게 함으로써 서로에 대한 존중과 신뢰를 유지할 수 있다.

라. 물리적 경계

서로의 물리적 공간과 시간을 존중하는 것을 의미한다. 이는 성인이 되어 각자의 삶을 살아가는 형제자매가 서로의 가정과 개인 시간을 침범하지 않는 것을 포함한다. 예를 들어, 방문이나 만남에 대한 사전 합의 없이 갑작스럽게 찾아가는 행동을 자제하는 것이 이에 해당한다.

마. 책임의 경계

서로의 책임을 명확히 하고, 한쪽에게 모든 책임을 전가하지 않는 것이다. 예를 들어 부모를 돌보는 문제에 있어 모든 부담을 한 형제에게 떠넘기지 않고, 각자 할 수 있는 부분에서 역할을 분담하는 것이 경계 설정의 한 부분이다.

상속을 둘러싼 형제자매의 갈등

잠재되어 있던 형제자매 간의 갈등은 50 이후 부모 돌봄, 부모의 죽음과 관련해서 스트레스가 증가하면 더욱 심해지거나 표면으로 드러날 수 있다. 노부모를 모시는 것에 대해 생기는 이견이나 책임과 부담이 공평하지 못하다는 생각, 그리고 부모 재산의 증여와 상속이 주요한 갈등의 이유가 될 수 있다.

다른 형제가 부모 돌봄에 소극적인 것이 화가 나고 불공평하다고 생각할 수도 있지만, 부모와의 관계는 나 자신을 위한 것이다. 즉 부모를 돌보는 문제에서 형제자매 간의 불평등을 느끼는 것은 자연스러운 일이지만, 부모를 돌보는 것이 단지 의무나 책임감에서 비롯된 것이 아니라, 나 자신의 성장과 성숙을 위한 것으로 바라보는 시각이 중요하다. 이렇게 생각하면 부모를 돌보는 일이 덜 부담스럽고 나 자신에게 의미 있는 경험이 될 것이다.

이런 노력에도 불구하고 형제자매 관계에서 지속적으로 해결되지 않는 갈등을 겪는다면 어떻게 하는 것이 좋을까? 우선 모든 관계에는 정도의 차이가 있지만 갈등이 있다는 점을 받아들이자. 현재 형제자매 관계에서 느끼는 갈등을 나에 대해서 더 잘 이해할 수 있는 기회로 삼는 것이 좋다. 어린 시절에 채우지 못했던 사랑을 그들과의 관계에서 채우려고 하기보다는 나의 가족에게 집중하자. 이제 다시 한번 원가족으로부터 자립하는 기회가 될 수 있다.

형제자매 관계의 극단적인 시험대는 부모 돌봄 및 죽음과 관련이 있다. 부모님이 모두 돌아가시고 나면 형제자매 관계는 여러 가지 변화를 겪는다. 사이가 더욱 돈독해질 수 있지만, 심한 갈등을 겪을 수도 있다. 갈등이 잠복해 있던 형제자매 관계는 부모를 구심점으로 겨우 유지되었다가 더 이상의 구심점이 없어져서 소원해지거나 단절될 수 있다.

특히 부모의 자산은 형제자매 간의 갈등을 일으키는 단골 메뉴이다. 부모가 경제적으로 여유롭지 않고 재산이 많지 않은 경우에는 오히려 갈등의 소지가 적을 수 있다. 역설적으로 이러한 상황에서는 형제자매가 힘을 합쳐 부모를 돌보는 과정에서 연대감과 책임감을 느끼며, 서로에게 든든한 지원군이 되어 줄 수도 있다.

또한 부모를 돌보는 데 있어서 개인의 이익이나 재산에 대한 고민이 개입되지 않기 때문에 순수한 애정과 관심이 더 강조되며, 형제자매 사이의 관계가 오히려 깊어질 수 있다. 이러한 경우에는 부모의 죽음 이후에도 서로를 지지하고 위로해 주는 돈독한 관계가 유지될 가능성이 크다.

반대로 부모의 재산이 많을 경우, 재산 처리를 둘러싸고 형제자매 간에 심각한 갈등이 발생할 수 있다. 부모가 사전에 재산 분배에 대한 명확한 계획을 세우지 않거나, 유언장을 남기지 않은 상태에서 갑작스럽게 세상을 떠나게 되면 자녀들 사이에서는 다양한 감정과 이권이 충돌하기 시작한다. 이러한 갈등은 재산에 대한 권리의식, 억울함, 소외감 등으로 인해 증폭되며, 경우에 따라 법적 분쟁으로 비화되기도 한다.

가부장적인 사회 분위기에서는 아버지의 말씀은 절대적인 힘이 있었고 가족들을 통제하는 법이 되었다. 그런 분위기 속에서 살았던 윗세대의 경우 부모의 자산 처분은 부모의 뜻대로 이루어졌다. 아버지의 뜻이 절대적인 기준이 되어서 주로 장남에게 넘어갔고 나머지 형제자매들은 다소 불만이 있어도 받아들이는 분위기였다. 하지만 최근에는 형제자매 모두 자신의 지분을 주장하고 나서면서 옛날에는 생소했던 '유류분 반환 청구 소송'이라는 법률 용어가 일상적인 것이 되었다.

부모의 재산을 상속(혹은 증여)하는 것은 부모의 뜻이 가장 중요하다. 하지만 법은 재산 처분에 있어서 자신의 자유 의지를 존중하는 한편, 최소한의 제한을 걸어 두었는데 그것이 유류분이다. 즉 자녀들에게 상속이 이루어질 때 고인의 의지와 무관하게 자녀들이 주장할 수 있는 고인의 자산에 대한 최소한의 권리를 유류분으로 정한 것이다. 예를 들어 아버지가 돌아가시면서 10억 원의 자산을 두 아들 중 큰아들에게만 전액 상속했다면, 이때 법이 정한 상속분은 1/2로 5억이다. 작은 아들은 5억에 대한 1/2인 2.5억을 유류분으로 주장할 수 있다.

유산 다툼과 관련된 심층적 원인

부모 재산과 관련한 갈등으로 소위 화병이 났다며 진료실을 찾는 분들이 제법 있다. 부모의 재산을 둘러싼 형제자매 간 갈등은 여러 복합적인 요인에서 비롯되며, 그 심층적인 원인을 이해하는 것이 문제를 완화하는 첫걸음이 될 수 있다.

여기에는 부모의 재산을 자신의 것으로 여기는 의존심이 깊게 연관되어 있다. 부모 자산을 둘러싼 자녀들의 갈등은 부모의 재산을 자신의 것으로 생각하기 때문에 생긴다. 부모가 평생 살아오면서 형성한 자산은 엄밀히 따지면 부모의 것이지 자신의 것이 아니다. 어릴 때부터 부모에게 의존하여 자랐기 때문에, 성인이 되어서도 부모의 재산을 자신이 당연히 받아야 할 것으로 생각하는 경향이 생긴다. 이는 부모와의 정서적 독립이 이루어지지 않은 상태에서 나타날 수 있으며 부모의 재산이 자신의 안정과 행복에 직결된다고 믿기 때문에 갈등이 일어날 수 있다.

부모의 재산이 불공평하게 분배될 때 느끼는 분노와 억울함은 부모의 사랑과 자원을 둘러싼 형제자매 간의 경쟁, 애정 결핍과 같은 어린 시절의 상처와 연결되어 있다. 부모의 사랑과 관심이 공평하지 못했다고 느꼈던 것이 성인이 되어 재산 분배 과정에서 다시 떠오르며 갈등을 일으키는 것이다. 결국 재산 분배 갈등은 단순히 경제적인 문제뿐만 아니라 심리적인 결핍감과 사랑에 대한 갈망이 뿌리 깊게 자리하고 있다.

어린 시절 부모의 심한 차별과 비교는 이후에 유산을 둘러싼 갈등을 일으킬 가능성이 크다. 보통 그런 부모는 살면서 돈을 빌미로 형제자매 간에 효도 경쟁을 시키거나 자신이 원하는 대로 자녀를 조종하는 경우가 많다. 부모의 성숙한 태도가 자신의 사후에 유산을 둘러싼 형제자매 간의 갈등을 줄이고 서로에게 의좋은 형제를 유산으로 남겨 줄 수 있다는 점은 지금의 50대나 60대도 유념할 부분이다.

또 유산을 둘러싼 형제자매 간의 갈등은 불안과 관련이 되어 있다. 현재 자신의 경제적 상황이 어려울 때, 미래에 대한 걱정 등이 있고 삶을 헤쳐 나갈 자신이 없는 경우 부모의 재산에 의지하고 싶은 심리가 작용할 수 있다.

부모의 유산 배분과 관련된 형제자매 간의 갈등을 줄이기 위해서는 자신의 삶을 스스로 책임지는 자립심과 책임감이 필요하다. 또 부모의 재산을 둘러싼 자신의 감정을 살펴보아야 한다. 돈이 문제가 아니라 거기에 자신의 감정과 욕구가 얽혀 있을 수 있기 때문이다. 부모님이 남긴 자산은 물질적인 것에 국한된 것이 아니라 형제자매 관계도 있다는 것을 잊지 않아야 한다. 재산을 더 받기 위해서 형제자매 관계를 잃는 것은 자신의 이후 삶에서 큰 손실이 될 수 있다. 부모의 재산 분배 과정을 투명하고 공정하게 진행함으로써 형제자매 관계를 지키기 위해 가족 모두 이기심을 내려놓고 고민해야 한다.

8.

친구,
나 자신을 비추는 거울

호감을 가지고 서로를 선택하다

친구 관계는 지속적인 애정, 존경, 친밀감, 신뢰가 기반이 된 두 사람 사이의 관계이다. 친구라는 단어는 사람마다, 상황마다 다양한 의미로 해석될 수 있다. 일반적으로는 친구를 좁은 의미와 넓은 의미로 구분해 정의한다.

좁은 의미의 친구는 서로 깊은 신뢰와 정서적 유대감을 공유하는, 비교적 소수의 관계를 말한다. 이러한 친구들은 보통 서로에게 진솔하게 이야기하고, 개인적인 문제나 고민을 나눌 수 있을 정도로 친밀한 사이이다. 서로 잘 이해하고 어려운 상황에서 함께해 주는 관계이다. 그중에서도 가장 친한 친구를 베스트 프렌드 혹은 절친이라고 부르며, 우리는 이런 친구가 한두 명 정도 있었으면 혹은 있어야 한다고 생각한다.

반면에 넓은 의미에서의 친구는 가벼운 만남이나 사회적 관계에도 적용된다. 이 경우 친구는 단순한 동료나 취미를 공유하는 사람들, 이웃, SNS에서 맺은 관계까지 포함될 수 있다. 이들은 서로에 대해 깊이 알지 못하더라도 함께 시간을 보내고, 즐거운 활동을 하는 것만으로도 친구로 인식된다. 즉, 반드시 깊은 신뢰나 유대감이 없더라도 적당한 친밀감과 호감을 가진 모든 사회적 관계를 포함하는 개념이다.

우리는 배우자, 자녀, 부모님, 형제자매, 동료들, 이웃 등 여러 관계에 둘러싸여 살아간다. 친구 관계는 우리를 둘러싼 다른 관계와 어떤 차이점이 있을까? 부모와 형제자매 같은 가족은 혈연으로 맺어진 관계로, 내가 선택할 수 없으며 이미 주어진 관계이다. 반면에 친구 관계는 서로의 선택과 호감을 기반으로 형성된다. 가족 관계에서는 의무감과 책임을 느끼지만 친구 관계는 이로부터 비교적 자유로우며 나의 의지에 따라 관계를 유지하거나 단절할 수 있다. 물론 배우자와의 관계도 단절할 수 있으나 친구 관계보다는 복잡하고 어렵다.

직장이나 학교에서 맺어지는 동료 관계는 대부분 업무나 학업이라는 공통의 목표에 기반한다. 이와 달리 친구 관계는 이러한 외부적인 목적보다는 호감, 취미, 관심사 등 더 개인적인 요소에 의해 형성된다. 따라서 동료 관계는 목적이 달성되거나 상황이 변화하면 자연스럽게 소멸할 수 있지만, 친구 관계는 상황이 변해도 유지되는 경우가 많다. 동료 관계가 시간이 지나면서 친밀감이 쌓여 친구 관계로 발전할 수도 있다.

연인이나 배우자는 친구 관계보다 더 강한 친밀감과 독점적인 감정을 특징으로 한다. 여러 사람과 동시에 친구가 될 수 있지만 연인 관계는 일반적으로 일대일의 독점적인 관계로 깊은 정서적, 신체적 교류가 포함된다. 연인 관계에서도 친구와 비슷한 유대감과 우정이 중요하지만, 친구 관계는 성적인 요소가 포함되지 않는다.

친구 관계는 형성되고 유지되었다가 소멸될 수 있으며 수명 또한 다양하다. 평생 지속되는 친구가 있는가 하면, 어떤 시절 동안만 유지되었다가 소멸되는 친구 관계도 있다. 돌아보면 학창 시절과 성인이 된 후 지금껏 살아오면서 각 시절마다 친하게 지내며 어울리던 친구가 있었지만, 그들 모두와 현재까지 연결되어 있지는 않다. 친구였던 시절에 다시없을 만큼 소중한 관계가 멀어지기도 하고, 다른 친구가 등장하기도 하는 등 갖가지 이유로 추억 속 인물로 남는 경우가 많다.

이처럼 친구 관계는 시간, 상황, 환경의 변화에 따라 달라진다. 예를 들어 학창 시절의 친구와는 성인이 되어 사회생활을 시작하면서 관계가 멀어질 수 있다. 그러나 인생의 중요한 순간에 다시 만나거나 서로에게 도움을 주면서 관계가 새롭게 형성되기도 한다.

얼어붙은 마음을 녹이는 치유의 힘

친구 관계는 혈연이나 사회적 의무에 의해 형성되는 것이 아니라, 개인의 선택과 호감에 의해 만들어지기 때문에 구속이 덜하며 책임이나 부담으로부터 상대적으로 자유롭다. 또 스트레스를 나누거나 삶의 고민을 함께 이야기할 수 있는 친구의 존재는 개인의 심리적 건강에도 큰 도움을 준다. 다양한 배경의 친구들을 통해 시야를 넓히고 서로 다른 관점과 문화를 배울 수도 있다.

돌아보면 나에게 큰 영향을 준 친구가 몇 명 있다. 그중 한 명은 초등학교 5, 6학년 때 친하게 지냈던 친구로, 가정 형편 때문에 2년 늦게 초등학교에 입학을 해서 실제로는 나보다 두 살이 많았다. 엄밀히 따지면 나에게 언니뻘인데 개의치 않고 이름을 부르며 친하게 지냈다.

친구네 집은 우리 집에서 꽤 먼 거리에 있었는데도 학교를 마치고 그 집에 자주 가서 놀곤 했다. 친구에게는 남동생이 두 명 있었는데 이름이 지금까지 기억이 난다. 친구는 학교에서 남학생들에게 왈가닥으로 통했지만 집에서는 일하느라 바쁜 부모님을 대신해서 두 동생을 보살피던 든든한 누나였다.

친구네는 가정 형편이 넉넉하지 않아 넓은 마당이 있는 큰 집의 아래채에 세 들어 살았다. 어느 일요일, 주인집 딸이 그 마당에서 전통 혼례를 치렀는데, 주인집과 아무런 연고도 없는 나도 결혼식 구경을 갔다가 잔치 음식을 얻어먹었던 것이 인상 깊게 남아 있다.

그때는 가게에서 물건을 사면 누런 봉투에 담아 주었다. 하루는 친구의 제안으로 돈을 벌어 볼 요량으로 누런 종이에 풀칠을 해서 봉투를 만들었다. 동네 가게 아주머니는 볼품없는 봉투를 곤란해하면서도 인심 좋게 사 주셨다.

그전의 나라면 도저히 상상할 수 없는 행동들도 친구가 함께였기에 가능했다. 집과 학교만 오가던 내가 친구를 따라 평소의 활동 반경을 넘어서 멀리 도심까지 나가거나 강가로 수영을 하러 가기도 했다. 친구 집에서 출발해 낯선 길을 따라 집으로 돌아오는 것은 나에게 일종의 모험이었다. 어린 시절 언니를 따라 시골 할머니 집에 갈 때와는 달리 혼자 집을 찾아왔다는 것에서 큰 만족감을 느꼈다. 평소 소심하고 부끄러움이 많았던 나는 쾌활하고 어른스러운 그녀의 영향을 받아 더 씩씩하고 외향적으로 변하게 되었다.

친구 관계는 심리적 성장에 도움을 주는 치유적인 성격이 있다. 가족 안에서 고통을 공유하거나 위로받기 어려울 때 친구는 도피처가 된다. 친구를 통해 위로와 심리적인 지원을 얻을 수 있다. 어린 시절 가족이나 건강하지 못한 다른 관계에서 경험한 정신적 상처는 친구 관계를 통해 완화될 수 있다. 친구에게 조건 없이 받아들여지고 생각과 감정을 공유하고 공감받는 경험은 상처 입은 자존심을 회복시킨다.

진료실에서 고등학교를 졸업한 후 진학이나 취업을 하지 못하고 집에서 지내는 20대 청년들을 진료하곤 한다. 이들은 극히 한정적인 인간관계를 맺고 있으며, 자신을 드러내기 꺼린다는 공통점을 가지고 있다. 이들이 세상으로부터 숨게 된 동기는 내면 깊은 곳에 자리 잡은 '사람과 세상에 대한 두려움'이다.

이들을 세상으로 이끄는 것은 주로 또래 친구들이다. 친구들은 함께 등산을 하자고 권하거나, 단기 아르바이트를 같이하고, 함께 취업을 하기도 한다. 혼자라면 두려워서 할 수 없는 일들을 친구가 있어서 해낼 수 있다. 친구는 그가 세상으로 나가는 징검다리가 되어 주며 이것이 바로 친구 관계가 가지고 있는 치유의 힘이다.

20대 초반의 서연 씨는 고등학교를 졸업한 후로 대학에 진학하지 않았다. 딱히 공부하고 싶은 의지도 없었고 아버지도 경제적으로 자립하지 못해서 그녀를 넉넉하게 뒷바라지해 줄 형편이 아니었다. 그녀를 임신한 상태에서 부모님은 이혼을 했다. 어머니는 그녀가 돌도 되기 전에 돌아가셔서 이후로는 한동안 외가에서 자랐다. 외조부모에게 사랑받은 기억은 없다. 귀찮은 천덕꾸러기 신세였다.

초등학교에 입학하면서 아버지에게 보내졌다. 이후로 아버지와 함께 조부모님 집에서 살게 되었다. 고등학교를 졸업한 후로 집안에서만 지냈다. 그녀가 하는 일이라고는 인터넷 지인들과 게임을 하는 게 전부였다. 그런 그녀에게 할머니는 한 번씩 잔소리를 쏟아내고 자존심에 상처가 되는 이야기를 하곤 했다. 어느 날, 그녀가 자살 소동을 벌인 후로 아버지와 함께 병원을 찾게 되었다.

치료를 시작한 뒤 몇 개월이 지나자 고등학교를 졸업한 후 거의 모든 대인 관계를 단절한 채 칩거해 오던 그녀가 점차 고등학교 동창들을 다시 만나기 시작했다. 인터넷 지인들을 오프라인 모임을 통해 만나기도 했다. 70을 넘은 고령의 나이임에도 불구하고 식당에서 일을 하며 돈을 벌고 집안일까지 해야 하는 할머니의 고단함을 이해할 수 있게 되었다. 할머니를 도와 집안일을 하면서 둘의 관계가 부드러워졌다.

최근 그녀는 친구와 함께 일일 알바를 시작했다. 아직 정규 직장을 구할 만큼 사회성이나 자신감이 성장하지는 못했지만 하루씩

일을 하는 것에서 보람을 느끼고 있다. 자신이 제법 손재주가 있다며 스스로 대견해한다. 이것은 친구라는 징검다리가 있었기에 가능한 일이었다.

우리는 누구나 부모의 품을 떠나 세상으로 나아간다. 아이가 가족을 벗어나 세상으로 나아갈 때, 친구는 두려움과 불안을 줄여 주는 애착 대상의 역할을 한다. 친구 관계를 통해 아이는 가족이라는 안전한 울타리를 벗어나 더 넓은 세상으로 나아가고, 그 과정에서 자신을 더 잘 이해하며 세상을 바라보는 시야를 넓힌다. 친구 관계를 통해 다른 세상을 접하면서 나의 세계가 확장된다.

또한 친구 관계는 다양한 역할을 시도해 볼 수 있는 기회를 제공한다. 가족 관계에서의 위계질서와 고착된 관계의 패턴에서 벗어나, 수용적이고 지지적인 평등한 관계 속에서 자율성과 자신의 가능성을 시험할 수 있다. 이는 자아 존중감을 향상시키고, 자신이 가치 있는 사람이라는 새로운 시각을 갖게 한다. 가족이라는 배경 속에 있을 때와 친구 관계 속에 있을 때 다른 사람처럼 행동하고 느끼는 이유가 여기에 있다.

심리적 상처의 치유는 꼭 진료실이나 상담실에서 치료자와 환자 사이에서만 일어나는 것은 아니다. 친구 관계가 가지는 치유적인 힘은 봄비처럼 언 땅을 녹여 새싹이 돋아나게 하고 잎이 무성해지도록 돕는다. 이런 치유적인 힘은 소수 절친과의 관계뿐 아니라 정도의 차이가 있지만 모든 관계가 가지고 있는 힘이다.

우리 모두는 누군가에게 그런 존재가 될 수 있다. 내가 스쳐 지나가는 사람에게 베푼 작은 친절이 그의 하루를 기쁘게 하고 그것이 그를 성장하게 할 수 있다. 우리 모두는 누군가에게 그런 치유의 원천이 될 수 있다는 걸 기억하자.

경조사와 친구 관계 정리

은퇴나 가까운 사람들의 죽음, 자녀의 독립, 시간의 유한함에 대한 자각, 신체적 변화 등 50 이후 겪는 여러 일들은 친구 관계에도 변화를 가져온다. 50 이후에는 자신에게 주어진 시간과 에너지가 한정되어 있다는 자각을 하게 되며 남은 시간을 보다 의미 있게 보내고 싶은 욕구가 생긴다. 그래서 관계를 확장하기보다 더 깊이 있는 관계를 추구하게 되는데, 이것은 삶의 또 다른 성장을 가져올 수 있다.

한 남성이 자신이 50 이후에 겪는 친구 관계의 변화에 대해 다음과 같은 이야기를 들려주었다.

"젊었을 때는 사업 때문에 불편해도 참고 인맥을 넓혔어요. 나이가 들면서 대인 관계가 좁아질 수밖에 없는 것 같습니다. 점점 나랑 잘 맞는 사람, 상황과 여건이 비슷한 사람들과 어울리는 것이 편해지네요. 성향이 비슷해서 공통적인 관심사가 있고 대화가 통하는 사람, 가치관을 공유하는 사람, 삶의 방식이 비슷한 사람들로 자연스럽게 관계가 개편되더라고요.

경제적인 여건이 다른 사람과 만나는 것은 심리적으로 불편하고 신경 써야 할 것이 많아요. 50대를 넘어가니 어린 시절 친구들하고도 경제적인 차이가 나면 관계가 조정이 될 수밖에 없더군요. 은

근히 혹은 노골적으로 도움을 바라는 지인들은 부담스러워서 피하게 됩니다.

어쨌든 함께하는 동안 마음이 불편하고 그 시간이 소모적이라고 생각되는 사람은 점점 안 만나게 돼요. 전화가 와도 안 받거나 한번 만나자고 해도 적당히 핑계를 대서 안 만나요. 제가 모임이 많았는데 별 의미 없다 싶은 모임은 정리를 했어요. 이제 부모님이나 가족, 또 소중한 친구들하고 보낼 시간도 많지 않은데 나의 시간을 다른 곳에서 낭비하고 싶지는 않아요."

50대를 지나는 많은 사람들은 이와 비슷한 이야기를 한다. 가족보다 친구를 더 좋아하던 남편이 50 이후 힘 떨어지니 가정으로 돌아왔다고 하는 아내들의 이야기도 이런 변화를 반영하고 있다. 50 이후 친구 관계는 동질성을 기반으로 이전보다 더 선택적이 된다. 경제적인 상황, 정치적인 성향, 종교, 신념, 가치관, 취미 등 공통 관심사를 가지고 있는 친구가 더 편안하고 안전하다고 느낄 수 있다.

흔히 사람들은 농담 반 진담 반으로 친구인지 아닌지, 그 사람과의 관계값을 경조사 때 구별할 수 있다고 한다. 50 이후 관계를 정리할 때 기준으로 삼는 것이 경조사라는 것이다. 당연히 올 줄 알았던 사람이 오지 않아서, 나는 그 집 경조사에 성의를 표시했는데 돌아오는 것이 없어서, 생각지도 못했던 친구가 성의 표시를 해서 관계를 다시 생각하게 된다고 말한다.

사람들이 친구 관계를 경조사에 대한 태도로 구별한다는 말은 일견 현실적이면서도 관계의 본질에 대해 많은 것을 생각하게 한다. 자녀의 결혼, 부모님의 죽음 등은 한 사람이 인생에서 겪게 되는 특별하고 중요한 사건으로, 자신의 지난 삶과 그동안 맺어 온 관계를 되돌아보게 만든다.

경조사를 통해 관계의 본질을 다시 생각하는 것은 자연스럽지만, 그 사람과의 관계를 단순히 경조사 참석 여부로만 판단하는 것이 옳은지는 고민해 볼 문제이다. 경조사는 자신의 삶과 관계를 돌아보는 하나의 계기가 될 뿐, 그 사람과의 모든 시간을 판단하는 절대적인 잣대는 아닐 것이다. 경조사에 대한 암묵적인 규칙은 과거 전통 사회에서 한 개인의 힘든 일을 마을 공동체가 상부상조의 지혜로 힘을 합쳐 치러 내던 전통에서 비롯된 것이 아닌가 싶다. 미풍양속에서 시작된 상호 부조의 전통이 현대에 와서는 갖가지 부작용을 낳고 있다. 앞으로 달라질 결혼과 장례 풍속도는 경조사와 관련된 불편함도 줄여 나갈 수 있을 것으로 생각한다.

젊은 시절에는 생애 발달 과정의 특성상 자연스럽게 많은 사람들과 접촉할 수 있기 때문에 친구를 만들 기회가 많았다. 50 이후에는 자의 반 타의 반으로 대인 관계의 폭이 줄어들고 이에 따라 친구 수가 감소하는 것은 자연스럽다. 하지만 이것이 이 나이대에 친구의 중요성이 줄어든다는 의미는 아니다.

50 이후 여러 가지 이유로 내가 정리했던 친구들이나 지인들이 내 삶의 무대에서 완전히 퇴장한 것은 아니다. 친구 관계를 정리한다고 해서 완전한 단절을 염두에 두기보다는, 현재 삶의 우선순위와 여건에 따라 관계의 깊이나 빈도가 달라질 뿐이라는 것을 기억하자. 단지 나의 시간과 관심이라는 조명 밖에 자리하고 있을 뿐, 그들은 언제든 나의 무대에서 다시 중요한 등장인물이 될 수 있다.

어떤 관계라도 언제든 다시 이어질 수 있는 가능성을 염두에 두고, 상대의 마음과 관계에 깊은 상처를 주어 관계의 생명을 끊어 버리지 않도록 주의하는 것이 좋다. 인간에 대한 예의와 서로의 삶을 존중하는 태도로 관계를 유지하고 정리하는 것이야말로 50 이후에 더 깊은 우정을 형성하는 밑바탕이 될 수 있을 것이다.

노인들에게도 친구는 필요하다. 친구 관계는 전 생애에 걸쳐 지속될 수 있는 관계이다. 노년기는 은퇴, 건강 문제로 인한 활동의 제약, 사랑하는 사람들과의 사별 등으로 대인 관계가 축소되어 고립의 위험이 있다. 그래서 친구는 노년기에 사회적 연결을 유지하는 데 중요한 역할을 한다.

또한 노년기의 친구는 가족의 역할을 대신할 수 있기 때문에 중요한 안전망이 된다. 서로 도와주고 의지할 수 있는 친구가 있다는 것은 큰 안도감을 준다. 이는 특히 혼자 사는 노인들에게 매우 중요한 요소이다. 가족과의 관계가 멀어졌거나 가족이 없는 경우, 친구는 정서적·실질적 도움을 제공하고 필요시에는 직접적인 간병 역할을 해 줄 수도 있다.

노년기에 친구 관계는 신체적인 건강을 유지하고 인지 기능의 저하를 막아 주는 데도 도움이 된다. 나이를 불문하고 고립감을 많이 느끼는 사람은 우울증에 취약하며 사회적 활동을 유지하는 것은 신체적·정서적 건강을 유지하는 데 가치가 있다. 여러 연구를 통해서 마음을 나눌 수 있는 사람들이 주변에 있는 노인은 그렇지 않은 사람보다 삶의 만족도가 높다는 것이 밝혀진 바 있다.

전통 사회에서는 사람들이 마을 공동체 속에서 나고 자라 노년기까지 생활했기 때문에 자연스럽게 사회적 네트워크가 형성되고 유지되었다. 이러한 환경에서는 특별한 노력을 기울이지 않아도 친밀한 관계를 유지할 수 있었다.

반면 현대 사회는 점점 더 개인화되고 있으며, 사람들은 직장이나 생활 환경의 변화로 인해 이주하거나 이동하는 경우가 많아졌다. 그래서 나이가 들수록 사회적 고립을 경험할 가능성이 커진다. 친구 관계를 유지하기 위해 의도적이고 적극적인 노력이 필요하며, 이것은 본격적인 노쇠를 앞두고 있는 50대와 60대에 특히 중요한 과제 중의 하나이다.

친구 사귀기에 늦은 때란 없다

친구 관계의 생리는 고정되어 있지 않으며 영구하지 않다는 것이다. 한때 가까이 지냈던 친구가 멀어지기도 하고 새로운 친구가 생겨나기도 한다. 친구 관계가 유지되기 위해서는 일상을 공유하거나 고민을 털어놓거나 함께 여가 활동을 하는 것과 같은 상호 작용이 필요하다. 아무리 친한 친구라도 서로 멀리 떨어져 있으면 소원해질 가능성이 크다. 그래서 친구 관계가 유지되기 위해서는 자주 만나고 접촉하는 것이 필요하다.

50 이후 친구 관계를 새로 구축하는 데 있어 최우선의 후보군은 어린 시절부터 알고 지낸 오래된 친구들이다. 그중의 몇 명은 현재까지 접촉이 유지되어 오고 있을 것이다. 내가 평생 동안 만나 온

수많은 사람들 중에 이들은 시간과 상황의 시험을 통과해 친구로 살아남았다. 그 관계가 유지될 만한 장점이 있었을 것이다. 이들은 앞으로도 친구로 내 인생에 남아 있을 소중한 인연들이다.

동창 모임에 나가 본다거나 과거에 알고 지냈으나 지금은 멀어진 친구와 다시 연결을 시도해 보는 것도 하나의 방법이다. 지금이야말로 사소한 오해나 불만들을 해소하지 못하고 소원해진 친구와의 관계를 회복할 수 있는 좋은 기회이다. 친구와 멀어졌던 때로부터 많은 시간이 흘렀고, 우리는 그때보다 더 나이 들어서 지혜로워졌기 때문에 그 시절과는 다른 방식으로 우정을 쌓아 갈 수 있다.

2년 전 가을, 한 친구의 연락을 받았다. 한때 제법 친했던 친구였는데 나이 들면서 사는 지역이 달라 서로 자주 연락을 하지 못하고 지냈다. 친구는 한동안 몸이 심하게 아팠다가 회복했는데 건강할 때 꼭 이루고 싶은 버킷 리스트를 정했다고 했다. 그중의 하나가 친구와 여행을 가서 함께 밤을 보내는 것이라며, 버킷 리스트를 실행하는 데 나를 초대하고 싶다고 했다.

나는 기꺼이 친구의 초대에 응했다. 다른 친구 두 명을 포함해서 함께 일박 이 일 여행을 하며 많은 이야기를 나누었다. 그날 여행을 통해서 그간 알지 못했던 친구의 진심과 참모습을 새롭게 발견할 수 있었다. 어린 시절에는 오해의 이유가 되었던 친구와 나의 다른 점을 이제는 이해할 수 있게 되었다.

옛 친구를 다시 만나는 것은 젊은 시절 읽었던 책을 나이 들어서 다시 읽는 것과 비슷하다. 그때와는 다른 새로운 감동과 재미를 발견할 수 있는 것은 내가 그만큼 성장했기 때문이다. 또 이전의 추억과도 다시 연결되는 데다 과거와 다른 방식으로 우정을 경험할 수 있기에 나와 친구의 성장을 확인할 수 있는 기회가 된다.

한편, 용기를 내서 새로운 관계를 찾아보는 것도 좋다. 우리가 마음속에서 어린 시절부터 그리고 평생 동안 기대하던 친구 관계는 아마도 가장 친한 친구, 소위 베스트 프렌드일 것이다. 하지만 우리에게 베스트 프렌드만 필요한 것은 아니다. 많은 연구자들이 약한 친밀함으로 맺어진 얕은 관계도 많은 이점이 있다고 주장한다.

그림이나 음악, 운동 등의 취미 활동이나 동호회 등에서 만나는 사람들과 꾸준하게 관계를 유지하는 것도 좋다. 독서 토론회에서 함께 책을 읽거나 산책이나 등산 모임에 참석해 보는 것도 권할 만하다. 보다 적극적인 사람은 독서 토론회나 취미 활동을 함께할 모임을 직접 만들 수도 있을 것이다. 요즘은 온라인상에 이런 모임을 만들거나 참여하는 데 도움이 되는 프로그램들이 많아서 시도하기 좋다. 서로 익숙해지고 친밀해지면 그들이 점점 더 나에게 중요한 사람이 될 수도 있다. 게다가 행정 복지 센터나 평생 학습관 등에는 마음만 먹으면 큰 돈 들이지 않고 배울 수 있는 프로그램도 많다. 중요한 것은 용기와 결심이다.

친구 관계가 유지되기 위해서는 두 사람이 관계에서 느끼는 유대감에 만족하고 있어야 한다. 친구 관계는 선택에 의한 관계이기 때문에 주고받음이 공평하다고 느끼는 상호주의가 중요하다. 인간 관계에서의 갈등은 내가 그를 생각하는 마음의 크기와 그가 나를 생각하는 마음의 크기가 다르기 때문에 일어날 때가 많다. 일방적이거나 공평하지 못하다고 느끼면 사람들은 그 관계를 계속 유지해야 할지 고민을 한다.

친구를 사귀는 데 있어서 늦은 때란 없다. 젊은 시절에는 외로움 때문에 혹은 사업상의 이익을 위해서, 인맥을 넓히기 위해서, 친구 없는 사람을 보는 세상의 시선이 싫어서 등등 여러 가지 이유로 강박적으로 친구를 만드는 경우가 많다. 하지만 50 이후에는 삶의 경험을 통해 자신만의 가치와 기준이 명확해지고, 그에 따라 관계를 더 주체적으로 선택할 수 있게 된다. 50 이후 인간관계에서는 이전보다 주도적이고 능동적으로 관계를 맺을 수 있다. 내외부의 압박으로부터 벗어나 자신의 순수한 필요와 관심에 따라 친구 관계를 선택할 수 있다.

보다 나은 친구 관계를 유지하기 위해서는 먼저 자신의 대인관계 방식을 파악하고 그런 방식이 만들어진 배경을 이해하는 것이 중요하다. 예를 들어 타인에게 지나치게 의존하거나 반대로 관계 맺기를 회피하는 습관이 있다면, 이러한 행동이 어디에서 비롯되었는지 성찰해 본다. 이것은 보통 어린 시절의 성장 과정과 관련이 있다. 또 대인 관계를 방해하는 내적인 장애물, 즉 자신감 부족, 과거의 상처, 거절에 대한 두려움 등을 파악하고 이를 줄여 나가는 노력이 필요하다.

친구 관계를 잘 맺기 위한 중요한 조건 중의 하나는 내가 누군가에게 좋은 친구가 되도록 변화해야 한다는 것이다. 필요에 의해서 누군가를 도구화하거나 이용해서 나의 욕구를 충족하려고 하기보다는 호혜적인 관계, 상대방에게 좋은 친구가 되겠다는 마음가짐이 필요하다. 친구에게 관심을 기울이고 시간과 에너지를 나누어 주고 헌신할 자세가 되어 있어야 좋은 친구가 될 수 있다.

가벼운 관계도 중요한 이유

우리는 어린 시절부터 친구의 중요성을 수없이 들으며 자랐다. 친한 친구가 없다는 것을 큰 결점으로 여기기도 한다. 혹시 친한 친구가 없다고 하더라도 실망하지 않기를 바란다. 사람에 따라 쉽게 다른 사람과 어울릴 수 있는 사람이 있는가 하면, 가까워지기까지 오랜 시간이 걸리는 사람도 있다. 많은 사람들과 친하게 지내는 사람도 있고 소수의 사람과 친밀한 관계를 유지하는 것을 선호하는 사람도 있다.

평생 유지해 온 대인 관계 방식이 쉽게 변하지는 않을 것이다. 그래도 관계 안에서 위로를 얻을 수 있는 방법은 있다. 아주 깊은 친밀함으로 연결된 친구가 없더라도 우리의 삶에는 다양한 형태의 관계와 연결이 있으며, 그 속에서 소소한 위로와 기쁨을 얻을 수 있다.

어느 날, 쇼핑몰에서 옷을 고르던 중이었다. 옆에 있던 70대로 보이는 아주머니가 40대의 지인에게 옷을 선물할 예정인데 어떤 색이 낫겠느냐고 물어 왔다. 핑크색이 나을지 민트색이 나을지 고민하는 그분에게 나의 의견을 이야기해 드렸다. 그러자 그분은 남편이 목사인데 최근에 정년퇴직을 했고, 지금 자신은 그 교회를 새로 맡게 된 목사님의 사모에게 줄 선물을 고르는 중이라고 했다. 그분의 말에 응대하며 이런저런 이야기를 나누는데 다른 쪽에서 물건을 고르던 딸이 다가왔다. 좋은 선물이 될 거라는 인사를 하고 자리를 뜨는데 딸이 아는 사람이냐고 물었다.

"아니, 처음 만난 사람인데?"

그러자 딸이 웃음을 터트렸다. 멀리서 보니 너무 다정하게 이야기를 해서 오래 알고 지낸 사람인 줄 알았다고 하면서 이렇게 덧붙였다.

"어릴 때는 엄마나 할머니가 모르는 사람에게 말을 붙이면 정말 이상했거든. 그런데 나도 나이가 들었나 봐. 이젠 모르는 사람하고 이런저런 이야기를 할 때가 있어."

딸아이처럼 젊은 사람들은 나이 든 사람들이 모르는 사람들과 친근하게 대화를 주고받는 것을 이상하게 생각한다. 하지만 이것은 나이가 들면서 타인과의 관계에서 한층 유연해졌음을 의미한다.

우리 삶에서 깊은 친밀함으로 맺어진 관계만이 의미가 있는 것은 아니다. 소소한 대화와 웃음은 삶의 활력소가 되며 사회적 연결감을 준다. 나이 들어 좋은 점 중의 하나는 이런 가벼운 관계를 맺는데 자신감이 생긴다는 점이다.

친밀한 관계만큼이나 가벼운 관계도 중요하다는 것을 깨닫게 되면 우리는 다양한 방식으로 소통할 수 있게 된다. 산책길에서 지나치는 사람과 나누는 인사, 잠시 벤치에 앉아서 쉬는 동안 옆에 앉은 사람과 주고받는 간단한 대화, 카페 점원과의 짧은 농담 등 이런 일상 속 가벼운 관계들은 우리 마음을 환기시키고, 하루를 밝게 만들어 주는 소중한 요소들이다. 친밀한 관계와 가벼운 관계 모두 삶에서 나름의 역할을 한다. 나이 들면서 얻게 되는 이런 관계의 다양성은 삶의 풍요로움을 더해 준다.

직장 생활을 시작한 지 일 년이 된 20대 후반의 여성이 자신의 변화를 이야기했다.

"직장 생활을 하기 전까지만 해도 저는 친구가 별로 없고 사람 사귀는 것이 어려웠어요. 대인 관계에 서툴다는 것 때문에 괴로웠어요. 그런데 지난 일 년 동안 직장 생활을 하면서 사람 대하는 것이 많이 편해졌어요. 여전히 친한 사람이 별로 없지만 마음이 너무 힘들고 외로우면 그냥 사람들이 모여 있는 카페에 가요. 가서 커피 한잔 마시고 다른 사람들 속에 앉아 있으면 외로운 마음이 줄어드는 것 같아요."

그녀의 이야기대로 우리는 친밀함으로 연결된 관계뿐만 아니라 가벼운 관계 혹은 나와 상관없는 사람들과의 관계에서도 위로를 얻을 수 있다.

모든 사람들이 이상적으로 대면하여 사람을 만나고 교제하고 친밀함을 쌓을 수는 없다. 심신의 장애로 인해 직접적인 접촉이 어려운 경우 온라인상에서 만난 사람들과도 좋은 영향을 주고받을 수 있다. 물론 온라인에서의 만남에는 여러 가지 위험 요인이 있지만, 고립되어 있거나 이동에 제약을 받는 사람에게 인터넷은 타인과 연결되는 좋은 통로로 작용할 수 있다.

한 달에 한 번 진료실을 방문하는 70대 한순이 씨는 정확한 생일도 모르고 부모님 이름은 물론 얼굴도 모른다. 일본인 남편을 만나서 일본에서 살다가 이혼하고 한국으로 돌아왔다. 그녀에게는 형제자매나 자녀 같은 혈연이라고는 단 한 명도 없다. 그녀가 병원에 다닌 지 벌써 십 년 세월이 흘렀다. 첫 진료 때 그녀는 경계심과 의심이 가득한 눈빛으로 나를 쏘아보았다. 굳은 얼굴과 퉁명스러운 말투는 지난 세월 그녀가 받았을 수많은 상처를 짐작케 했다. 깊은 고립감과 우울감이 그녀를 그렇게 만들었던 것이다.

그녀는 정부에서 생계비를 지원받는 분들이 주로 사는 아파트에 살고 있다. 그녀의 이웃은 주로 장애인이거나 홀로 사는 어르신들이다. 그녀는 글을 모르는 노인들을 위해서 동사무소나 은행 일을 대신 봐주고 아픈 어르신이 있으면 돌봐 주는 역할을 했다. 그녀에게 혈육은 없지만 주변의 어르신들을 언니라고 부르며 보호자 역할을 자처한다. 혼자 사는 그녀에게 이웃들은 가족이나 마찬가지로 중요한 관계이다.

관계가 만들어지고 그 안에서 서로에 대한 따뜻한 보살핌이 오고가며 그 관계가 성장하는 걸 보는 것은 참 감동적이다. 그것이야말로 인간이 생존하는 데 꼭 필요하고 가장 중요하며 기본적인 조건일 것이다. 지난 10여 년의 세월 동안 그녀는 '언니'라고 불렀던 두 명의 이웃을 떠나보냈다. 자신을 버티게 해 주었던 사람들을 떠나보내며 그녀는 말로 다 표현할 수 없는 깊은 상실감을 느꼈다. 식음을 전폐하다시피 하면서 아파하는 모습을 보며 가슴이 먹먹했다.

그녀는 특히 정치에 관심이 많다. 정치 관련 유튜브 채널을 열심히 보다가 정치적 성향이 비슷한 사람들과 모임을 만들게 되었다. 그들을 만나 시위 현장에 가거나 국회 의원 후원 행사에 참석하는 등 그녀 나름의 정치 활동을 하게 되었다. 유튜브를 통해서 만나게 된 사람들은 혼자 사는 그녀가 걱정이 돼서 전화도 자주 해 주고 식사도 가끔 한다고 한다.

온라인을 통해 누군가와 연결되는 것은 타인과 접촉을 유지할 수 있는 좋은 방법 중의 하나라고 생각된다. 지금의 50대와 60대는 앞선 세대들보다 컴퓨터는 물론 스마트 기기 활용에 있어서 상당히 능숙한 편이다. 더 나이 들어 신체적인 건강을 잃게 되었을 때 온라인을 통한 만남은 사회적 고립을 줄이는 데 도움이 될 수 있다.

50대와 60대의 친구 관계에서 핵심은 친구의 수나 관계의 깊이에 있지 않다. 사람마다 친구가 많을 수도, 적을 수도, 또는 전혀 없을 수도 있다. 어떤 이에게는 깊은 친밀감을 나누는 친구가 여러 명일 수 있지만, 다른 이에게는 한두 명, 혹은 가벼운 관계만이 있을 수도 있다. 중요한 것은 이러한 친구 관계를 통해 자신을 이해하고 변화시켜 가는 노력에 있다.

50 이후의 시기에는 친구를 많이 사귀고 유지하는 것보다는 자신의 내면을 돌아보고, 관계를 통해 자신을 이해하는 것이 큰 성장의 기회가 된다. 관계는 자신을 비추어 보는 거울이다. 나는 어떤 기대를 가지고 관계에 임하는가? 내가 관계 맺는 방식은 어떤가? 친구 관계에서 나는 어떤 감정을 느끼는가? 좋은 관계를 유지하기 위해서 나에게 필요한 것은 무엇인가? 관계를 통해 드러나는 자신의 모습을 이해하고, 필요한 부분을 조금씩 개선해 나가는 것이 50 이후 친구 관계 속에 숨어 있는 성장점이다.

또한 친구가 없더라도 나에게는 언제나 소중한 한 명의 친구가 남아 있다는 점을 잊지 않았으면 좋겠다. 그 친구는 바로 나 자신이다. 자신과의 관계를 소중히 여기고, 스스로에게 변함없는 친구가 되어 주는 것이야말로 진정한 성장의 시작일 것이다.

3장

지혜와 감정의 성장

50 이후는 관계와 일, 신체적 변화와 죽음 등 여러 가지 이유로
자신과 마주해야 할 필요성이 더욱 커지는 시기이다.
이 시기에는 현실의 삶을 보살피는 것만큼 내면의 정서적 삶을
돌보는 것이 중요해지기 때문에 마음 공부는 더 큰 의미를 갖는다.
50 이후 겪는 삶의 과제를 해결하는 열쇠는 감정과 지혜의
성장에 있다. 젊은 시절에는 외적인 세계를 이해하는 것에
에너지를 쏟았다면 50 이후에는 내면의 세계를 발견하고
키워 나가는 데 관심을 기울여야 한다.

1.
감정은 삶에 의미를 부여한다

삶을 채우는 것은 감정이다

50대는 삶의 큰 전환기이다. 이러한 전환기에 감정과 정서 관리는 이전 시기보다 더욱 중요해진다. 50 이후에는 자녀의 독립, 배우자나 부모 등 중요한 사람과의 사별, 은퇴 후 새로운 생활 방식에 적응하는 것, 자신의 건강 악화나 죽음 등 삶의 큰 변화가 일어날 수 있다. 이러한 변화는 다양한 감정을 일으키므로 이것을 잘 처리하는 것은 삶의 질과 만족도 면에서 무척 중요하다.

나이가 들면 관계의 변화를 겪게 된다. 여러 이유로 관계를 맺는 사람의 수가 줄어서 고립감을 느끼기 쉽고, 주변 사람들과 더욱 깊은 정서적 경험을 원하게 된다. 주변 사람들과 갈등을 해소하고 좋은 관계를 유지하는 것은 삶의 질과 만족도를 결정하는 중요한 요소로 작용한다. 이때 관계의 질은 감정에 의해 결정된다. 갈등의 중심에는 감정이 있으며, 그 갈등을 해결하는 핵심은 감정의 소통이다. 따라서 좋은 관계를 유지하기 위해서는 나와 타인의 감정, 그리고 그 감정을 어떻게 소통할 것인지에 대해 깊이 이해해야 한다.

감정은 삶에 의미를 부여한다. 50 이후의 감정 경험은 과거를 재해석하고, 미래의 방향을 설정하는 데 중대한 역할을 할 수 있다. 50대가 되면 지나온 삶을 돌아보며 그것이 어땠는지 평가를 하게 된다. 비록 지나온 삶이 아쉽고 후회가 되더라도 이제는 되돌릴 수도 수정할 수도 없는 것이 인생이다. 연필로 쓴 편지처럼 삶의 기록을 지우거나 수정할 수는 없지만 그것에 대한 정서적 평가는 달라질 수 있다. 이를 통해 자신의 삶을 인정하고 수용할 수 있게 되며, 앞으로 남은 시간을 어떻게 살아갈 것인지에 대한 방향을 설정할 수 있다.

고등학교 시절 나는 불안하고 다소 우울한 아이였다. 세상에 대해 염세적이었고 외로웠다. 내 존재의 의미가 뭘까, 나는 왜 살아야 하는 걸까 하는 질문들에 사로잡혀 있었다. 어른이 되면 나의 삶이 어떻게 펼쳐질지 알 수 없어서 불안했다. 내가 불안하니 세상도 불안하게 보였다.

어른이 되어 감정에 대해서 알게 된 후 돌아보니 그 시절 나는 분명 여러 가지 감정을 느끼며 살았는데 그것이 감정이라는 것을 알지 못했다. 그때는 대부분의 사람들이 감정에 대해서 잘 몰랐고 지금처럼 감정 이야기를 하지 않았다. 어느 누구도 나의 감정을 묻거나 마음을 읽어 주지 않았다. 그때 나는 내가 느끼는 감정을 누군가와 나누기보다는 혼자만의 얼음 궁전에 스스로를 가두는 것으로 나의 감정을 다루었다.

당연히 다른 사람의 감정도 알기 어려웠다. 감정을 표현할 언어를 가지지 못하다 보니 다른 사람들과 소통하는 것이 서툴렀다. 감정을 잘 알지 못하니 다른 사람과 정서적으로 유대감을 갖는 것도 어려웠다. 진료실을 찾는 여러 청소년들이 호소하듯이 다른 사람들과 함께 있을 때 어떤 반응을 보이고 어떻게 대꾸해야 할지 알 수 없어 어색했다. 그 아이들처럼 나도 화가 나면 그런 감정을 느끼는 것이 맞는 걸까 틀린 걸까 평가하려 했다. 그런 감정을 느끼는 내가 못났다고 생각하고 자책하기도 했다. 내가 감정에 대해 서툴렀기 때문에 그 부족함이 오히려 마음 공부에 깊은 관심을 불러일으켰고, 그 관심이 지금까지 나를 이끌어 온 원동력이 되었다.

마음 공부에서 가장 핵심적인 요소는 감정이다. 진료실에서 경험한 바로는 많은 사람들이 감정을 잘 알지 못하며, 나이와 상관없이 감정을 다루는 데 서툴다. 그러나 자동차 운전을 배우듯 감정을 배우고 연습한다면, 이전보다 능숙하고 세련되게 감정을 다룰 수 있게 될 것이다. 노년의 건강한 삶을 위해서 근력 운동에 시간과 정성을 들이는 만큼의 관심을 마음과 감정을 배우는 데 쏟는다면 감정의 성장뿐 아니라 관계의 성장, 그리고 나 자신의 삶을 수용하는 보람 있는 결실을 볼 수 있다.

어렸을 때 미술 대회에 나가면 주최 측의 도장이 찍힌 도화지를 한 장씩 나누어 주었다. 그러면 정해진 시간 동안 그 도화지에 그림을 그려서 제출해야 했다. 그림을 그리던 도중에 내 그림이 썩 마음에 들지 않아 새 도화지에 그리고 싶을 때가 있었다. 그러나 새로 도화지를 받는 일은 불가능했다.

어린 시절, 한 선생님께서는 또 이런 이야기를 들려주셨다.

"사람은 태어나면서 누구나 도화지를 한 장씩 받지. 삶을 사는 것은 이 비어 있는 도화지에 그림을 그리는 거야. 너희는 이제 막 그림을 그리기 시작했지만 나는 이미 많은 시간을 살아와서 내 도화지에는 그림 그릴 곳이 많지 않단다."

몇 살 때였는지, 이 이야기를 들려주신 선생님이 누구였는지도 기억나지 않지만, 그 말은 지금까지도 내 뇌리에 깊이 남아 있다. 아마도 미술 대회와 관련한 속상한 기억이 있어서 선생님의 이야기가 더 기억에 남았는지도 모르겠다. 살면서 문득 이 이야기를 떠올리며 나의 도화지에 어떤 그림을 그리고 있는지, 여백은 어느 정도인지 살펴보곤 한다. 비록 어린 나이였지만 선생님께서 삶을 도화지에 비유해서 들려주신 이야기는 인생에 대해 직관적으로 이해할 수 있게 해 주었다.

인간은 태어나서 죽음에 이르는 한평생이라는 시간을 살아간다. 사람들은 자신에게 주어진 이 시간을 무엇으로 채우며 살아갈까? 보통 뭔가를 이루고 무엇이 되는 것과 같은 성취로 채운다고 생각한다. 감정은 우리가 살아가면서 만나는 사람들, 경험하는 사건에 특별한 의미를 부여한다. 우리가 성취하는 명예, 지위, 성공이 의미가 있는 것은 그것이 주는 기쁨, 희열, 슬픔, 흥분 등과 같은 특별한 감정 때문이다. 즉 우리의 삶을 채우는 것은 감정이다.

감정은 신호등이다

감정은 느낌, 생리적 반응, 신체적 표현으로 이루어져 있다. 우리가 어떤 일이나 상황을 경험할 때 발생하는 마음의 느낌과 몸의 생리적 반응, 그리고 그에 따른 행동을 모두 포함하는 복합적인 경험이다. 쉽게 말해서 감정은 우리가 무언가를 경험할 때 의식에서 느끼고, 몸으로 반응하고, 행동으로 표현하는 모든 것이다.

예를 들어보자. 여러분이 길을 가다 호랑이를 만났다. 호랑이와 두 눈이 마주친 순간 두려움(느낌)과 함께 입이 바짝바짝 마르고 심장은 미친 듯이 날뛸 것이며(생리적 반응), 호랑이를 피해 어디론가 달아날 것(행동)이다. 이 모든 것이 감정이다.

감정에 대해 기억해야 할 중요한 한 가지는, 감정이 단지 정신적인 현상이 아니라 온몸을 통해 드러난다는 것이다. 마음과 몸은 분리된 것이 아니라 하나의 통합된 시스템으로 작동한다. 몸에서 나타나는 다양한 현상이 신체적인 질병으로 생긴 것이 아니라면, 이는 감정 상태를 알려 주는 신호이다. 이러한 신호를 통해 자신의 마음 상태를 돌아보고 살펴보는 것이 중요하다.

감정은 신호등이다. 우리는 신호등의 색을 보고 어떤 행동을 할지 결정한다. 초록불이 들어오면 길을 건너고 빨간불이 들어오면 멈춰서 신호가 바뀌길 기다린다. 이와 마찬가지로 감정은 어떤 환경이나 상황을 내가 어떻게 받아들이고 있는지 알려 주는 신호이다. 두려움이나 공포를 느끼면 위험한 상황이라는 신호로 받아들인다.

감정이라는 신호등은 나 자신뿐 아니라 타인도 볼 수 있어서,

나의 상태를 타인도 알 수 있다. 즉 사회적 신호로 타인과의 의사소통을 위해 중요한 기능을 한다. 얼굴 표정, 신체 언어, 목소리 톤 등의 감정 표현은 다른 사람들에게 우리의 내적 상태를 알리는 중요한 수단이다. 슬픈 감정의 표현은 다른 사람들에게 도움을 요청하는 신호로 작동하고, 좋아하는 감정의 표현은 사회적 유대를 강화하는 역할을 한다. 감정을 통해서 우리는 자신의 내면 상태를 인식하고 욕구와 필요를 파악할 수 있으며, 타인과의 관계와 환경 속에서 자신의 상태를 파악할 수 있다.

기억해야 할 것은 나만 감정의 신호등을 가지고 있는 것은 아니라는 점이다. 세상의 모든 사람들이 감정이라는 신호등을 가지고 있다. 나의 신호등은 물론 타인의 신호등도 읽을 수 있고 이에 대하여 적절하게 응답하는 것, 이것이 소통이다. 우리는 감정을 통해서 나 자신 그리고 타인과 소통한다. 더 나아가 세계와 소통할 수 있다.

감정을 이해하기 어려운 이유는 이것이 실체가 없어서 정확하게 정의하기가 어렵기 때문이다. 그렇기에 감정의 성장에 대해서 이야기하는 것은 더욱 어려운 작업일 수 있다. 감정을 이해하는 데 도움이 되도록 감정의 내용, 감정에 대한 태도, 감정의 처리 방식이라는 세 가지 측면을 설명해 보려고 한다.

감정의 내용은 기쁨, 슬픔, 분노, 두려움과 같은 다양한 감정 상태를 말한다. 각각의 감정 상태를 구분하고 그 본질을 파악하는 것은 감정의 복잡성을 이해하는 첫걸음이다. 감정의 종류를 안다면 자신이 어떤 감정을 느끼고 있는지 정확하게 인식할 수 있다.

감정에 대한 태도는 우리가 자신이 느끼는 감정을 어떻게 인식하고 받아들이는지에 관한 해석으로, 이것은 감정을 처리하는 방식에 영향을 준다. 어떤 사람은 자신이 느끼는 감정에 대해 옳고 그름의 가치 판단을 할 것이다. 예를 들어 슬픔이라는 감정은 나약한 사람이나 느끼는 것이라고 생각하는 사람은 자신의 감정을 감추거나 외면할 것이다. 이에 반해 어떤 사람은 인간이라면 어떤 종류의 감정이든 자연스러운 것이라고 받아들일 수도 있다. 감정에 대한 수용적인 태도는 감정을 우리의 인간다움을 드러내는 중요한 요소로 여기는 것이다.

감정의 처리 방식은 감정을 어떻게 다루는가 하는 것이다. 최근 한 오피스텔 입주민이 주차 문제로 화를 참지 못하고 경비원의 발을 걸어 넘어뜨리는 사건이 있었다. 쓰러진 경비원은 머리를 심하게 다쳐 치료를 받던 중 사망하고 말았다. 그 입주민은 자신의 화를 다스리지 못해서 비극적인 결과를 맞이했다. 감정을 잘 처리하지 못해 대인 관계에서 파국적인 결과를 맞이하거나 자신이나 타인에게 되돌릴 수 없는 심각한 문제를 야기하는 것은 주변에서 꽤 흔하게 일어나는 일이다. 이처럼 감정을 처리하는 것은 우리 삶에서 매우 중요하다.

감정과 정서는 어떻게 다를까?

감정과 관련해 자주 사용하는 용어

로는 감정, 정서, 느낌, 기분 등이 있다. 학자들은 이 개념들을 정확히 정의하고 구분하여 연구하지만, 일상에서는 이러한 용어들이 자주 혼용된다.

정서는 전반적인 기분 상태이다. 감정과 유사한 개념이지만 더 광범위하게 사용될 수 있으며 감정, 기분, 정서 등을 포함하는 포괄적인 용어로, 일시적인 감정 상태뿐만 아니라 전반적인 기분 상태를 포함할 수 있다. 즉 정서는 특정 사건에 대한 순간적인 반응으로 즉각적인 감정 상태를 의미하거나, 지속적인 기분 상태로 장기간 유지되는 정서적 상태를 의미할 수도 있다.

그렇다면 감정과 정서는 어떤 차이가 있을까? 감정은 특정 사건이나 상황에 대한 즉각적이고 일시적인 반응이다. 반면에 정서는 장기적이고 지속적인 기분 상태이다. 감정은 순간적으로 강렬하게 느낄 수 있으며, 행동이나 생리적 현상과 같은 신체적 반응을 동반한다. 또 위험을 느꼈을 때 도망치는 행동처럼 상황에 대한 즉각적인 반응을 통해 빠르게 행동을 유도한다.

반면에 정서는 장기적인 삶의 질과 관련이 있으며, 지속적인 기분 상태를 통해 전반적인 안정감에 영향을 미친다. 긍정적인 정서 상태에 있는 사람은 대체로 기분이 좋고 낙관적인 반면, 부정적인 정서 상태에 있는 사람은 기분이 나쁘고 비관적일 수 있다. 우울한 정서가 지속되는 사람은 대인 관계나 직업적 활동에서 만족스러운 성과를 내지 못하고, 이것이 그 사람의 자존감에 부정적인 영향을 미칠 수 있다.

마음을 바다라고 상상해 보자. 이러한 시각적인 상상은 감정과 정서를 좀 더 쉽게 이해하는 데 큰 도움이 된다. 만약 정서를 바다라고 한다면, 감정은 그 바다에서 일어나는 파도라고 할 수 있다. 파도는 바람이나 날씨 변화 등 특정 조건에 의해 일시적으로 형성되고, 강렬하게 요동치다가 비교적 단기간 지속된 후 가라앉는다.

정서는 바다 자체 또는 바다의 전반적인 상태라고 할 수 있다. 바다의 상태는 기후나 계절, 장기간의 환경 변화에 의해 영향을 받으며, 오랜 시간 동안 변하지 않고 지속된다. 이처럼 정서는 감정에 비해 더 오래 유지되는 일관된 기분이나 전반적인 상태를 나타낸다. 바다에는 표면에서 일어나는 파도와 아래에서 흐르는 깊은 해류가 있듯이, 정서도 일시적인 감정과 더 깊고 지속적인 기분 상태를 모두 포함한다.

어떤 사람들은 감정과 정서의 관계를 날씨와 기후에 비유해서 설명하기도 한다. 바다나 날씨의 비유에서 강조하는 것은, 감정이 비교적 짧은 시간 일어났다가 가라앉는 것이고 이에 비해서 정서는 더 긴 시간 동안 유지된다는 것이다.

그렇다면 정서는 우리 삶에 어떤 영향을 줄까? 정서는 경험과 세상을 보는 방식을 결정한다. 우리가 빨간 안경을 쓰면 세상 사물이 다 붉게 보이고 파란 안경을 쓰면 푸르게 보이는 것과 마찬가지로, 같은 사건이라도 정서 상태에 따라 다르게 해석될 수 있다. 예를 들어 긍정적인 정서 상태에 있는 사람은 상사의 비판을 건설적인 피드백으로 받아들이는 반면, 부정적인 정서 상태에 있는 사람은 같은 비판을 개인적인 공격으로 받아들일 수 있다.

어린 시절부터 지속된 정서는 그 사람의 성격 형성에 중대한 영향을 끼친다. 우울한 정서가 지속되어 온 사람은 비관적인 성격의 소유자가 된다. 그는 허무주의에 빠지기 쉽고 자신의 미래에 대해서 부정적인 전망을 갖는다. 또 세상을 염세적으로 바라보게 된다.

출생 직후 아기가 느끼는 감정은 단순하다. 배가 부르면 좋고 기저귀가 젖으면 나쁘다. 이런 단순한 감정은 대인 관계와 사회적 경험을 통해 점차 복잡한 정서로 발전한다. 갓난아이의 감정은 본능적이고 즉각적인 반응이다. 이러한 감정은 성장하는 동안 자신의 본능, 신체 상태, 생각, 충동, 사회적 맥락이 복합적으로 얽힌 정서로 발달한다.

사람들은 감정과 정서를 정확하게 구분해서 사용하지는 않고 있으며, 둘을 혼동해서 이해해도 큰 문제는 없다. 그럼에도 불구하고 여기에서 감정과 정서를 구분해서 설명하는 이유는 흔히 정신 건강을 위해 감정 조절(처리), 정서 관리 등으로 나누어 접근하는 것이 실제적으로 도움이 되는, 다양한 의미 있는 통찰을 제공하기 때문이다. 이러한 구분은 각각의 영역에 맞는 적절한 대처 방법을 찾아내는 데 유용하며, 보다 체계적으로 정신 건강을 유지하고 향상시키는 데 기여할 수 있다.

지천명과 이순 사이

불면증으로 약을 복용 중인 50대 초반 여성이 진료 중에 최근의 마음 상태에 대해서 이렇게 이야기했다.

"이제는 50대를 지천명이라고 하는 이유를 알겠어요. 내 삶이 부족하면 부족한 대로, 아쉬운 대로 '그랬구나' 하고 받아들이게 되는 것 같아요. '여기까지가 내 몫이구나, 그래도 열심히 살아왔다'는 마음이 생겨요. 하늘이 정한 운명을 안다는 것이 바로 이런 마음인 것 같아요."

그녀는 30대에 어린 아들 둘을 데리고 이혼을 했다. 남편이 양육비를 한 푼도 주지 않아서 아이들을 친정에 맡겨 두고 돈을 벌어야 했다. 아이들이 중·고등학생이 되어서야 경제적으로 어느 정도 안정이 되어 함께 살게 되었다. 사춘기가 된 아들들과 한동안 갈등을 겪었지만, 어느새 큰아들은 공무원 시험에 합격해 지방으로 발령이 났고 작은아들 역시 지방의 대학에 진학을 하게 되었다. 그녀는 자신의 인생을 돌아보며 이런 말을 덧붙였다.

"저의 지난 삶을 돌아보면 아쉽고 후회되는 점이 많고 남들이 보면 대단할 것 없는 인생이라고 할지 모르겠어요. 하지만 이혼하고 애들 데리고 살던 막막했던 시절을 생각하면 이만큼 살아온 것도 대견해요. 이젠 스스로 수고했다고 저를 위로할 수 있게 되었어요."

나는 대학교에 입학한 후 한동안 노트 필기가 마음에 들지 않아 노트 한 장을 다 채우지 못하고 여러 번 찢어 버리고 새로 쓰곤 했다. 글씨체가 마음에 들지 않거나 혹은 내가 적어 내려가는 형식이 못마땅해서였다.

50 이후 잠시 그림을 배울 때의 일이다. 그림 선생님은 나에게 가끔 그림 그리기를 멈추고 뒤로 물러나 전체적인 균형과 비율을

살펴보라고 충고해 주었다. 선생님의 조언에서 인생을 사는 중요한 교훈을 얻었다. 나이가 들면 멈춰 서서 자신의 인생이라는 그림을 전체적으로 조망하는 시간이 이전보다 더 많아진다.

내가 그려 온 그림이 만족스러운 부분도, 아쉽고 후회스러운 부분도 있다. 하지만 나의 그림을 바라보는 마음은 위에 이야기한 그녀처럼 대체로 평온하다. 지나온 삶이 만족스럽고 완벽해서가 아니라, 부족한 대로 받아들이고 자신을 위로할 수 있기 때문이다.

50대의 시간을 보내고 있는 나는 절반 이상 채워진 도화지를 마주하고 있다. 인생이라는 그림은 대학 시절 공책처럼 마음에 들지 않는다고 구기거나 찢어 버릴 수가 없다. 지금껏 내가 그려 온 그림이 썩 마음에 들지 않아도, 이미 그린 그림을 수정하거나 새로운 도화지를 받을 수가 없는 게 인생의 규칙이다.

흔히 나이 50은 하늘의 명을 알게 된다는 뜻으로 지천명知天命이라고 하고, 60은 귀가 순해져 사사로운 감정에 얽매이지 않고 모든 말을 객관적으로 듣고 이해할 수 있다는 뜻으로 이순耳順이라고 한다. 나는 지천명이란 자기 삶의 한계를 받아들일 수 있게 되는 상태를, 이순은 타인의 감정을 공감할 수 있고 마음의 평화를 얻은 상태일 것이라고 자의적으로 해석하고 있다.

이제 지천명과 이순의 나이에 있는 50대와 60대의 마음속 풍경을 스케치해 보려고 한다. 모든 사람이 동일한 감정을 겪는 것은 아니겠지만 아래에 정리한 마음 풍경을 참고삼아 자신의 현재 상태와 비교해 보길 권한다. 그러면 감정의 관점에서 내가 어린 시절과 비교해 어떻게 성장했는지, 앞으로 70대 이후의 시간을 향해 어떻게 성장해 가야 할지 나만의 지도를 그릴 수 있을 것이다.

50 이후 펼쳐지는 마음의 풍경들

감사와 자신을 믿는 마음

가끔 어린 시절에 비하면 부자가 되었다고 느낄 때가 있다. 내가 듣고 싶은 노래를 맘껏 들을 수 있을 때다. 더군다나 요즘은 유튜브를 찾아보면 좋아하는 노래가 한 시간 동안 반복 재생되도록 편집되어 있기도 한다.

내가 어릴 때는 LP판은 물론 테이프도 귀해서 좋아하는 노래가 라디오에서 나오면 세상 귀한 것을 얻은 듯 반가웠다. 어떨 때는 준비를 하고 있다가 좋아하는 노래가 나오면 재빨리 녹음을 해서 반복해 듣기도 했다. 모든 것이 부족했고 여러 형제들과 나누어야 했던 어린 시절에 비하면 지금은 얼마나 큰 부자인가 감사할 일이다.

10대 시절에 비하면 지금은 남은 시간의 길이가 짧아졌고, 이후 삶의 모습도 어느 정도 예측이 가능해졌다. 지나온 삶이 만족스러운 것은 아니지만 많은 것들이 분명하고 확고해졌기 때문에 변동성이 줄어들었다. 내가 그려 온 그림이 완벽하고 훌륭해서가 아니라 살아 보기 전에는 두려움으로 가득 찼던 삶의 과정을 통과해 왔다는 것에 감사하고 자부심을 느낀다.

어느 날, 정년퇴직을 몇 년 앞둔 50대 후반의 남성이 이런 말을 했다.

"아이들이 아직 어려서 뒷바라지를 하려면 퇴직하고 난 후에도 뭔가 일을 해야 할 것 같습니다. 그래서 남들이 추천하는 자격증 시험을 준비하고 있어요. 그런데 내가 과연 그런 일을 할 수 있을까 싶어요. 지금까지 해 온 일은 그래도 화이트칼라에 속하는 일이었는데 지금 준비하는 자격증은 현장에서 일해야 하거든요."

그에게 현장에서 일을 하게 된다면 무엇이 두려운지 물었더니 이렇게 답했다.

"아무래도 현장에서 거친 사람들하고 일을 해야 할 텐데, 내가 잘 해낼 수 있을까 걱정이 돼요."

그의 이러한 걱정은 어린 시절에 자신보다 힘이 센 아이들에게 괴롭힘을 당했던 기억과 관련이 있었다. 그에게 어릴 때는 힘없고 작은 아이였지만 다른 누구보다 열심히 살았고 회사에서도 인정받고 있지 않느냐고 물었다.

"그렇죠. 제 자신을 돌아보면 참 신기해요. 어릴 때 정말 가난해서 구멍 난 옷을 입고 다닐 정도였죠. 섬마을의 작고 가난한 소년이 지금은 서울시 한복판에 있는 큰 회사에서 일하고 있으니 제가 생각해도 대단하다는 자부심을 느낍니다."

50대와 60대는 그동안 살아오면서 자신에 대한 이해가 깊어졌다. 그 결과 자신을 어떻게 위로하고 달랠 수 있는지를 알게 되었다. 두려움과 불안 속에서도 삶의 과정을 통과해 왔고, 지금까지 해 왔듯이 앞으로 남은 삶도 그렇게 살아 낼 수 있을 것이라는 믿음이 생겼다. 이들의 자신감은 삶의 모든 문제를 완벽하게 해결할 수 있다거나 삶의 고통에 무감각해서가 아니라, 흔들리면서도 끝내 살아내는 자신에 대한 믿음에서 비롯된 것이다.

안정감과 모험심

어린 시절 나는 바로 위의 언니와 함께 시골 할머니 집에서 방학을 보내곤 했다. 무학이었던 나의 조부모님은 매일매일 시계와 같은 일상을 살았다. 벽걸이 시계가 있었지만 시계가 알려 주는 시간은 참고 사항이었을 뿐, 두 분은 해와 달, 그리고 몸이 보내는 신호와 삶의 경험을 통해 만들어 놓은 기준에 따라 하루를 살았다.

나는 아침이면 할아버지가 싸리비로 마당을 쇄악쇄악 쓰는 소리를 자명종 삼아 눈을 떴다. 세수를 하기 위해 방문을 열고 나서면 마당은 잘 빗어 놓은 소녀의 머리카락처럼 단정한 얼굴로 나를 맞이했다. 수도가 없어서 할머니는 동네 한가운데 있는 우물에서 물을 길러 물동이를 머리에 이고 와서 밥을 지었다. 순서대로 돼지와 닭을 먹이고 리어카를 끌고 밭으로 나가셨다.

배우자, 직업, 자녀, 경제적 조건 등 50대와 60대의 삶을 구성하고 있는 많은 것들은 이제 어느 정도 고정되어 젊은 시절에 비하면 큰 변동 없이 안정적으로 흘러간다. 이러한 삶의 조건들뿐 아니라 매일 일상을 사는 방식도 일정한 순서가 만들어져 반복된다. 비슷한 시간에 잠자리에 들고 일어나며 정해진 시간에 익숙한 메뉴로 식사를 한다. 늘 만나던 사람들을 만나고 즐겨 찾는 장소에서 쇼핑을 한다.

나이 들수록 삶은 예측 가능한 패턴이 반복된다. 루틴은 효율적이며 안정감을 준다. 새로 적응하기 위해 큰 에너지를 쓸 필요가 없고 자동적으로 흘러가기 때문이다. 하지만 안정감을 얻은 대신 어린 시절처럼 새로운 변화와 도전 앞에서 느끼는 흥미진진함이나 재미는 부족하다.

이것이 때로는 지루함이나 무료함으로 이어질 수 있다. 안정적인 5060의 시간에 호기심, 모험심, 도전 정신을 추가한다면 삶이 보다 다채로워질 수 있다. 모험이나 도전이 현재의 삶을 뒤흔들 정도로 대단한 것일 필요는 없다. 변화하는 세상의 흐름에 올라타 보는 것, 새로운 문물을 받아들이고 이용해 보는 것, 취미를 개발하기 위해서 모임에 나가 보는 것 등 현재 나의 삶을 유지하면서 흥미와 새로움이라는 양념을 추가할 수 있는 방법은 많다.

후회와 희망

어느 날 등기를 보내기 위해 병원 근처의 우편물 취급소에 들렀다. 마침 창구에는 나에게 진료를 받은 적 있어 안면이 있는 50대 소장님이 앉아 있었다. 그녀가 우편물을 처리하며 이런 말을 했다.

"지금은 방송이나 책에서 아이들 키우는 것에 대한 정보를 많이 접할 수 있잖아요. 그걸 보고 있으면 내가 저런 것을 우리 아이들 키울 때 알았더라면 얼마나 좋았을까 싶어요. 아이들 다 키우고 나이 들고 보니 후회되는 것이 한두 가지가 아니네요."

잠시 뒤로 물러나 바라본 내 삶의 그림이 아름답지만은 않을 것이다. 당연히 수많은 실수와 잘못이 기록되어 있다. 지금 알고 있는 것을 그때도 알았더라면 삶이 얼마나 달라졌을까? 자신의 삶을 돌아보며 후회와 아쉬움을 느낀다.

'젊은 시절 건강 관리에 좀 더 신경을 쓸걸, 과음하지 말걸.'

'그때 꿈을 좇을걸. 한 번밖에 살지 못하는 인생, 내 인생을 살지 못하고 부모가 원하는 삶을 살며 시간을 낭비했구나.'

'내 삶은 너무 밋밋해. 그 나이에 할 수 있는 여러 가지 경험들을 더 많이 해 볼걸.'

'다른 사람하고 결혼을 했으면 지금 훨씬 행복했을 거야.'

'그때 집을 팔지 말았어야 했는데, 돈을 아껴 쓰고 저축을 많이 할걸.'

'젊은 날 객기로 술 마시고 노느라 정작 내 가족과는 시간을 보내지 못했구나.'

'부모님 돌아가시기 전에 더 자주 찾아뵙고 사랑한다고, 감사하다고 표현할걸…….'

후회의 내용은 수없이 많다. 지금껏 살아오면서 한 중요한 결정과 선택들의 결과를 되돌아본다. 만약 다른 선택을 했다면 지금의 상황이 어떻게 달라졌을지 생각하기도 한다. 이러한 후회와 아쉬움은 누구에게나 있을 수 있는 자연스러운 감정이다. 이것은 앞으로의 삶을 더 가치 있게 만들어 주는 중요한 교훈이 될 수 있다.

이제 와서 새로운 도화지를 받을 수는 없다. 내 그림이 마음에 들지 않아도 지워 버리고 다시 그릴 수도 없다. 남아 있는 여백에 이전보다는 더 정성을 들여 그림을 그려야 한다. 무엇을 그리는지도 모르고 살아왔던 지난 시절과 다르게 노력을 기울이면 좋은 그림을 그릴 수 있다.

나이가 들면서 삶의 조건이 젊은 시절보다 악화된 경우도 있다. 그래서 찬란했던 자신의 한 시절에 대한 그리움에 사로잡혀 있을 수도 있다. 아름다운 외모를 비롯해 한때 나의 것이었으나 놓쳐 버린 젊음 혹은 관계, 경제적인 성공, 사회적인 성취 등을 아직 떠나보내지 못하는 것이다. 상황을 반전시킬 멋진 한 방을 찾아 전전긍긍하느라 지금 내 앞의 중요한 것들을 놓치고 있을지도 모른다. 후회와 아쉬움은 더 나아가 분노와 실망, 절망과 우울로 이어질 수 있다. 무력감에 빠져 스스로를 고립시키고 속수무책으로 죽음을 기다리는 사형수처럼 지낼 수도 있다.

빅터 프랭클Viktor Frankl(1905~1997)은 오스트리아 출신의 신경과 의사이자 정신과 의사로, 로고테라피의 창시자이며 저서《죽음의 수용소에서》로 널리 알려져 있다. 그는 제2차 세계 대전 중에 나치에 의해 아우슈비츠와 다하우를 포함한 여러 강제 수용소에서 수감 생활을 했으며 부모와 아내, 형제 모두 수용소에서 목숨을 잃었다.

수용소 생활을 통해 프랭클은 고통 속에서도 삶의 의미를 찾는 것이 인간에게 얼마나 중요한지 깨달았다. 그는 인간이 자신의 운명을 선택할 수 없더라도, 그 운명에 대한 태도를 선택할 자유가 있다고 강조한다. 그리고 '우리가 더 이상 상황을 바꿀 수 없을 때, 우리는 자신을 바꿀 도전에 직면하게 된다'고 했다.

지나온 삶을 바꿀 수는 없지만 그 삶을 바라보는 태도는 자신이 선택할 수 있다. 도화지의 남은 여백을 뭔가 대단한 것으로 채우려는 노력보다는 삶을 바라보는 태도를 가꾸는 것이 나의 인생에 의미를 더하는 일이 될 것이다.

슬픔과 연민

우리 삶에는 여러 가지 이별이 있다. 흔히 어린 시절과의 이별, 학창 시절과의 이별, 젊은 시절과의 이별 등과 같은 말을 한다. 이것은 한 상태에서 다른 상태로의 변화를 의미하는데, 이러한 이별은 성장과 변화를 동반하기 때문에 때로는 긍정적인 측면도 있다.

또 다른 측면에서의 이별은 나에게 중요한 사람을 잃는 실제적인 이별이다. 이것은 다시 두 가지 유형으로 나누어 볼 수 있다. 실제적인 이별의 첫 번째 유형은 그 사람이 살아 있으나 이제 나에게 더 이상 의미 없는 존재가 되는 경우이다. 사랑하던 사람과 헤어져 남남이 된 경우, 친한 친구와 연락이 끊겨 더 이상 관계가 지속되지 못한 경우가 이에 해당한다. 이러한 이별은 슬픔, 혼란, 때로는 해방감을 동반하기도 한다.

실제적인 이별의 두 번째 유형은 죽음으로 인한 이별이다. 이는 영원하고 돌이킬 수 없기에 가장 슬픈 이별이다. 그 사람과의 모든 추억과 미래의 가능성을 잃기 때문에 감당하기 어려운 상실감을 준다. 나이가 들수록 죽음으로 인한 이별을 더 자주 경험하게 된다. 50 이후에는 주변 사람들의 죽음을 경험하는 빈도가 증가하며, 이는 이 연령대의 사람들이 느끼는 슬픔과 깊은 연관이 있다. 죽음을 통한 이별은 때론 견디기 힘든 고통스러운 감정을 불러일으킨다.

윤동주 시인은 〈서시〉에서 '별을 노래하는 마음으로 모든 죽어가는 것들을 사랑해야지'라고 했다. 우리는 사랑하는 사람의 죽음을 경험하면서 인간 존재와 모든 관계는 죽음으로 끝나는 유한한 것임을 더욱 절감하게 된다. 그리고 이러한 슬픔은 시의 구절처럼 연민과 자비, 용서와 화해로 이어진다.

50 이후 겪는 죽음의 경험, 슬픔, 연민, 자비, 그리고 용서는 인생의 마지막 단계를 더욱 의미 있게 만드는 중요한 요소들이다. 이것은 개인의 내적 성장과 더불어 타인과의 관계를 깊이 있게 만들며 남은 시간을 더 가치 있게 만들어 주는 중요한 역할을 한다.

모성애와 이타심

진료실을 찾는 20대와 30대의 초보 어머니들은 어머니가 되는 경험이 주는 충만함과 경이로움, 힘겨움과 자책이 뒤범벅된 복잡한 심경을 토로한다. 이들이 흔히 이야기하는 것 중의 하나는 '나는 모성애가 부족한 사람인 것 같다'라는 것이다.

출산 전에는 옛날 어머니들의 이야기나 미디어에서 보여 주는 이상화된 모성애를 막연히 그려 왔기에, 아이를 낳으면 사랑과 헌신의 마음이 저절로 샘솟을 거라 기대한다. 그러나 기대와 달리 막상 육아를 하면서 여러 가지 갈등과 어려움에 봉착해 복잡한 감정을 겪는다. 이러한 모성에 대한 갈등은 요즘에 와서 더욱 심해지는 경향이 있는데, 이것은 모성이 단지 본능적인 것이 아니라 여러 요인에 영향을 받는 복합적인 감정이라는 것을 의미한다.

시대가 변하고 사람들이 달라지면서 모성 역시 변화해 왔다. 과연 모성이 타고나는 것인지 길러지는 것인지는 여러 논란이 있다. 일부 타고나는 부분도 있지만 아이를 키우면서 모성의 그릇은 점차 그 용량이 커지는 것으로 알려져 있다.

자녀를 기르는 동안 어머니는 자신을 향한 관심과 이기심에서 벗어나 스스로를 변화시켜야 한다. 이렇게 성장한 모성은 자녀 양육이 끝난 후 손자녀를 향하거나 나이 들어가는 부모를 돌보는 데 발휘되기도 한다. 더 나아가 자식을 벗어나 타인 혹은 더 넓은 세상을 돌보는 것으로 확장된다.

즉 모성애는 생물학적인 부모 자녀 관계를 넘어서는 감정으로, 타인을 돌보는 다양한 상황에서 나타날 수 있다. 예를 들어 교사, 의료 종사자, 사회 복지사 등은 자신의 직업을 통해 이러한 감정을 실천할 수 있다. 오늘날에는 비혼을 선택하는 사람이 많아지고 결혼을 했다 하더라도 아이를 낳지 않는 사람들이 많아졌다. 자신의 아이를 낳아 기르지 않더라도 타인에 대한 돌봄, 자비심, 공감은 모성과 같은 결을 가지며 나이 들어갈수록 인간의 품격을 더욱 높여 줄 것이다.

불안과 자기 위로

나는 어렸을 때 노인이 되면 겁날 일도 두려운 일도 없을 거라고 생각했다. 그래서 마음이 많이 힘들 때는 빨리 나이 들어 노인이 되고 싶다고도 생각했다. 노인이 되면 삶의 숙제를 어느 정도 마치고 걱정도 불안도 없는 정서적으로 둔감한 상태가 되지 않을까 기대했다.

그런데 막상 나이가 들어 보니 어린 시절부터 느껴 왔던 여러 종류의 감정은 그 비율을 달리할 뿐 항상 내 마음속에 존재하고 있다. 불안이라는 감정도 그 이유가 달라질 뿐 늘 함께하고 있다. 5060이 느끼는 불안은 건강을 잃게 되지 않을까, 경제적으로 어려워지지 않을까 등 다양한데 특히 치매에 걸리는 것과 죽음에 대한 두려움이 커진다.

옛날보다 더디게 나이가 든다 하더라도 노화로 인해 외모가 변하는 것, 중병에 걸려서 고통스러운 시간을 보내는 것, 질병 등의 후유증으로 운신이 어려워지는 것 등을 걱정한다. 주변에서 자식들 다 키워 놓고 살 만하니 중병에 걸렸다는 이야기들을 들으며, 자신도 이제 노후의 여유로움을 누릴 일만 남았는데 덜컥 병이 찾아오지는 않을까 불안해진다.

자신이 어떤 삶을 살게 될지 미리 안다면 아직 오지 않은 시간에 대해서 불안을 느끼지 않을 것이다. 미래의 시간은 미리 살아 본 적이 없기 때문에 불확실함으로 가득 차 있어 우리를 더욱 불안하게 한다. 어느 누구에게도 인생이라는 드라마는 재방송도, 예고편도 없기 때문이다.

2015년에 고등학교 졸업 30주년 행사가 있었다. 고등학교 시절 한 교실에서 같이 공부했던 친구들을 30년 만에 다시 만나면서 내가 느낀 감정은 안심이었다. 공부를 못하거나 선생님께 자꾸 야단을 맞아서 걱정했던 친구들이 다들 자기 방식대로 삶을 살고 있었다. 졸업 30주년 기념행사는 50대의 내가 10대 시절의 나를 만나 삶이 불안하고 두렵기만 한 것은 아니라고 위로를 건네는 시간이었다. 10대 시절에 품었던 '인생이 무엇일까, 나는 왜 살아야 하는 걸까'류의 불안한 질문에 시간이 답을 주었듯이, 앞으로 다가올 30년을 바라보는 불안에 대한 해답 역시 시간이 알려 줄 거라는 것을 알게 되었다.

감정은 성장한다

사람들은 흔히 감정을 잘 다스리고 싶다고 이야기한다. 그러나 많은 경우, 그들이 이야기하는 '감정을 다스리는 것'은 사실 감정을 억누르는 것을 의미한다. 감정을 억누르려는 시도가 반복적으로 실패하면, 감정을 우리가 어쩔 수 없는 통제 불가능한 것으로 여기게 된다. 그러나 성장의 관점으로 바라보면, 우리가 감정을 변화시킬 수 있는 여지가 생각보다 많다.

갓 태어난 신생아를 떠올려 보자. 이 아이는 배고픔이나 통증을 느낄 때 혹은 큰 소리와 같은 강력한 자극에 반응해서 울음을 터뜨린다. 젖을 배부르게 먹고 나면 편안한 표정을 지으며 잠이 든다. 감정은 갓난아이가 느끼는 쾌, 불쾌로부터 발달하기 시작한다.

어린아이가 느끼는 감정은 슬픔, 분노, 기쁨, 두려움, 역겨움 등 단순하고 명확하다. 아이가 자신의 감정을 인식하고 그 감정의 색깔을 구분하여 이름을 붙이는 것은 타고난 것이라기보다는, 인지 능력의 발달과 함께 부모 형제 등과의 상호 작용을 통해 세상에서 통용되는 감정의 언어를 배우면서 가능해진다.

아이가 성장하면서 감정은 더욱 복잡하고 다채로워진다. 미국의 심리학자 로버트 플루치크Robert Plutchik(1927~2006)는 인지적 발달과 다양한 사회적 경험에 의해 기본 감정들이 혼합되거나 변형되어 더 복합적인 감정 상태로 나타나게 된다고 주장했다. 부모가 아이의 감정을 다루는 방식이나 감정을 표현하는 방식, 감정에 대한 사회적인 분위기에 영향을 받아 아이의 감정은 더욱 발달·분화되어 풍부해진다.

어린아이의 감정에서 어른의 감정으로 성장함에 따라 감정의 종류가 다양해지며, 감정에 대한 태도, 감정을 다루고 처리하는 방식이 달라진다.

감정 내용의 성장

먼저 감정의 내용에서의 성장을 살펴보자. 어린아이의 감정은 단순하다. 영화 〈인사이드 아웃 1〉은 주인공인 11살 라일리의 감정을 기쁨, 슬픔, 두려움, 분노, 혐오 등 다섯 가지로 묘사하고 있다. 후속작에서는 다섯 가지 감정에 불안, 당혹감, 질투, 향수, 권태의 감정이 추가된다. 이처럼 아이가 성장하면서 감정은 분화해 그 수가 많아진다.

나이가 들수록 감정의 종류를 더 세분화하여 인식하고, 복합적인 감정 상태를 경험할 수 있게 된다. 감정의 종류를 크레파스에 비유해 보자. 아이의 감정이 오색 크레파스라면 어른의 감정은 이 다섯 가지 색이 혼합되어 수많은 색을 만들어 낸다. 그래서 어른의 감정 크레파스는 열두 개나 스물네 개 혹은 그 이상일 수도 있다. 즉 아이가 어른으로 성장하면서 다양한 감정을 느끼게 된다.

감정이 잘 발달된 사람은 그렇지 않은 사람들이 비교적 단순하고 강한 감정을 느끼는 것에 비하여 풍부하고 다채로운 감정을 느낀다. 이것은 감정을 표현할 수 있는 언어의 발달과 연관되어 있다. 슬픔을 표현할 때 애잔하다, 서글프다, 가슴이 미어진다, 절망스럽다, 섭섭하다, 참담하다, 애통하다 등 그 정도를 달리해서 여러 가지 언어로 표현할 수 있다. 이것은 마치 미각이 잘 발달된 사람이 그렇지 않은 사람에 비해서 더 많은 음식을 즐길 수 있고 음식의 맛을 다양하게 표현할 수 있는 것에 비유할 수 있다.

한 20대 청년이 가슴이 답답하다며 진료실을 찾았다. 그는 이유를 알 수 없는 화와 짜증이 문제라고 했다. 자신의 심리 상태를 말로 표현하는 데 어려움을 겪고 있었다. 그에게 감정을 표현하는 언어를 얼마나 알고 있는지 물어보았다.

"짜증난다, 화난다. 기분 좋다, 그리고……."

그는 더 이상의 단어를 생각해 내지 못했다. 그의 감정은 단순하며 분화·발달되어 있지 못한 상태로, 감정을 표현하는 언어의 발달도 정체되어 있었다. 이것은 그가 자신의 감정을 처리하고 타인과 소통하는 데 어려움을 더하고 있었다.

감정의 내용은 성장함에 따라 생존을 위한 감정에서 가치 있는 삶을 추구하는 감정으로, 의존 상태에서 독립적인 삶을 위한 것으로, 사랑을 받는 것에서 사랑을 나누는 것으로, 경쟁에서 상호 협동하고 더 나아가 타인을 돌보는 것과 관련된 감정으로 변화한다. 감정이 성장하면서 우리는 자신이 느끼는 게 어떤 감정인지 구분할 수 있으며 이것이 어떤 상황에서 생긴 것인지 그 맥락을 이해할 수 있다.

감정 태도의 성장

다음으로 감정에 대한 태도는 어떻게 성장하는지 살펴보자. 감정이 성장하면서 우리는 자신이 느끼는 감정을 더 편안하게 받아들일 수 있게 된다. 감정에 대해 옳고 그름을 판단하거나, 그 감정을 느끼는 자신을 비난하지 않을 수 있다. 감정을 있는 그대로 받아들이며, 더 이상 그것을 억누르거나 부정하지 않는다. 다시 말해서 감정과 자신을 동일시하지 않게 된다. 감정과 자신을 분리해서 바라보고, 마음속에서 어떤 감정이든 일어날 수 있음을 이해하게 되며, 그 감정이 곧 나 자신을 정의하는 것이 아니라는 것을 알게 된다. 어떤 사람에게 극도의 분노를 느끼더라도, 내가 악한 사람이 아니라는 것을 받아들일 수 있는 것이다.

감정이 성숙해지면 적대적인 감정이 곧바로 행동으로 이어질 것이라는 두려움에서 벗어나게 된다. 감정은 일시적인 것이며, 그 감정이 나를 휘두르는 것이 아니라 내가 감정의 표현 방식을 조절할 수 있다는 것을 알게 된다. 따라서 감정이 발달된 사람은 강렬한 감정이 일어나더라도 그것을 억누르거나 두려워하지 않고, 그 감정을 건강하게 처리하고 행동으로 연결되는 과정을 잘 통제할 수 있다.

감정 처리 방식의 성장

감정을 처리하는 방식은 자동적으로, 반사적으로 반응하던 것에서 응답하는 것으로 성장한다. 감정을 인식하고 이해하며 그것을 조절하거나 사회적으로 용인될 수 있는 적절한 방식으로 처리할 수 있게 된다. 대화를 통해 소통하거나 불편한 감정을 마음에 담아 두고 표현을 지연시킬 수 있다.

두세 살 무렵의 어린아이들은 대개 자신이 어떤 감정을 느끼는지 알지 못하고 그것을 언어로 표현하는 능력이 덜 발달되어 있다. 그래서 자기 뜻대로 되지 않아 화가 나면 발버둥 치며 울거나 바닥을 구르는 것과 같은 방식으로 화를 표현한다. 아이들은 스스로 감정을 다스리거나 조절할 수 없기 때문에 자신을 위로해 줄 대상이 필요하다.

어린아이일수록 불편한 감정을 마음에 담아 두지 못하고 즉각적으로, 행동으로 표출한다. 반면에 성숙한 어른이라면 불편한 감정을 느끼더라도 표현을 지연할 수 있다. 감정을 느끼는 것을 음식 먹는 것에 비유해 보자. 어린아이는 자신이 싫어하는 음식이 입에 들어오면 참지 못하고 바로 뱉어 낸다. 이런 행동은 자신이 누구와 함께 있으며 어떤 상황에 처해 있는지에 대한 고려 없이 반사적으로 일어난다.

하지만 성인이라면 자신의 입맛에 맞지 않거나 역겨운 음식이라도 주변 상황이나 음식을 제공한 사람의 입장을 고려해, 얼굴에 감정을 드러내지 않고 음식을 삼키거나 주변 사람들이 눈치채지 못하게 살짝 뱉어 낼 수 있다. 즉 감정이 발달되어 있는 사람은 즉각적인 처리가 어려운 불편한 감정을 마음에 담아 두고 그 표현을 늦출 수 있으며, 이것을 처리하는 여러 가지 방법을 모색할 수 있다.

사람마다 불편한 감정을 담고 처리할 수 있는 용량은 차이가 있다. 감정을 담아낼 그릇의 용량이 작다면 불편한 감정을 마음속에 담고 견디는 데 어려움을 겪는다. 그릇의 크기가 넉넉하다면 불편한 감정이라도 넘치지 않게 담아 둘 수 있다.

감정 처리 능력이 잘 발달되어 있는 사람은 고통스럽거나 적대적인 감정으로부터 자신을 보호할 수 있다. 불편한 감정을 마음 한 곳에 격리시켜 두고 그것으로 인하여 자신의 정신과 일상이 피폐해지는 것을 최소화한다. 감정 처리가 미숙하다면 고통스러운 일을 겪었을 때 식음을 전폐하거나 일상을 유지하는 것에 어려움을 겪는다. 감정이 그의 몸과 정신, 모든 일상을 무너뜨리는 것에 속수무책으로 휘둘릴 수 있다.

이것은 우리 몸의 면역 능력과도 비슷하다. 평소 면역력이 잘 유지되는 사람은 세균이 들어와도 염증을 최소화해서 패혈증과 같은 심각한 상태에 이르지 않게 방어할 수 있다. 하지만 면역이 약한 사람은 그러지 못하고 심하게 앓는다.

남편의 외도를 알게 된 여성의 예를 들어보자. 감정 처리 능력이 잘 발달되어 있지 않은 사람은 분노, 두려움, 배신감 같은 감정에 휩싸여 식음을 전폐하고 앓아눕거나 아이들을 돌보거나 직장에 나가는 것과 같은 일상을 유지하는 것이 어려울 것이다. 하지만 감정 처리 능력이 발달되어 있는 사람이라면 고통스러운 감정을 마음에 담고도 자신의 일상을 망가뜨리지 않고 유지할 수가 있다. 물론 감정이 발달한 사람이라 하더라도 한동안은 그 고통에 휘청일 수 있지만, 비교적 빠른 시간 안에 균형을 되찾기 위한 마음의 작업을 시작한다.

감정 성장의 핵심은 공감

감정의 내용, 감정에 대한 태도, 감정 처리 방식에서의 성장은 모두 공감으로 수렴한다. 즉 감정 성장의 핵심은 공감이다. 공감은 감정에 대해 반응react하는 것이 아니라 응답respond하는 것이다. 반응은 즉각적이고 자동적으로 일어난다. 눈에 먼지가 들어오면 깜빡이는 것과 같다. 이는 깊이 생각하거나 의도적으로 선택하는 과정 없이, 자극에 대해 거의 무의식적으로 순간적으로 나타나는 행동이다. 이와 달리 응답은 상황을 고려한 후 의도적으로 어떤 행동을 할지 선택한다. 상황에 대해 깊이 생각하고, 그에 맞는 적절한 대처를 선택하는 과정을 거친 후 행동한다.

길을 건널 때 신호등의 불이 초록색인 걸 보자마자 횡단보도로 뛰어드는 것은 반응이다. 신호등의 불이 초록색인 걸 보더라도 곧 빨간색으로 바뀌지 않을지, 혹시 신호 위반해서 달려오는 차는 없는지 좌우를 살펴서 확인하고, 맞은편에 건너오는 사람들 중에 자전거를 탄 사람 혹은 지팡이를 짚은 노인이 있어서 부딪히지는 않을지 등 여러 가지를 살피며 건너는 것이 공감이라고 할 수 있다.

단순하게 생각했던 횡단보도를 건너는 행위에도 이처럼 여러 요소들이 포함되어 있고 우리는 무의식적으로 많은 것을 고려하며 행동한다. 이와 마찬가지로 공감도 다양한 요소들이 포함되어 있는 복합적인 과정이다.

일반적으로 공감은 감정 인식, 감정 이해, 그리고 공감적 행동의 세 가지 요소로 구성되어 있다. 친구가 의자에 홀로 앉아 고개를 숙이고 눈물을 흘리는 장면을 떠올려 보자. 그 모습을 보고 친구가 슬퍼하고 있는 것을 알아차린다(감정의 인식). 그러고 나면 친구가 왜 슬퍼할까, 무슨 일이 있었을까 추측해 본다. 최근에 친정어머니가 돌아가셨는데 그것 때문일 것이다(이해). 휴지를 한 장 뽑아서 친구에게 건네며 가만히 어깨를 다독여 준다(공감적 행동).

공감의 세 가지 요소를 하나하나 살펴보기 위해 효진 씨라는 30대 가상의 인물을 상상해 보자. 그녀는 가슴이 두근거리고 손발이 차가워지며 입술이 타는 듯한 느낌이 들어 자꾸 물을 마시게 되었다. 이 증상은 점심 무렵에 시작되어 점점 심해지더니 해 질 녘이 되니 가만히 앉아 있을 수가 없고 숨쉬기도 힘들어 한숨을 쉬며 거실을 왔다 갔다 했다.

감정의 인식

감정의 인식은 상대방이 어떤 감정을 느끼고 있는지, 또는 자신의 감정이 무엇인지 알아차리는 것이다. 감정을 인식하기 위해서는 다양한 감정 신호를 알아차리고 그것이 어떤 감정을 나타내는 것인지 해석할 수 있어야 한다. 표정이나 목소리 톤, 눈빛, 행동, 자세는 겉으로 드러나서 남들이 알 수 있는 감정 신호이다. 반면에 가슴 두근거림, 복통, 소화 불량, 호흡 곤란 등과 같은 생리적 현상은 나 자신만이 알아차릴 수 있다. 반복해서 떠오르는 생각도 감정의 신호이다. 효진 씨의 경우 신체적인 현상들을 통해 그녀가 불안, 초조의 감정을 느끼고 있다는 것을 알 수 있다.

감정 인식 능력을 향상시키기 위해서는 감정에 이름을 붙여 보는 것이 도움이 된다. 어떤 감정을 느낄 때 바로 알아차릴 수 있으면 좋겠지만, 내가 감정을 느끼고 있다는 것을 모르거나 혹은 느낀다 하더라도 그것이 감정인지 모르는 경우가 많다. 그럴 때는 어떤 생리적 현상이 일어났을 때 마음에서는 어떤 감정을 느끼고 있는지, 몸의 현상과 느낌을 연결 지어 보자. 이때 필요한 것은 자신과의 대화이다.

효진 씨는 '이렇게 가슴이 뛰고 손발이 차가워지는 것은 내가 불안한 감정을 느끼고 있기 때문이야'라고 자신의 감정에 이름을 붙일 수 있다.

순간순간 내가 어떤 감정 상태인지를 적어 보는 것도 좋다. 노트에 적어도 좋고 핸드폰 메모장 혹은 나에게 보내는 문자 메시지를 활용해도 좋다. 자신의 감정과 신체 감각을 연결해 의식하는 과정은, 자기 인식을 높이고 감정 상태를 더 명확히 이해하는 데 큰 도움이 된다.

'금요일 오후 3시경 카페에 혼자 앉아 차를 마시는데 긴장이 되었다.'

'월요일, 도서관에서 과제를 하는데 불안한 마음이 들었다.'

감정에 집중하고 느낌과 행동, 생리적 반응을 연결 짓는 연습을 하다 보면 감정을 인식하고 그것을 언어로 표현하는 능력이 향상될 수 있다. 역으로 신체 감각에 집중해서 그것을 느낌과 연결하는 것도 감정 인식 능력을 향상시키는 데 도움이 된다.

감정의 이해

감정의 이해는 감정을 인식한 후, 그것의 배경과 이유를 깊이 파악하는 단계이다. 이는 단순히 어떤 감정을 느끼고 있는지 아는 것을 넘어서 왜 그런 감정을 느끼는지, 그 감정이 어떤 맥락에서 발생했는지를 이해하는 과정이다. 즉 감정의 맥락적 이해는 어떤 감정이 발생하는 상황, 환경, 그리고 그 감정과 관련된 모든 요소들을 포괄적으로 이해하는 것을 의미한다.

효진 씨는 자신이 경험하는 신체적인 현상들이 불안한 감정과 관련되어 있다는 것을 알게 되었다. 그리고 자신이 왜 불안해하는지, 불안 증상이 생겼던 점심 무렵에 무슨 일이 있었는지 되짚어 보았다. 생각해 보니 이 증상은 남편의 전화를 받고 난 후 생긴 것이었다. 남편은 저녁에 시부모님이 효진 씨와 남편을 위해 준비한 반찬을 가지고 집에 방문해 함께 식사를 할 예정이라는 소식을 전해 주었다. 아직 결혼한 지 몇 달 지나지 않아 시부모님과 함께 있으면 어색하고 불편했다. 남편이라도 함께하면 좋을 텐데 남편은 야근이라며 함께할 수 없다는 것이다.

감정은 워낙 순간적으로 일어나기 때문에 흔히 사람들은 감정이 어떤 맥락에서 발생한 것인지 알아차리지 못할 수 있다. 자신이 그런 감정을 느끼는 원인, 외부 사건이나 대인 관계에서의 어려움과 관련이 있다는 것을 알지 못해서 그런 감정을 느끼는 것 자체를 불편하게 받아들인다. 그렇지만 감정을 느끼는 맥락을 이해하면 감정에 대한 태도와 처리 방식이 달라질 수 있다.

내가 느끼는 감정에 대한 감정을 '메타 감정'이라고 한다. 효진 씨의 경우, 시어머니의 방문을 앞두고 불안과 화를 느끼는 자신이 나쁜 사람 혹은 부족한 사람이라는 생각에 죄책감이나 수치심을 느꼈다. 이때 수치심과 죄책감이 메타 감정이다.

감정이 발생하는 맥락을 명확하게 파악하면 그 감정을 있는 그대로 수용하고, 이에 대한 부정적인 메타 감정을 줄일 수 있다. 위의 사례에서 효진 씨가 '아직 어머니랑 친해지지도 않았고 어머니는 나를 보면 자꾸 잔소리를 하며 간섭을 하시니, 남편도 없는 자리에서 시부모님과 함께 있는 것이 긴장되고 불안한 것은 자연스러운 감정이야. 게다가 남편은 어머니한테 다른 날 자기가 같이 있을 때 오라고 할 수도 있었을 텐데 나에 대한 배려가 없다고 생각하니 화가 나는 거야'라고 자신의 감정을 수용하면 죄책감이나 수치심을 느끼지 않을 수 있다.

공감적 행동

공감적 행동은 감정에 공감적으로 응답하는 것, 즉 적절한 말이나 행동을 통해 그 감정에 반응해 주는 것이다. 상대방에게 지지를 보여 주거나, 그들의 감정에 맞는 적절한 반응을 하려는 노력, 또는 그 감정을 완화시켜 주기 위한 행동이 포함된다. 공감적 행동은 자신의 감정에 대해서도 마찬가지로 적용할 수 있다.

사람들은 흔히 공감이 그저 상대의 감정을 알아주는 것으로 충분하다고 생각한다. 하지만 내가 인식하고 이해한 감정에 대해서 거기에 상응하는 행동을 하는 것까지가 공감이다. 물론 경우에 따라서 아무것도 하지 않는 것이 공감일 때도 있다. 위 사례에서 효진 씨는 자신의 감정을 비공감적으로, 혹은 공감적으로 처리할 수 있을 것이다.

"남편에게 인정받기 위해서는 어머니하고 잘 지내야 해. 어머니는 나를 위해서 그러시는 건데 이런 감정을 느끼는 것은 내가 부족하기 때문이다. 힘들어도 참고 웃는 얼굴로 잘 지내고 남편에게도 내 감정을 이야기하지 말자. 그렇잖아도 남편이 회사 일로 힘들고 스트레스가 많을 텐데 나까지 거기에 부담을 더해 줄 수는 없잖아. 나 때문에 어머니와 남편의 사이가 나빠지면 그것도 두 사람에게 너무 미안한 일이 될 거야." (자신에 대한 비공감)

"내일쯤 남편하고 산책하는 길에 내가 힘든 점을 이야기하고 도움을 청해야겠어. 어머니의 뜻은 감사하고 또 남편이 나를 다른 면에서 많이 배려해 주는 것을 알고 있지만, 내가 사람하고 친해지는 데 시간이 걸리는 성격이니까 어머니하고 친해질 수 있는 시간이 필요하다는 것을 알리고 남편의 도움을 받아야겠다." (자신에 대한 공감)

다음 날, 효진 씨는 용기를 내서 자신이 느낀 감정을 남편에게 이야기했다. 남편의 반응은 여러 가지일 수 있다.

"우리 어머니가 어쨌다고 그래? 우리 먹으라고 반찬까지 준비해서 멀리서 오신 건데 고마워해야지. 당신이 이상한 거야."

이것은 아주 비공감적인 반응이다. 공감에 대해서 조금 알고 있는 사람은 이렇게 반응할 수 있다.

"그랬어? 당신이 어머니 때문에 힘들었구나."

그런데 아내를 어머니의 간섭과 잔소리로부터 보호할 아무런 조치를 하지 않는다면, 아내는 남편으로부터 진정한 공감을 받았다고 느낄 수 없다.

"그랬구나. 나는 몰랐네. 내가 생각이 짧았나 보다. 당신 입장에서는 그럴 수도 있겠어. 다음에는 내가 어머니 집에 가서 반찬을 받아 오거나 내가 있을 때 오시라고 말씀드릴게."

이처럼 감정에 대한 공감적인 행동이 있을 때 진정한 공감이라고 할 수 있다.

인간은 사회적인 동물로 타인과의 소통은 삶의 기본적인 조건이다. 사람들은 언어를 통해 의사소통을 하지만 말보다 더 중요한 것은 감정을 통한 소통이다. 말이 다 담지 못하는 감정은 중요한 의미를 전달하며 이것을 알아차리고 소통하기 위해 필요한 것이 공감이다. 공감적 대화는 갈등을 줄이고 관계의 질을 높여 더욱 깊은 관계를 맺을 수 있게 해 준다.

공감 능력이 부족한 사람들끼리의 대화는 같은 언어를 써도 서로 소통되지 않는 외국어를 사용하는 것처럼 겉돈다. 그 말이 담고 있는 감정을 공감하지 못하기 때문이다. 비공감적인 대화가 반복되면 감정을 이해받지 못한다고 생각해서 마찰이 생기고 대화가 단절되기에 이른다. 그런 관계는 깊은 소통과 이해에 한계가 있고 친밀한 관계로 깊어지지 못해 피상적인 관계에 머물 가능성이 크다.

앞에서 소개한 하버드 대학의 성인 발달 연구는 친밀함으로 맺어진 좋은 관계가 좋은 인생을 만드는 데 중요한 요소라는 것을 밝혀냈다. 50대 후반의 인생을 건강하고 의미 있게 가꾸기 위해서는 친밀한 관계가 중요하다. 이 친밀한 관계를 유지하고 강화하기 위해서는 공감적인 대화가 필수적이다. 공감적인 대화는 서로의 감정을 이해하고 소통하는 데 있어 핵심적인 역할을 하며, 관계를 더욱 깊이 신뢰할 수 있게 만든다.

50대와 60대가 감정과 공감을 배우고 연습해야 하는 이유는, 더 좋은 인간관계를 유지하고 삶의 질을 높이기 위해서이다. 감정적으로 성숙해지고 공감 능력을 키우는 것은 중년 이후의 삶에서 더욱 중요한 요소로 작용하며, 이를 통해 보다 의미 있고 충만한 삶을 만들어 갈 수 있다.

마음 공부란 무엇인가

누구나 살면서 위기와 갈등을 겪고 그럴 때면 고통스러운 감정에 휩싸이곤 한다. 사람들은 감정의 문제를 스스로 해결하지 못할 때 진료실을 찾는다. 갑작스러운 분노나 공포, 두려움, 불안, 우울감에 압도되거나 그만큼은 아니어도 고통스럽고 다스리기 어려운 감정이 지속적으로 삶에 영향을 끼치는 경우도 있다. 사람들은 이 고통스러운 감정이 가라앉아서 다시는 그런 경험이 반복되지 않기를 바란다. 그중 일부가 그 감정을 신호 삼아 자신의 내면을 들여다보는 여행을 시작할 용기와 동기를 갖는다.

사람들은 다양한 계기를 통해 마음에 대해 더 알고 싶다는 생각을 하게 된다. 특히 50 이후에는 이러한 내면에 대한 관심이 더욱 커지는 경향이 있다. 하지만 정작 어디에서부터 시작해야 할지, 무엇을 해야 할지 몰라 망설이는 경우가 많다.

마음 공부, 내면 탐색과 같은 말은 흔히 듣지만 그것이 구체적으로 무엇인지는 다소 추상적으로 들릴 수 있다. 그러다 보니 마음 공부가 중요하다고 하는데 무엇을 어떻게 해야 할지 모르겠다는 하소연을 듣곤 한다. 마음 공부를 위해서는 우선 마음이 무엇인지부터 알아야 한다.

마음은 우리 몸의 어딘가에 실제로 존재하는 공간이 아니라 가상의 공간이다. 애니메이션 영화 〈인사이드 아웃〉은 마음이라는 공간을 시각적으로 훌륭하게 묘사했다. 이 영화의 표현을 빌려서 쉽게 정의를 내려 보면 마음은 감정, 생각, 충동, 의지, 기억 등이 자리잡고 있는 가상의 공간이다. 이 공간에서 가장 중심적인 역할을 하는 것은 감정이다. 감정은 마음의 다른 요소들, 즉 생각, 충동, 의지, 기억과 상호 작용을 한다.

마음에서 가장 중요한 것은 감정이며 따라서 마음 공부란 감정에 대해서 알아가는 것이라고 할 수 있다. 감정은 앞에서 이야기한 것처럼 신체적 반응과 행동, 생리적 반응, 삶에서의 여러 가지 선택에 영향을 준다. 감정을 중심으로 이 모든 것을 알아가는 것이 마음 공부이다.

정신 분석이나 정신 치료 혹은 상담 같은 것이 마음 공부를 위한 효과적인 방법이지만, 우리가 일상에서 흔히 하는 기도나 명상, 일기 쓰기, 자기 성찰적 사고 등의 모든 것이 마음 공부가 될 수 있다. 이들은 각기 다른 방법을 통해 이루어지지만, 자신을 더 잘 알아가고 감정을 받아들이고 마음을 평온하게 만드는 공통적인 요소들을 포함한다.

마음이라는 가상 공간은 끝이 없는 우주와 같다. 이런 마음의 특성을 설명할 때 양파에 비유하기도 한다. 표면의 껍질을 벗기고 나면 또 다른 껍질이 거듭 나오듯이 마음은 표면에서 심층으로 끝없이 이어져 있다. 사람들이 자신의 마음을 안다고 해도 사실은 표면에 한정된 경우가 대부분이다. 물론 마음을 이해하는 폭과 깊이는 개인차가 있다. 어떤 사람은 감정이 무엇인지조차 모를 수 있고,

어떤 사람은 더 깊은 마음의 상처나 무의식에 닿을 수도 있다.

마음 공부는 마음을 이해하는 정도에 따라 목표와 수준이 다르다. 어떤 사람은 감정에 대해서 아는 것이 목표가 될 수 있고, 어떤 사람은 보다 심층의 무의식적 갈등까지 탐색하는 것이 목표가 될 수 있다. 마음 공부와 관련해서 여러 이론과 기법들이 있지만 여기에서는 마음 헤아리기와 마음 챙김을 소개해 보려고 한다. 이는 심리학 이론에 익숙하지 않은 초보자들이 상대적으로 쉽게 접근할 수 있기 때문이다. 마음 공부에 대한 관심과 동기 부여가 되어 더 깊은 마음 공부로 나아갈 수 있는 징검다리가 될 수 있으리라 생각한다.

마음 헤아리기(정신화)

마음 헤아리기 또는 정신화mentalization는 나와 다른 사람의 행동 뒤에 있는 생각이나 감정을 이해하는 과정을 의미한다. 겉으로 드러난 행동만 보는 것이 아니라, 그 행동을 하게 만든 마음속 이유를 추측하고 알아가는 것이다. 즉, 마음이란 무엇이고 그 안에서 어떤 일이 일어나고 있는지 아는 것이 마음 헤아리기이다.

마음 헤아리기는 감정의 본질에 대해서 아는 것으로부터 출발한다. 그리고 그 감정을 중심으로 반복되는 마음의 습관을 파악하는 것, 그런 마음의 습관이 만들어진 심층적인 원인을 알아가는 것으로 진행한다.

앞에서 이야기한 효진 씨를 통해 마음 헤아리기를 알아보자.

어느 토요일 오후, 효진 씨는 남편 진수 씨와 공원에서 산책을 하고 있었다. 일주일 동안 남편이 회사 일로 많이 바빠서 함께 오붓한 시간을 보내는 것은 오랜만이었다. 효진 씨가 꼭 보고 싶었던 영화가 있어서 산책 후에 보려고 예매도 해 두었다. 산책이 끝나 갈 무렵 시어머니가 남편에게 전화를 했다. 효진 씨가 좋아하는 꽃게탕을 해 놓았으니 저녁 식사를 함께하자는 것이다. 남편은 한 치의 망설임도 없이 그러겠다고 답했다.

효진 씨는 어이가 없어서 망연자실 아무 말 못하고 남편을 바라보았다. 그러다 갑자기 눈에서 눈물이 주르르 흘러내렸다. 잡고 있던 남편의 손을 뿌리치고 혼자 벤치로 가서 털썩 주저앉았다. 남편이 따라와 옆에 앉아 말을 걸었지만 아무런 대답도 하지 않았다.

마음 헤아리기를 할 수 있는 남편이라면 '아내의 행동을 보니 화가 났는데 왜 화가 났을까' 생각하고 그것이 어머니와 통화한 것과 관련이 있다는 것을 추측해서 이해할 수 있다. 마음 헤아리기가 되지 않는 남편이라면 잔뜩 찌푸린 아내의 얼굴을 보며 '이 사람은 변덕이 죽 끓듯 하는구나. 조금 전만 해도 좋다고 깔깔거리고 웃더니만……. 어머니가 자기 좋아하는 꽃게탕을 준비해 두셨다는데 도대체 왜 이러는지 알 수가 없네'라고 생각하며 마음속에서 치밀어 오르는 화를 주체하지 못하고 아내에게 소리를 지를 수도 있다.

흔히 사람들은 감정을 어떻게 다스려야 하는지 궁금해한다. 고통스러운 감정에 압도된 사람들은 우선 그 감정이 가라앉기를 원한다. 그럴 때는 감정을 일으키는 상황을 벗어나는 것이 도움이 된다. 소위 기분 전환이라고 하는 것으로 차를 한잔 마시거나 공원을 산책하는 것, 쇼핑을 하는 것, 맛있는 식사도 좋다. 미용실에 가서 머리를 자르거나 마사지를 받는 것은 그 자체로 감정을 완화해 주는 효과도 있지만 보살핌과 위로받는 느낌이 들 수 있다.

신뢰할 수 있는 누군가가 있다면 함께 있거나 혹은 자신의 감정을 털어놓으며 대화를 나누는 것도 좋다. 사람들은 힘든 감정이 들 때 그것을 일으킨 현실의 상황이 그대로인데 이야기를 한다고 무엇이 달라지느냐고 묻는다. 이런 상상을 해 보자. 마음은 그릇과 같다. 그 그릇에 고통스러운 감정이 가득 담겨 있다. 그 감정으로부터 벗어나는 것은 그릇에 담겨 있는 감정을 청소하는 것이다. 나의 마음을 이야기하는 것은 마음이라는 그릇에 가득 차 있는 감정을 비워 내는 것과 마찬가지이다. 그렇게 함으로써 감정의 압박을 줄일 수 있다.

도저히 감정을 다스릴 수 없고 그로 인하여 생활을 유지하는 것에 어려움이 있다면 약물 치료를 해야 한다. 고통스러운 감정에 사로잡혀 있으면 마음은 그 감정을 해소하기 위해 모든 에너지를 소모한다. 그렇게 되면 집중력이 떨어지고 이성적으로 생각하고 판단할 수 없게 되어 나중에 후회할 수도 있는 선택을 하게 만든다. 약으로 감정을 완화시키면 이성적으로 상황을 다시 바라볼 수 있다.

반복되는 힘든 감정을 시각적으로 대상화하는 것도 도움이 된다. 반복되는 분노를 '초록 괴물 헐크'라고 부른다거나 말을 잘 듣지 않는 강아지로 형상화하는 것도 좋다. 한 20대 여성은 외롭거나 심심할 때면 동생에게 짓궂은 장난을 쳤다. 이것 때문에 동생이 괴로움을 호소해 둘 사이가 악화되었지만 잘 고쳐지지 않았다. 동생에게 짓궂은 장난을 하는 것이 자기 안의 반복되는 감정 습관 때문이라는 것을 알고 그것이 어떨 때 나타나는지 파악하게 되자, 그녀는 기특하게도 자신의 감정에 '장난꾸러기 미키 마우스'라는 이름을 붙였다.

장난치고 싶은 마음이 생길 때마다 '내 안의 미키 마우스가 또 깨어났구나'라고 생각하고 그 '미키 마우스'를 자제시킬 수 있게 되었다. 동생도 그것을 알고 혹시 언니가 성가시게 굴면 '지금 너의 미키 마우스가 또……'라고 이야기를 하게 되었다.

마음 챙김과 정신 역동

강렬한 감정의 압박에서 벗어난 후에는 그 감정의 원인과 감정이 발생한 상황, 감정을 유발한 요소, 그리고 그 감정이 어떻게 행동으로 이어졌는지 맥락을 파악한다. 이 과정에서 우리는 그러한 감정 패턴이 반복적으로 나타나는 마음의 습관이라는 것을 인식할 수 있다. 그 패턴을 깨닫게 되면 감정이 심각해지기 전에 상황을 조정하거나 대응할 수 있는 능력이 생긴다.

이러한 과정을 일상에서 실천하는 것이 마음 챙김mindfulness이다. 마음 챙김은 매 순간 자신의 마음에 집중해서 현재의 감정과 생각을 있는 그대로 인식하고 수용하는 것을 의미한다. 감정이 일어나기 전 또는 발생하는 순간에 그 감정의 흐름을 주의 깊게 관찰하고, 그에 빠지지 않도록 의식적으로 주의를 기울이는 훈련이 마음 챙김의 핵심이다. 마음의 습관이 반복되기 전에 미리 알아차려서 예방하거나 더 건강하게 대처할 수 있는 능력을 키울 수 있다.

효진 씨의 남편, 진수 씨는 아내와의 대화를 통해서 주로 어머니가 두 사람의 생활에 간섭을 하거나 아들 며느리의 상황에 대한 고려 없이 일방적인 요구를 할 때 자신이 중재하지 못하는 것 때문에 아내가 화를 낸다는 것을 알게 되었다. 더 나아가 자신이 어머니에게 거절을 못 하고 순종하는 마음의 습관이 있다는 것도 알게 되었다. 이제 자신이 한 가정의 가장이 되었기 때문에 그런 습관에서 벗어나야 한다는 것도 받아들였다. 이러한 습관의 원인은 어머니에게 좋은 아들로 인정받고 싶은 마음이었다.

진수 씨는 자신이 어머니뿐만 아니라 아내에게도 인정받고 싶은 마음의 습관이 반복되고 있음을 깨달았다. 좋은 남편이 되기 위해 애쓰고 있는데 아내의 화난 표정을 보면 자신의 노력이 인정받지 못한다고 느꼈다. 그럴 때면 아내를 위로하기보다 화를 내는 것도 반복되는 마음의 습관이었다.

앞에서 이야기한 대로 다스리기 어려운 감정, 혹은 마음의 습관을 강아지로 시각화해 보자. 통제되지 않는 말썽꾸러기 강아지는 주위 자극에 반응하여 갑작스럽게 달려들거나 짖어 대는 등의 행동을 한다. 마음 챙김이란 이 강아지가 마음대로 날뛰지 않도록 목줄을 매고, 눈으로 강아지의 움직임을 주의 깊게 살피며 함께 산책하는 것과 같다. 즉, 마음 챙김은 늘 마음에 주의를 기울여서 감정과 마음의 습관이 일어나는 것을 포착하는 것이다. 강아지를 목줄로 이끌듯, 감정의 흐름을 주시하면서도 그것에 끌려가지 않도록 관리하는 것을 의미한다.

진수 씨는 무의식중에 반복되는 마음의 습관을 깨달은 뒤 이것으로부터 벗어나야겠다고 결심을 하고 마음 챙김에 대해서 배웠다. 어느 날 평소처럼 어머니가 진수 씨에게 갑자기 전화를 해서 저녁 식사를 함께하자고 했다. 그날은 진수 씨가 아내와 함께 처가댁에 방문하기로 한 날이었다. 진수 씨는 마음 챙김을 통해 과거의 습관을 반복하지 않고 어머니에게 거절의 뜻을 밝혔다.

반복되는 마음의 습관을 파악했다면, 이제 그 습관이 어떻게 형성되었는지를 자기 삶의 역사 속에서 찾아보는 과정으로 나아갈 수 있다. 이 과정은 자신의 과거 경험, 특히 감정과 관련된 경험을 돌아보며 그 습관이 생겨난 원인, 즉 정신 역동을 탐구하는 단계이다. 어린 시절의 결핍과 상처, 트라우마 등이 반복되는 감정 패턴의 원인이 될 수 있다. 습관이 형성된 원인을 삶의 역사에서 찾아내는 것은 단순히 과거를 되돌아보는 것이 아니라, 현재의 자신을 더 깊이 이해하는 과정이다.

진수 씨는 대인 관계에서 인정받기 위해서 자신의 생각이나 욕구를 감추고 다른 사람에게 맞추다가 인정을 받지 못하면 화가 나는 마음의 습관이 어린 시절부터 있었다는 것을 발견했다. 왜 그런 습관이 생긴 건지 자신의 어린 시절을 살펴보았다. 형제 중 큰아들인 진수 씨는 어린 시절에 한 살 터울의 동생이 부모님에게 더 사랑을 받는다고 느꼈다. 진수 씨가 사랑받을 수 있는 방법은 부모님이 바라는 대로 말 잘 듣고 의젓하고 책임감 강한 큰아들의 역할을 하는 것이었다. 그래서 그는 사춘기에도 부모님에게 제대로 된 반항도 해 보지 못한 채 어른이 되었다.

감정으로부터 시작해서 마음 깊은 곳에 자리 잡은 어린 시절의 상처까지 탐색해 가는 과정은, 고통스러운 감정을 신호 삼아 자신의 내면을 탐구하는 여정으로 볼 수 있다. 불편하고 고통스러울 수 있지만, 이를 통해 마음의 상처나 해결되지 않은 문제들을 풀어낼 수 있다. 이것은 단순히 과거의 탐색이나 상처 회복에 그치는 것이 아니라 현재의 관계에서 반복되는 문제를 인식하고 수정하는 데 도움이 된다. 더 나아가 건강한 방식으로 관계를 맺고 유지할 수 있는 능력을 향상시킬 수 있다.

2.

지혜는 마음속 빛나는 보석이다

나이 듦을 빛나게 하는 지혜

50대가 되면 흔히 건망증을 호소한다. 젊은 시절에 비해 기억력이 떨어지는 것은 사실이지만 이해력이나 직관력이 그것을 보완해 준다. 나이 듦의 다른 이로움은 그간 살아온 경험을 통해서 축적된 정보를 바탕으로 젊은 시절보다 지혜로워지고 효율적이 되었다는 것이다. 이 길 저 길 많은 길을 가 본 사람은 그렇지 못한 사람보다 상황에 따라 어떤 길이 최적의 지름길인지 직관적으로 알 수 있다. 살아오는 동안의 경험은 데이터로 저장되어 직관으로 발휘된다. 이것이 나이 들면서 이전보다 더 지혜로워지는 이유이다.

초보와 고수가 요리하는 모습을 떠올려 보면 알 수 있다. 초보는 칼질을 할 때마다, 한 스푼을 계량할 때마다 레시피를 들여다본다. 반면 수십 번 요리를 반복해 온 요리 고수들은 따로 계량스푼이 없어도 감으로 맛있게 음식을 만든다. 이것이 경험이 만들어 낸 직관의 힘이다.

나이가 들면 자신과 타인, 세상에 대한 이해와 인간관계의 속성에 대한 이해가 깊어진다. 이것은 지식이 많고 적음에 달린 것이 아니다. 자신의 경험을 잘 통합해서 살아가면서 응용해 내는 능력에 달려 있다. 진료실을 찾는 어르신들과 대화하다 보면 따로 심리학을 배우지 않은 분들, 심지어 정규 교육을 제대로 받지 않은 분들도 자신의 관점으로 인생과 사람들의 관계에 대한 맥락을 짚고 있는 것을 알 수 있다.

80대 후반의 할머니를 모시고 온 딸이 어느 날 이런 이야기를 했다.

“저희 어머니가 학교 교육을 많이 받지는 못하셨는데 세상 이치에 밝으신 것 같아요. 외삼촌이나 이모가 집안 대소사를 결정할 때 꼭 어머니한테 여쭤 보고 결정을 하세요. 한번은 외삼촌이 어머니한테 ‘누님은 그런 걸 어떻게 다 아느냐’고 물어보니 어머니가 ‘내가 직접 경험한 것은 아니더라도 주변 사람들이 이야기하는 것을 들으면서 알게 되었다’고 하시더라고요.”

지혜는 특히 나이 든 사람을 빛나게 해 주는 주요한 덕목이다. 스스로 느끼는 나이 듦의 만족감은 지혜로움으로부터 온다. 50 이후 어린 시절과는 다른 삶의 의미와 맛을 알게 된다. 50년 가까이 살아오면서 자신의 취향, 장단점, 반복하는 실수나 대인 관계의 방식 등을 알게 되면서, 이전보다 더 자신과 친해지고 이를 통해서 자신의 관점으로 인생을 살 수 있게 되는 것이다. 이것이 나이 들어가면서 느낄 수 있는 인생의 참맛이며 멋이다.

나이가 들면 어린 시절 미래에 대해 가지고 있던 불안이 줄어들면서 이전보다 인생의 깊은 맛을 알게 된다. 10대 아이들은 자신이 20대에 어떤 삶을 살게 될지, 30대와 40대에는 어느 곳에서 어떤 모습으로 살고 있을지 알 수 없어 두려운 마음으로 미래를 바라본다. 미래의 안전을 위해서 현재의 즐거움을 미루며 산다. 하지만 50 이후에는 미지의 시간을 지나오면서 어린 시절보다는 인생에 대해서 안심할 수 있게 되었고 자신을 믿을 수 있게 된다. 이것이 인생의 멋과 맛을 알게 되는 다른 이유이다.

무엇보다 50 이후에는 이전보다 죽음을 더 가까이 느끼게 된다. 그런데 어릴 때보다는 죽음이 공포스럽게 다가오지는 않는다. 나에게 주어진 시간이 유한하며 점점 줄어드는 것을 느끼며 두렵긴 해도 한편으로는 매 시간을 소중히 여기고 지금 이 시간에 집중할 수 있게 된다.

'삶'은 한 봉지의 비스킷이다. 비스킷을 개봉해서 먹기 시작할 때는 맛이 어떤지 몇 개나 남았는지 생각하지 않고 허겁지겁 먹는다. 비스킷을 먹으면서 책을 읽거나 TV를 시청하거나 다른 데 정신이 팔려 제대로 맛을 느끼지도 못한다. 그러다 문득 비스킷이 얼마 남지 않았다는 것을 알게 되면 갑자기 소중함과 아쉬움을 느낀다. 그제야 비스킷을 하나하나 천천히 음미하며 아껴 먹게 된다. 즉 나이가 들고 나에게 남겨진 시간이 무한정하지 않으며 주변의 사람들과 함께하는 시간에 이별이 예약되어 있다는 것을 알게 되면, 인생을 이전보다 더 잘 음미하고 싶어지고 실제로 그럴 수 있게 된다.

오늘 새벽 기쁜 일 한 가지

바늘에 실을 꿰는데 바늘귀가 안 보인다.
다초점 안경을 쓰고 노려보자
바늘귀는 흐릿해졌다가 달아나는 것이 나를 놀리는 듯하다.
새벽부터 바늘이랑 술래잡기를 하며 나이를 다시 헤아려 본다.

운에 맡기고
보이지 않는 바늘귀를 쫓아 실은 이리저리 헤맨다.
돋보기는 나으려나 생각하던 중
요놈!
바늘귀를 붙잡았다.
다행이다, 오늘 아침은 운이 좋았다.

급하다고 바늘허리에 실 매어 쓸까 하던 속담이 생각이 난다.
눈이 밝던 시절
머리로만 알던 속담의 의미를 육십을 향해 가는 오늘 가슴으로 느낀다.

도망 못 가게 바늘귀에 실을 길게 매어 두며 스스로 흐뭇하다.
나이 들면 눈과 귀가 어두워지는 대신 지혜로워지는가 보다고 나이를 위로해 본다.

어두운 눈으로 바느질을 하는 새벽
비녀 꽂은 머리에
바늘 끝을 벼리며 바느질하던 할머니,
똑 하고 맑은 소리를 내며
이로 실을 끊던 젊은 어머니가 생각난다.

이른 새벽 바느질을 하며
내 안에 살고 있는
할머니를, 어머니를 만난다.
세월이 흐른 후 어느 새벽에
할머니를 또 엄마를 떠올릴 나이 들어가는 딸을 만난다.

(2022년 12월 2일)

지혜의 발견과 탐구

초보 정신과 의사 시절에는 주로 마음속의 병적인 부분을 밝히는 것을 배웠다. 현재 문제를 일으키는 증상과 그 원인을 설명할 수 있는 정신 분석, 정신 병리, 정신 역동 등의 이론을 배우고 약물 치료, 정신 치료와 같은 치료법을 배웠다. 이것은 외과 의사나 내과 의사가 몸의 병을 진단하고 치료하는 것과 같은 접근 방식이다.

마음을 바라보는 그런 관점은 정신과 전문의가 되고 난 후에도 상당 기간 지속되었다. 그때는 우리 삶을 지탱해 주고 성장하게 하는 마음의 건강한 힘에 대해서는 크게 주목하지 못했다. 정신과 의사로 30년을 살아오면서 마음에서 병적인 부분을 밝혀내고 치료하는 것 만큼 건강한 힘들을 키워 가는 것이 중요하다는 것을 점점 깨닫게 되었다.

인간의 정신 건강을 도모하기 위한 여러 가지 이론과 방법들이 있는데 크게 치유과 성장이라는 두 개의 축으로 나누어 볼 수 있다. 치유는 병적인 부분을 감소시키는 것으로 우리를 괴롭히는 고통과 부정적인 요소를 다루어 더 나은 삶을 살 수 있도록 돕는다. 그동안 성장의 걸림돌이 되었던 과거의 상처, 트라우마, 부정적인 습관 등을 인식하고 극복해 나가는 것을 의미한다. 약물 치료로 증상을 가라앉히는 것도 여기에 포함된다.

성장은 건강한 부분을 키워 나가는 것이다. 긍정적인 면을 강화하고, 숨어 있는 잠재력을 발굴하는 과정이다. 내면의 강점을 발견해서 키워 가고 성장의 목표를 향해 나아가는 과정을 통해서 일어난다. 건강한 힘이 성장함에 따라 병적인 힘들의 영향력을 감소시킬 수 있다.

신체적 건강을 위해서는 병을 조기에 진단하고 적절한 치료를 해야 한다. 그리고 평소에 병을 예방하고, 병이 생긴 경우에는 잘 이겨 낼 수 있도록 규칙적인 생활, 균형 잡힌 식단과 운동으로 체력과 면역력을 향상시켜서 건강한 체질을 유지하기 위한 노력을 기울이는 것과 마찬가지이다.

다음의 사례를 보면 좀 더 이해가 쉬울 것이다. 김준우 씨는 30대 후반으로 마지막 직장에서 적응을 못해 그만둔 이후로 지금까지 수년 동안 집에서 지내고 있었다. 따로 만나는 친구도 없고 하루 종일 집에서 게임을 하며 지냈다. 그러다 '유황불이 보인다, 지옥이 눈에 보인다'는 등의 심한 환시와 환청, 망상이 생겼다. 지옥에 갈 거라는 두려움에 사로잡혀 아버지와 함께 진료실을 찾았다. 증상이 너무 심해 입원을 권했지만 경제적인 어려움으로 보호자가 거부하여 통원 치료를 하게 되었다.

약을 쓰자 증상은 생각보다 빨리 안정이 되었다. 하지만 수년간 사회생활을 안 하고 있던 그가 갑자기 취업을 한다는 것은 불가능해 보였다. 다행히 질병으로 국가에서 주는 생계비 지원을 받을 수 있었다. 그의 생활을 파악해 보니 집안일을 전혀 하지 않고 스스로 식사를 챙기는 것도 라면을 끓여 먹는 게 전부였다. 설거지를 해 본 적이 없다는 그에게 일단 설거지를 해 보라고 권했다. 수년 간 대인 관계도 없이 지내 오던 그에게 당시에 가능한 성장의 목표는 자신을 스스로 돌볼 수 있을 정도의 집안일을 하는 것이었다.

종교와 관련된 망상이 주된 증상이었기 때문에 교회에 참석하는 것이 걱정스러웠으나 약의 도움인지 조심스럽게 신앙생활을 이어 갔다. 현재는 조건부 수급자로 자활 근무를 하고 있다. 처음 자활 근무를 시작했을 때 그는 자신이 사람들 속에서 잘 지낼 수 있을지, 매일 규칙적인 생활을 해 나갈 수 있을지 걱정이 많았다. 그때는 하루를 이겨 내는 것을 치료의 목표로 삼았다.

그는 자신의 문제가 사회에서 요구하는 나이에 적절한 사회적 성취를 이루지 못하고 있는 것에 대한 갈등 때문이라고 했다. 그렇게 된 심층적인 이유는 어린 시절에 부모님이 경제적으로 여유가 있어서 자신의 삶을 책임져 줄 거라고 믿었던 것에 있다고 생각했다. 실제로 부모님은 준우 씨가 어렸을 때 어른이 되면 건물 한 채 줄 테니 먹고살 일은 걱정하지 말라는 말을 하곤 했다. 그는 스스로 어떤 직업을 가지고 살아가겠다는 생각을 해 본 적이 없었다. 하지만 고등학교를 마칠 무렵 아버지의 사업이 망했고 부모님의 지원을 기대할 수 없는 상황이 되었다. 성인으로서의 삶에 대한 준비 없이 어른이 돼 버린 그는 사회생활에 적응하는 데 어려움을 겪었다.

그의 장점은 더 나아지고자 하는 마음과 성실함이었다. 그리고 진료실에서 마음을 열어 보이며 자신의 생각과 감정을 감추지 않고 표현하는 것도 치료와 성장에서 긍정적으로 작용했다. 대인 관계가 활발하지는 않았지만 피상적이나마 관계를 유지할 수 있다는 점도 강점으로 생각되었다. 어린 시절 부모님으로부터 전폭적인 사랑을 받았던 것이 그에게는 단점이자 동시에 긍정적으로 작용했다.

그의 사례를 통해서 알 수 있듯이 겉보기에는 심한 정신병적 증상을 보이는 사람의 내면에도 이처럼 자신의 문제를 극복하고 성장하려는 건강함이 존재한다. 이러한 건강함은 그가 주어진 조건 속에서 삶을 받아들이고, 가능한 범위 내에서 성장하려는 노력을 가능하게 만든다.

사람들은 누구나 마음속에 자기만의 빛나는 보석, 즉 지혜를 가지고 있다. 나는 보물을 찾는 광부처럼 그것을 탐색하는 작업을 한다. 땅속에 묻혀 있는 보석을 파내어 그 빛깔과 형태를 자세히 살펴보고, 이름을 붙이며 그것이 어떻게 만들어졌는지 탐구한다. 그것은 타고난 기질의 영향, 어린 시절 부모의 보살핌과 사랑, 아니면 그 누군가의 관심 혹은 스스로의 경험에 의해 형성된 것일 수도 있다.

한 사람이 가지고 있는 지혜를 발견하고 탐구하는 것은 매우 보람 있는 일이다. 자신의 마음속에 이런 보석이 있다는 것을 발견하게 되면, 스스로에 대한 시각이 변하면서 자존감도 자연스럽게 높아진다. 문제투성이고 실패작이라고 생각했던 자신이 장점과 단점을 함께 가지고 있는 사람이라는 균형 잡힌 시각을 가질 수 있게 되며 이전보다 자신을 더 사랑하게 된다. 성장하기 위해서 무엇을 키워 나가고 무엇을 줄여야 할지 목표를 분명하게 정할 수도 있다.

지혜란 무엇인가

행복이나 자존감, 친밀함 등과 마찬가지로 지혜 역시 추상적인 개념으로 정확하고 단일한 정의는 없다. 그래서 사람마다 다양한 의미로 사용하고 있다. 캠브리지 사전은 지혜가 '좋은 결정과 판단을 위해 지식과 경험을 사용하는 능력'이라고 설명한다. 지혜에 대한 여러 학자들의 정의를 종합해 보면 '복잡한 인간 문제에 대한 실용적이고 창의적이며 맥락적으로 적절하고 감정적으로 만족스러운 해결책을 찾는 능력'이라고 정의 내릴 수 있다. 여기서 중요한 것은, 지혜가 하나의 해결책이 아니라 그 해결책을 찾는 능력이라는 점이다.

지혜는 여러 가지 요소들로 이루어져 있다. 즉 지혜라는 바구니는 인지적 요소, 자아 통합적 요소, 그리고 관계적 요소가 함께 담겨 있다.

지혜의 인지적 요소는 주로 지식, 그리고 문제를 해결하는 능력과 관련이 있다. 즉 세상과 인생에 대한 다양한 정보와 경험을 바탕으로 상황을 잘 이해하고 판단하는 능력이다. 이것은 책이나 경험을 통해 얻은 지식뿐만 아니라 삶의 복잡함과 불확실성을 이해하고 받아들이는 것도 포함된다. 또한 나 자신의 감정이나 타인과의 관계 속에서 일어나는 일들의 의미를 잘 파악하는 능력도 중요한 부분이다. 인생이 완벽하지 않으며, 때로는 예측할 수 없고 불확실한 상황도 많다는 사실을 인정하고, 그 속에서 어떻게 살아갈지 현명하게 생각하는 능력을 말한다.

지혜의 통합적 요소는 감정을 잘 조절하고, 경험을 하나로 묶는 능력을 뜻한다. 이는 상황을 여러 관점에서 바라보고, 자신의 경험에서 얻은 교훈을 통합하는 것을 말한다. 즉, 다양한 경험을 통해 배운 것들을 잘 소화하고 내면에서 평온함을 유지하는 능력이다. 이 능력을 통해 우리는 여러 경험을 받아들이고 성장할 수 있다. 또 자기 성찰을 통해 삶의 경험과 감정을 잘 조화시킴으로써 마음의 안정을 찾을 수 있다.

지혜의 관계적 요소는 다른 사람들과 잘 지내고, 함께 협력하며, 사회적 관계를 유지하는 능력과 관련이 있다. 이는 곧 공감과 협력을 통해 타인과의 관계를 잘 맺는 것을 말한다. 이것은 지혜가 나 혼자만을 위한 것이 아니라 타인과의 관계 속에서도 중요하다는 것을 의미한다. 다른 사람을 이해하고, 자신의 이익만을 생각하는 태도에서 벗어나는 것이 필요하다. 이를 통해 우리는 더 넓은 시각으로 세상을 이해하고, 모두를 위한 마음을 가질 수 있다.

지혜는 타인을 향한 긍정적인 관심과 애정을 바탕으로 한다. 사기꾼이나 모사꾼을 지혜롭다고 말하지는 않는다. 아무리 머리가 좋고 지식이 풍부해도 그것이 지나치게 이기적이거나 남을 해치며 세상에 피해를 끼치는 방향으로 발현된다면, 이는 지혜라고 할 수 없다. 즉 지혜란 세상을 이롭게 하는 데 도움이 되어야만 참된 의미를 가진다.

위에서 설명한 지혜의 개념이 어렵고 복잡해서 잘 이해가 되지 않을 수도 있다. 머리로, 느낌으로 알고 있는 것을 말로 명확하게 표현하려 하면 더 어려워지곤 한다. 지혜를 자동차 운전에 비유해 보면 이해하는 데 도움이 될 것이다. 운전을 잘한다는 것은 단순히 빠른 속도로 질주하는 것이 아니다. 안전하고 즐겁게 사고 없이 목적지까지 가는 것을 의미한다.

운전을 잘하기 위해서는 일단 자동차와 도로에 대해서 잘 알아야 한다(지혜의 인지적 요소). 그리고 도로에서 다른 차와 충돌 없이 배려하며 운전할 수 있어야 한다(지혜의 관계적 요소). 또한 자신의 운전 경험을 토대로 실시간의 도로 상황과 자동차와 자신의 상태를 종합(지혜의 통합적 요소)해야만 안전한 운전을 할 수 있다.

50 이후에는 직업, 관계, 자신의 몸과 마음에서 많은 변화를 겪는다. 이 시기에 삶의 방향을 잃고 방황하는 것은 지금까지 무엇이 되는 것을 방향 삼아 살아왔기 때문이다. 직업이, 아이들의 부모 또는 한 사람의 배우자라는 '무엇'이 바로 '나'라고 생각했기 때문에

그것을 잃으면 내가 사라지는 상실감을 느낀다. 이제는 지금까지 살아오면서 삶의 목표가 되어 우리를 이끌어 왔던 많은 '무엇'을 내려놓는 시기이다. 새로운 삶의 이정표로 '어떤 사람이 될 것인가'를 궁리해야 하며 그 답은 '지혜로운 사람'이 될 수 있다.

앞에서 건강한 노화의 목표에 대해서 이야기했지만 그 모든 것은 '지혜'로 수렴한다. 더 지혜로운 사람이 되겠다고 결심하고, 지혜로운 것이 어떤 것인지를 궁리하고, 지혜로워지기 위한 노력을 실천하는 것을 50 이후 삶의 목표로 추천한다. 사실 시야를 더 넓혀 보면 이것은 단지 50 이후의 삶에 국한된 것이 아닌 평생에 걸쳐 지향해야 하는 목표이다.

반성적 사고와 초월성

지혜의 성장과 관련된 두 가지 개념을 소개하려고 한다. 바로 반성反省적 사고reflective thinking와 초월성transcendence이다. 우선 반성적 사고에 대해서 알아보자. 많은 사람들이 반성이라고 하면 우선 반성문을 떠올릴 것이다. 내 또래라면 어린 시절에 반성문 한 번 써 보지 않은 사람은 없을 것이다. 그 시절에는 잘못을 하면 벌을 받거나 매를 맞고 반성문을 썼다. 그래서 반성이라는 단어는 왠지 잘못에 대한 처벌이라는 다소 부정적인 것으로 인식될 수 있다. 하지만 반성은 단순히 잘못에 대한 검열, 자기비판, 고백, 개선의 다짐을 의미하는 것이 아니다.

반성에 해당하는 영어 단어 reflection은 일반적으로 사용될 때는 진지한 생각이나 고려를 의미하며, 이는 경험을 돌아보고 평가하며 배우는 과정을 포함한다. 심리학적으로 반성은 자신의 마음 상태를 검토하는 과정을 의미한다. 이를 통해 자신의 행동, 동기, 감정, 사고와 이들의 관계를 이해할 수 있다.

지혜는 주로 경험을 통해 성장하며, 이를 위해서는 경험을 깊이 성찰하고 그로부터 배우는 반성적 사고가 필수적이다. 반성적 사고는 자신의 경험과 감정, 동기, 욕구, 생각 등으로부터 한 걸음 떨어져서 그것을 관찰하고 의미를 살펴보고 통합하는 생산적이며 능동적인 과정이다. 즉 반성적 사고는 단순한 회상이 아닌, 정신 에너지가 투여되는 적극적인 사고 과정이며 지속적인 과정이다.

반성적 사고를 통해 경험으로부터 배우는 것은 바둑 기사가 복기하는 과정에 비유할 수 있다. 바둑 기사는 승패에 상관없이 자신의 지난 대국을 처음부터 끝까지 돌아보며 어떤 선택이 승패에 영향을 주었는지, 혹시 다른 선택의 여지는 없었는지 검토한다. 우리가 반성적 사고를 통해 경험으로부터 배우는 과정도 이와 비슷하다. 이것은 학생들이 자신이 틀린 문제를 다시 검토해서 오답 노트를 적는 것과 비슷한 과정이다.

반성적 사고 능력을 키우기 위해서는 자신과의 대화가 필요하다. 지금 자신이 어떤 감정을 느끼는지, 어떤 생각을 하는지, 그런 감정과 생각의 이유가 무엇인지를 스스로 묻고 답하는 것이다. 한 60대 여성은 동생의 권유로 진료실을 찾았다. 몇 번의 상담 후 그녀가 말했다.

"지금까지 아무 생각 없이 살았던 것 같아요. 저는 심각하게 생각하는 것이 싫었어요. 집안일하고 사람들하고 어울리다가 혼자 있을 때는 아무런 생각 없이 멍하니 텔레비전만 보고 있었어요. 진료실에 다녀간 후로 내가 왜 남편과 결혼을 했는지, 어린 시절에 부모님의 부부 싸움으로 내가 어떤 상처를 받았는지, 선생님이 나한테 묻는 것처럼 스스로 묻고 답을 하고 있더라고요. 그동안 내 마음을 외면하고 살아왔다는 것을 알게 되었어요. 이제야 제대로 된 생각이라는 것을 하게 되었어요."

그녀가 이야기한 '제대로 된 생각' 즉 '스스로 깊이 묻고 답하는 것'이 바로 반성적 사고이다.

다음으로는 초월성에 대해서 알아보자. 지혜를 연구하는 어떤 학자들은 지혜를 '실용적 지혜practical wisdom'와 '초월적 지혜transcendent wisdom'로 나누기도 한다. 실용적 지혜란 일상적인 상황에서 적절하게 행동하고 의사 결정을 내려 문제를 해결하는 능력을 의미한다. 즉 현실적인 문제를 잘 해결할 수 있는 능력이라고 할 수 있겠다.

초월적 지혜는 일상에서 맞닥뜨리는 현실적인 문제를 해결하는 것을 넘어서 인간 존재에 대한 근본적인 질문과 삶의 궁극적인 목적과 의미를 이해하려는 깊은 성찰과 깨달음이다. 초월적 지혜의 중요한 요소인 초월성은 일반적인 경험이나 현실을 넘어선 정신적, 영적인 변화를 의미한다. 한계나 고정된 사고를 뛰어넘어 더 높은 가치나 진리를 추구하는 것을 말한다.

미국의 심리학자인 매슬로Abraham H. Maslow(1908~1970)는 욕구위계 이론을 통해 인간의 욕구를 다섯 단계로 나누어 피라미드 형태로 표현했다. 그는 각 단계의 욕구가 충족되어야 다음 단계로 나아갈 수 있다고 주장했다. 그가 이야기한 다섯 단계의 욕구 이론은 생리적 욕구(음식, 물, 수면 등), 안전 욕구(보호, 안정성), 사회적 욕구(사랑, 소속감), 존경 욕구(자존감, 타인으로부터의 존중), 자아실현 욕구(자기잠재력 실현) 등이다. 그는 다섯 단계의 욕구 중 가장 상위에 있는 자아실현의 욕구 이후의 성장을 연구했다. 그리고 초월적 경험이 인간이 경험할 수 있는 가장 높은 형태의 경험이라고 했다.

영국의 소설가 찰스 디킨스Charles Dickens(1812~1870)의 소설 《크리스마스 캐럴》을 통해 초월성 혹은 초월적 사고를 이해해 볼 수 있다. 구두쇠로 유명한 스크루지가 크리스마스 전야에 자신의 과거, 현재, 그리고 미래를 차례로 보여 주는 유령들을 만난다. 그는 자신의 인색함과 이기적인 삶의 결과를 깨닫고 인생과 가치관을 근본적으로 바꾸게 된다.

스크루지가 유령들과 함께 자신의 과거, 현재, 미래를 바라보는 과정이 바로 초월적 사고이다. 그는 자신의 행동과 살아온 삶을 타인의 시선에서 관찰하고 이기심과 탐욕에서 벗어나 더 이타적이고 친절한 사람으로 거듭난다. 이 과정은 단순한 행동의 변화가 아닌, 내면과 본질이 새롭게 변모하는 초월적 변화를 보여 준다.

스크루지의 깨달음은 더 높은 가치와 진리에 눈을 뜨는 과정이다. 그는 지금까지 물질적인 부를 축적하는 것을 삶의 목표로 삼고 살아왔으나 유령들과의 만남을 통해 사랑과 나눔, 배려와 같은 가치에 눈을 뜬다. 그가 자신의 한계를 넘어서서 더 큰 인간애와 연대감을 가지게 된다는 점에서 초월성을 보여 준다.

초월성을 키우기 위해서는 상상력이 필요하다. 스크루지가 세 유령을 만나 시간 여행을 했듯이, 우리도 스스로를 관찰자적인 관점에서 바라보는 것으로 시작할 수 있다. 마치 내가 주인공인 영화를 보고 있다고 상상하며, 그 주인공이 어떤 감정을 느끼고 어떤 생각을 하는지 생각해 보는 것이다. 이러한 상상력이 초월적 경험의 시작이 될 수 있다.

산을 좋아하는 사람들은 높은 산꼭대기에 오르면 자연의 장엄함에 압도되어 경외감과 숭고함을 느낀다고 한다. 히말라야와 같은 고산을 다녀온 사람들은 이렇게 이야기하곤 한다.

"떠나온 현실이 멀고 작게 느껴지며, 내가 자연의 일부라는 사실을 깨닫게 되었다. 우주의 관점에서 보면 내 존재가 티끌보다도 작다는 것을 실감하고, 이 경험을 통해 현실에서의 집착이 아무것도 아니었음을 느끼게 된다."

이것이 바로 자기 초월적인 감정이다. 초월적 지혜는 내적 평화를 얻고 죽음에 대한 두려움을 다스리는 등 중요한 역할을 하기에, 노년기의 노화와 쇠퇴, 죽음이라는 삶의 과제를 다루는 데 필수적이다. 초월적 지혜를 통해 자신의 존재와 생의 의미를 깨달은 사람은 허무함에 빠지지 않고 더 높은 목적을 추구할 수 있다.

지혜의 성장

나이가 들면 젊을 때보다 더 지혜로워지는 경향이 있지만, 나이 든 사람에게만 지혜가 있는 것은 아니다. 지혜란 '문제를 해결하는 능력'이며, 각 성장 단계마다 직면하는 문제가 다르기 때문에 그 단계마다의 지혜가 존재한다.

지혜는 어느 순간 획득하여 완결되는 것이 아니라 새로운 경험에 따라 변화하며, 경험을 소화하고 통합하며 성장한다. 어떤 한 사람의 지혜의 성장은 그가 인생 발달의 어느 시기에 있는지, 그리고 당면한 과제와 조건에 영향을 받는다. 그 시기의 과제를 해결하기 위해 지혜가 동원되며, 그 과정에서 그의 지혜는 성장한다.

인간의 성장은 신체적 성장, 인지의 성장, 도덕성의 발달과 성장, 감정의 성장, 인격의 성장 등 여러 가지 관점으로 이야기할 수 있다. 지혜가 성장한다는 관점은 우리가 자신과 타인을 이해하는 데 도움이 된다.

지혜를 성장의 관점에서 바라보면, 어린 시절부터 현재까지 자신의 지혜가 어떻게 변화하고 발전해 왔는지를 알 수 있다. 이를 통해 자신을 더 깊게 이해할 수 있으며, 지혜를 구성하는 여러 요소 속에서 자신의 강점과 취약점을 파악할 수 있게 된다. 또 이러한 이해를 바탕으로 현재의 조건에서 지혜를 성장시키기 위해 어떤 노력을 기울여야 할지 선택할 수 있다. 자신의 삶과 시간을 더욱 능동적으로 디자인할 수 있는 것이다.

나이에 따라 지혜가 다르고 성장한다는 관점은 대인 관계에도 긍정적인 영향을 준다. 나와 다른 인생 발달 단계에 있는 사람들을 이해하고 소통하는 데 도움이 되기 때문이다. 젊은 세대는 나이 든 세대가 새로운 문물을 익히는 데 더딜 수 있다는 점을 이해하고 도움을 줄 수 있다. 동시에 그들로부터 감정 조절이나 복잡한 대인 관계 문제를 해결하는 지혜를 배울 수 있다. 반대로 나이 든 세대는 젊은 세대로부터 즐거운 마음으로 새로운 문화나 기술을 배울 수 있다. 또한 젊은 세대가 겪는 고민을 이해하고 이를 가볍게 여기지 않으며 공감하는 멘토의 역할을 할 수 있다.

지혜의 관점에서 50대와 60대는 어떤 위치에 있을까? 이 시기 지혜의 특징을 이해하면 자녀, 손자녀와 건강한 관계를 맺고 소통하는 데 도움이 된다. 50와 60대는 초보 부모로 시간을 보내고 있는 자녀들이 더 나은 부모가 되도록 정신적, 육체적으로 도움과 조언을 줄 수 있다. 손자녀들이 부모의 사랑과는 다른 조부모의 사랑을 받는 경험은 물질적인 것으로 대신할 수 없는 값진 선물이 될 수 있다. 자녀들이 장기적인 안목으로 삶을 바라볼 수 있도록 인생 전체를 조망하는 지혜를 주는 것은 물론이고, 다양한 삶의 문제에 조언을 건네며 어른 역할을 할 수도 있다.

50대와 60대는 앞선 세대와 다음 세대 사이의 징검다리로, 과거의 문화, 지식, 전통을 전수하는 역할을 한다. 물론 새로운 세대는 그들만의 문화를 만들어 가겠지만, 그것이 과거와의 완전한 단절은 아니다. 새로운 문화 안에도 과거의 흔적이 자연스럽게 녹아들어 있기 때문이다.

한 70대 여성은 이제 더 이상 김장을 하지 않는다고 했다. 수년 전까지만 해도 김장을 해서 결혼한 딸들에게 나누어 주었다. 그러다 어느 해부터인가 딸들이 스스로 김장을 하기 시작했다. 지금은 그들이 만든 김치를 보내 줘서 겨울을 보내고 있다. 자신의 김장과는 달리 새로운 재료들이 추가되었지만 제법 맛이 좋은 편이라 만족스럽다. 이처럼 전통은 세대 간에 전달되면서 자연스럽게 변화하고, 다음 세대는 그것을 자신만의 방식으로 이어 가게 된다.

50대와 60대가 지혜롭게 나이 들어가는 모습을 보며 다음 세대는 다가올 노년에 대한 막연한 두려움을 줄이고, 더 낙관적인 태도를 배울 수 있다. 미래에 대한 걱정에 압도되기보다 현재의 삶에 집중하는 지혜를 얻는 것이다. 이들이 지나간 젊은 시절에 집착하거나 아직 오지 않은 미래에 대한 두려움에 사로잡히지 않고, 현재의 자리에서 지혜를 키워 나가는 모습은 인생의 후배들에게 '큰 바위 얼굴'이 되어 줄 수 있다.

지혜의 세 가지 요소

다음의 사례에서 지혜롭게 나이 드는 60대의 모습을 발견할 수 있다. 그녀는 60대 후반으로 불면증 때문에 수년째 간헐적으로 진료실을 찾고 있다. 40대에 이혼을 했고 하나뿐인 아들이 결혼해서 독립한 이후로 혼자 살고 있다. 어느 날 자신의 최근 생활을 다음과 같이 이야기했다.

"나이가 드니 의욕이 줄어드네요. 나를 지켜보면 열정적인 것보다 안정적인 것을 찾으려 해요. 인지 기능과 체력이 떨어져서 그런 것 같아요. 뭘 해도 몸이 빨리 지치더라고요. 그러다 보니 활동의 폭이 좁아져요.

젊은 사람들이 내가 뭘 모를 거라고 생각하고 대할 때는 자존심이 상해서 자존감을 가지고 살아야겠다는 생각이 들어요. 핸드폰 바꾸러 가면 거기 있는 젊은 사람들이 내가 나이 들었다고 무시하는 느낌이 들어요. 그런 것에 마음 상하지 않으려면 자존감이 필요하죠.

요즘 햄버거 가게나 카페가 다 키오스크로 주문해야 하잖아요. 주변에 나보다 나이 든 어른들은 키오스크가 겁이 나서 백화점을 안 간다고 하시더라고요. 젊은 사람들은 늙어 보지 않아서 나이 든 사람의 마음을 모르는 것 같아요. 세상이 빨리 변하니까 새로운 걸 받아들이고 익혀야죠. 나는 새로운 것이 나오면 열 번이고 스무 번이고 반복해서 익혀요.

아들은 결혼한 지 5년이 되었네요. 나는 아들, 며느리는 나랑 분리된 독립체로 생각하고 집착을 버리려고 해요. 젊은 사람들은 우리 때랑 결혼에 대한 문화와 인식이 다르더라고요. 거기에도 적응해야죠. 애들한테 오라 가라는 말도 안 해요. 둘이 잘 살아라 하고 명절에도 올 필요 없다고 너희끼리 좋은 데 놀러 가라고 하죠.

세 살 된 손자가 있는데 사랑스럽고 늘 보고 싶죠. 그래도 동영상 보내 달라고 안 해요. 손자는 며느리의 친정어머니가 돌보고 있어요. 키우는 분이 더 고생하시는데 동영상 보내 달라, 사진 보내 달라 하면 번거로울 것 같아요. 명절 되면 수고하신다고 꼭 선물 챙겨서 보내 드려요.

살아 보니까 나이 들수록 경제적인 안정이 중요해요. 50 초반까지 돈을 모을 수 있는 기회가 있더라고요. 그때 열심히 모으고 경제적으로 독립할 수 있어야 해요. 주변에 보면 부모 자식 간에도 돈이 없으면 무시하더라고요.

붙잡을 것은 붙잡고 버릴 것은 버려야죠. 나는 젊은 시절에 원리 원칙에 집착하는 성격이었어요. 자아가 강하고 정확했는데 이젠 이것도 버렸어요.”

그녀의 이야기 속에서 지혜의 세 가지 요소를 발견할 수 있다. 먼저 지혜의 인지적 측면에서 그녀는 세상의 변화에 적응하기 위해 키오스크나 스마트폰 사용법을 배우고 익히려 노력하고 있다. 영어 회화 공부도 하고 있었는데 이것은 젊은 시절처럼 어떤 뚜렷한 목표가 있어서라기보다는 그저 공부하는 것에 의의를 두고 있다고 했다.

자기 통합적 측면에서 그녀는 나이 듦에 따르는 신체와 인지적 능력의 변화를 받아들이고 있다. 사회적 맥락에서 타인이 자신을 바라보는 시선에 영향 받지 않고 스스로의 자존감을 지키려는 노력을 기울인다. 젊은 사람들이 자신을 대하는 태도에서 무시하는 듯한 느낌을 받는다는 자신의 감정을 잘 인식하고 있다. 그럼에도 불구하고 그 감정에 크게 영향 받지 않고 자존감을 유지하고 있다. 젊은 시절의 예민하고 강박적이었던 성격을 변화시키려고 노력해서 정서적으로도 안정감을 유지하는 중이다.

관계적인 측면에서 그녀는 아들, 며느리와의 관계에 있어서 적절한 거리를 유지하고 있다. 집착을 내려놓고 배려함으로써 편안한 관계를 유지하는 것이다. 한 가지 아쉬운 것은 그녀 스스로 이야기했듯이 친밀한 관계를 맺기보다는 거리를 둠으로써 갈등을 피하고 있다는 점이다. 내적 평화를 유지하고 있는 것으로 보이지만 그녀의 깊은 외로움을 느낄 수 있었다. 하지만 그녀는 그것을 부정하지 않고 받아들이고 있다.

누구나 지혜로운 면모가 있다

지식을 쌓는 것은 지혜의 성장에 중요한 역할을 한다. 지식은 사실과 정보를 습득하는 것을 의미하고, 지혜는 이러한 지식을 상황에 맞게 적용하고 통찰력 있는 결정을 내리는 능력을 포함한다. 지식이 지혜로 녹아들기 위해서는 이것을 실제 경험을 통해 적용하고 고찰하는 과정이 필요하다. 지식이 인생의 여러 가지 불확실한 문제들을 해결하는 데 도움이 되는 방향으로 활용되어야 지혜가 된다. 지식이 많으면 지혜로워질 가능성이 높지만, 학력과 지혜는 비례하지 않는다. 지식을 창의적으로 활용하여 타인을 위해 발휘하는 것을 지혜라고 할 수 있다.

경험은 지혜가 성장하는 데 기초가 된다. 흔히 나이 든 사람이 젊은 사람보다 더 지혜롭다고 여겨지는 것은 나이가 들수록 더 많은 경험이 쌓이고 이것이 지혜가 성장하는 데 긍정적으로 작용하기 때문이다. 경험이 지혜가 되기 위해서는 자신이 겪은 경험의 의미를 찾고, 그것이 자신의 삶에 어떤 영향을 미쳤는지를 숙고하는 과정, 즉 반성적 사고가 필요하다. 이처럼 반성적 사고를 통해서 자신의 경험에서 얻은 통찰을 응용해 복잡한 문제를 다각도로 바라보고 해결하는 능력을 키울 수 있다.

감정의 성장은 지혜의 성장과 관련이 있다. 감정이 성장하면 감정의 억압이 줄어든다. 감정을 인식하고 적절하게 표현하고 조절할 수 있게 된다. 타인에게 공감할 수 있게 되고 연민, 용서, 자비, 수용 등과 같은 성숙한 감정이 발달하여 대인 관계에서 더 깊은 친밀함을 경험할 수 있다.

큰 위기를 겪고 이것을 극복하는 과정에서 더 지혜로워질 수도 있다. 큰 위기를 겪은 사람은 이를 극복하기 위해서 다양한 수단과 방법을 찾는다. 이 과정에서 새로운 기술이나 능력을 발견하거나 자기 내부에 존재하는 힘을 발견한다. 위기를 극복하는 경험은 내면을 더욱 단단하게 단련시키며 자신이 이러한 고통을 겪어 냈다는 자신감을 준다. 이러한 일련의 과정은 이후에 있을 수 있는 다른 위기에 대해서 활용 가능한 자원으로서 자기 안에 통합된다.

타인의 도움과 위로를 통해 트라우마를 극복했다면 관계가 깊어지거나 새로운 관계를 형성할 수 있게 된다. 평소 소홀했던 주변 사람들과의 관계를 다시 돌아보고 감사하는 마음을 가지게 된다. 고통의 경험은 타인에 대한 공감과 연민이 깊어지게 한다. 그는 자신이 고통을 이겨 내며 얻은 지혜를 타인을 위해 제공할 수 있다.

지혜에 대한 하나의 명확한 정의가 없기 때문에 어떤 사람이 지혜로운 사람인지, 지혜로운 삶이란 어떤 것인지 답을 내리기는 어렵다. 살림을 잘한다거나 요리를 잘하는 것과 같은 생활 속의 지혜에서부터 인류에게 큰 영향을 준 예수나 석가모니, 공자의 큰 지혜까지 다양한 차원의 지혜로운 사람들이 있다. 위대한 인물에게서만 지혜를 배울 수 있는 것은 아니다. 사람마다 자기만의 지혜가 있고 우리가 관심을 기울인다면 각자의 방식대로 지혜로워질 수 있다.

즉 지혜란 모든 사람에게 일관된 하나의 모습이 아니다. 지혜는 개인의 경험, 문화적 배경, 사회적 상호 작용, 성격, 교육, 가치관 등 다양한 요인에 의해 영향을 받는다. 그리고 각 개인의 독특한 배경과 경험에 따라 다르게 표현된다.

된장국은 요리하는 사람에 따라 사용하는 재료가 달라 각기 다른 맛이 난다. 같은 재료를 같은 분량으로 나누어 주고 된장국을 끓인다 하더라도 사람에 따라 맛이 다르다. 이처럼 지혜는 다양하고 복잡하다. 타인의 지혜를 배우고, 또 스스로 해결하지 못하는 문제에 봉착했을 때 타인의 지혜를 빌리는 것은 우리의 지혜를 더욱 성장시킨다.

지혜는 주관적이고 다양하지만 그럼에도 공통된 요소들이 있다. 그중 하나는 더 나은 세상을 만드는 것에 기여해야 한다는 것이다. 그래서 어떤 사람들은 도덕과 윤리를 지혜의 필수 조건이라고 간주하기도 한다.

지혜는 나이가 든다고 저절로 따라 오지는 않는다. 나이가 들면 다양한 경험을 통해 지혜를 얻을 가능성이 높아지지만, 지혜는 지속적인 반성적 사고와 학습을 통해서 성장한다. 타고나는 것이 아니기에 경험과 학습이 중요하다. 즉 지혜의 성장은 누구에게나 가능하며 이를 위한 지속적인 노력이 필요하다. 지혜로운 사람과 그렇지 않은 사람을 이분법적으로 나눌 수 없으며, 정도의 차이는 있을 수 있지만 누구에게나 지혜로운 면모가 있다. 심한 조현병 환자 혹은 어린아이라도 각각의 마음에는 각자의 지혜로움이 있다.

지혜를 성장시키는 법

그렇다면 지혜를 성장시킬 수 있는 구체적인 실천 방안에는 어떤 것이 있을까? 흔히 명상과 마음 챙김, 경험에서 배우기, 호기심과 지속적인 학습, 자비와 공감 실천, 철학적 사고와 성찰, 균형 잡힌 생활 등이 거론된다. 나는 여기에서 특히 호기심과 지혜로운 사람과의 만남, 그리고 자기 이해를 강조하고 싶다. 31세 이후에는 새로운 음악을 듣지 않는다는 뇌과학 분야의 연구가 있다고 한다. 내 경우를 보아도 1995년 김건모의 〈잘못된 만남〉 이후로 나온 가수나 걸 그룹은 대강 이름만 알 뿐이지 누가 누구인지, 어떤 노래를 불렀는지 알지 못한다.

《시대예보: 핵개인의 시대》라는 책에서 송길영 작가는 나이 듦을 판정하는 중요한 기준의 하나가 완고함이라고 했다. 그는 새로운 것을 받아들이려면 동기와 의지가 요구되는데, 나이가 들면 낯선 것을 수용하려는 적극성이 줄어든다고 했다. 나이 듦의 기준이 완고함이라면 이 완고함을 중화시킬 수 있는 것은 호기심이다. '배움을 포기한 순간부터 늙기 시작한다'는 말이 있다. 학교에서의 공부는 끝났지만 세상과 인생을 교과서 삼아 하는 배움은 평생 끝나지 않는다. 자신의 몸과 나이 듦은 특히 5060 이후 배움에 있어 중요한 교과서가 된다.

지혜로운 사람과의 교류를 통해 지혜가 성장할 수 있다. 이들과의 만남은 새로운 관점과 통찰을 제공한다. 꼭 직접적인 만남일 필요는 없다. 독서는 간접적으로 지혜로운 사람을 만날 수 있는 좋은 방법이다. 책은 한 사람이 자신의 경험과 지식에서 중요한 것을 정리한 것이기 때문에 독서를 통해 그 사람의 지혜를 배울 수 있다. 물론 요즘은 유튜브나 인터넷 등을 이용해 지식과 정보를 얻을 수 있지만 이것은 책보다는 휘발성이 강하다. 깊이 사유하며 머물러 있을 수 없고 흘러가 버린다.

사회적으로나 심리적으로 고립된 사람에게 스마트폰은 지식과 정보를 제공하고 타인과의 연결을 유지하게 하는 중요한 역할을 한다. 고령의 어르신들이 SNS로 주고받는 짧은 글들이 노년의 건강과 관계에 도움이 되는 지혜를 담고 있는 경우를 많이 봤다. 이것이 그분들에게 노년기의 삶에 대한 지혜를 나누는 역할을 할 수 있다.

자기 이해는 지혜의 성장에 특히 중요하다. 노자의 《도덕경》에는 '남을 많이 아는 자는 박학다식하다고 할 수 있으나, 자신을 이해하는 자는 깨달음을 얻는다'라는 말이 있다. 자기 이해의 중요성을 강조한 말이다. 자기를 이해하기 위한 수많은 방법이 있지만 상담이나 정신 치료를 받는 것이 가장 큰 도움이 된다. 상담이나 정신 치료의 목표는 자기 이해와 성찰, 감정 조절 능력 향상, 대인 관계 기술 향상, 문제 해결과 의사 결정 능력의 강화이며 이것은 모두 지혜를 성장시키는 데 도움을 주기 때문이다.

4장

죽음은 인생의 마지막 성장

80대 이후는 노쇠해지고 의존성이 증가하는 시기이다.
이 시기는 신체적으로 연약해지고 삶의 많은 영역에서
의존성이 증가하는 경향이 있지만 정신적, 영적 성장을 통해
삶의 마지막 단계를 의미 있게 보낼 수 있는 기회를 찾기도 한다.
삶을 마무리하는 단계로 여겨지며 자아 통합과 죽음을 평온하게
받아들이는 것이 주요한 과제가 된다. 자아 통합과 죽음은 주로
노년기의 과제로 여기지만, 사실 이는 모든 연령대에서 중요하다.
이것을 공부하는 것은 앞으로 맞이할 노년의 시간을 더 잘 대비하게
해 주며, 현재의 삶에도 더욱 집중할 수 있는 기회를 제공한다.

1.
노년기 삶의 과제, 자아 통합

인생 후반부의 목표

진료실에는 70대부터 90대까지 다양한 연령대의 어르신들이 찾아온다. 개원 초기인 20여 년 전만 해도 진료실에서 90대를 만나는 것은 드문 일이었다. 인지 기능의 저하가 심하지 않은 90대 할머니가 혼자 병원에 오시면 신기해서 무슨 음식을 즐겨 드시느냐, 부모님이나 형제자매가 다 장수하셨냐 등등 이것저것 묻곤 했다. 이제는 대략 헤아려 보아도 90세를 넘은 어르신들이 꽤 여러 분 된다.

대체적으로 70대는 60대만큼 젊다. 80대 전반까지도 꽤 건강하다. 80대 후반을 넘어 90세가 넘어서면서 정말 노쇠라는 말이 무슨 뜻인지 이해할 수 있을 정도로 신체 기능이 저하된다. 진료실에서 만나는 90대는 거의 휠체어를 타고 오거나 보호자의 손에 의지해서 진료실에 들어선다. 스스로 걸어서 들어오시는 분들도 툭 하고 건드리면 금세라도 주저앉을 것만 같다.

그중 가장 고령인 분은 97세의 최 할머니이다. 거동이 불편해서 본인은 몇 달에 한 번 내원하고 대개는 막내딸이 와서 약을 처방받아 간다. 하루는 딸이 어머니에 대해서 이런 이야기를 했다.

"내 주변에서 90세 넘도록 이렇게 오래 사시는 분을 보지 못해서 뭘 어떻게 해 드려야 할지 잘 모르겠어요. 몸이 아프면 빨리 가야 할 텐데 하면서 울다가도 또 건강해지면 그런 생각이 없어지는 모양이에요. 얼굴에 까만 반점 같은 것이 생겼는데 피부과에 가서 없애고 싶다고 하셔요."

피해망상이 생겨 내원한 94세의 박 할머니는 시력을 상실해서 요양 보호사의 손을 붙들고 진료실에 들어오신다. 지리산 자락의 시골에서 육 남매의 둘째로 태어난 박 할머니는 열아홉 살 되던 해에 공산당이 시집 안 간 처녀들을 잡아간다는 말에 놀란 아버지가 서둘러 시집을 보냈다. 시집가서 보니 가난한 집의 큰며느리 자리였다. 그래도 남편과의 사이는 좋았다. 결혼한 지 4년 후 남편은 아들 하나를 남기고 군대에 갔다가 전사했다.

이후 시부모, 시동생 뒷바라지하고 아들을 키우며 살았다. 아들이 장성해서 결혼을 했으나 며느리가 손녀를 하나 낳고 가출하여 할머니가 손녀를 키웠다. 아들은 60대에 알코올 중독으로 먼저 저세상으로 떠났다. 손녀는 결혼을 해서 아이들 키우느라 일 년에 몇 번 보지 못한다. 요양 보호사가 하루 세 시간 왔다 가면 나머지 시간을 혼자서 지낸다. 요양 보호사의 전언에 의하면 눈이 보이지 않는

데도 집 안을 치우고 밥도 해 드신다고 한다. 최근에는 새로 전기밥솥을 사 드렸는데 사용법을 익혀서 밥을 하신다고 했다. 박 할머니는 자신의 나이에 대해서 이렇게 이야기했다.

"옛날 같으면 환갑만 넘어도 장수한다고 했는데 내가 백 살을 헐어서 살고 있어. 나이가 너무 많아서, 오래 살아서 부끄러워."

박 할머니를 보면서 양가 부모님, 형제자매, 남편, 아들 등 사랑하는 사람들을 하나씩 떠나보내고, 녹내장으로 두 눈마저 잃어버린 기가 막힌 그 세월을 어떻게 견뎌 냈을까 하는 안쓰러운 마음이 들었다. 오래 산다는 것은 그만큼 많은 이별을 경험해야 한다는 의미이기도 하다. 상상도 하지 못할 고통과 어려움을 견디며 살아오는 동안 그 마음에는 겹겹이 굳은살이 생겼을 것이다. 그럼에도 불구하고 그녀는 여전히 웃음을 잃지 않았고, 보이지 않는 눈으로도 스스로를 보살피며 살아가고 있었다. 나는 그런 박 할머니를 보면서 인간의 생명력이 얼마나 질긴지 깨닫게 되었고, 그 강인함에 깊은 감동을 느꼈다.

80~90대 어르신들과 대화를 하다 보면 그들의 삶이 한 편의 드라마 같다는 생각이 들곤 한다. 어르신들은 귀가 잘 들리지 않고 말투는 어눌하지만 자신의 지난날을 이야기하고 싶어 한다. 젊은 사람들과 대화할 때보다 더 많은 시간과 에너지가 필요하지만 귀 기울여 듣다 보면 그분들의 삶에서 감동적인 요소들을 찾을 수 있다. 진주는 조개가 상처를 치유하는 과정에서 만들어진다고 하는데, 그분들의 삶에서 수많은 진주들을 발견할 수 있다.

사람들이 50 이후 나이 듦을 받아들이는 태도는 크게 세 가지로 나누어 볼 수 있다. 첫 번째는 나이 듦이 주는 두려움에 압도되어 활력을 잃은 채 살아가는 것이다. 두 번째는 자신의 나이 듦을 부정하고 조금이라도 더 젊음을 유지하기 위한 노력을 기울이며 살아갈 수도 있다. 마지막으로 세 번째는 나이 드는 과정에서 성장점을 찾는 것으로 오직 그 나이에만 가능한 성장의 과실을 발견하는 것이다.

지금까지 50 이후에 발견할 수 있는 성장점으로 관계의 변화와 감정과 지혜의 성장을 이야기했다. 그렇다면 본격적인 노쇠가 시작되어 죽음에 이르는 과정에는 어떤 성장점이 있을까? 아직 살아 보지 않은 70대 이후 90대의 삶이 어떨지 알 수는 없지만 전 생애 발달이라는 과정에서 그 전과는 다르게 요구되는 과제들을 정리해 봄으로써 70대 이후의 삶에서 길을 잃지 않을 수 있을 것이다.

천상병 시인은 〈귀천〉이라는 시에서 이승에서의 삶을 아름다운 소풍이라고 했다. 주변 사람들에게 인생을 끝맺어야 할 때 자신의 삶을 어떻게 규정하고 싶은지 물어보곤 한다. 아직은 젊고 죽음이 멀리 있어서 생각해 보지 않았다는 대답도 있고, 나중에 좀 더 나이가 들고 난 후에 죽음이 당면한 현실이 되면 그때 지난 삶을 결산하며 정리해 보겠다고 대답하는 이도 있다. 그러나 그때는 너무 늦을지도 모른다. 왜냐하면 삶의 마지막이 언제, 어떤 식으로 내 앞에 나타날지 알 수 없기 때문이다. 또 평균 수명 이상으로 오래 산다고 하더라도 그때까지 지금처럼 맑은 정신을 유지해서 나의 삶을 정리할 수 있을지도 알 수 없는 노릇이다.

자신의 삶을 미리 정의해 보는 것은 지금부터 시작해야 한다. 한번 하고 그만두는 것이 아니라 살아가는 동안 늘 마음에 두고 있어야 한다. 그것이 남은 시간을 살아가는 방향이 되어 줄 것이기 때문이다. 그것을 반복해서 생각하고 뇌리에 새긴다면 정신이 흐릿해지는 마지막 날까지 나의 삶은 그곳을 향해 갈 것이다.

어떤 믿음이나 기대가 행동에 영향을 미쳐 결과적으로 그 믿음이 실현되는 것을 자기실현적 예언이라고 한다. 소설《큰 바위 얼굴》에서 주인공 소년은 '큰 바위 얼굴'을 닮은 사람을 찾고자 하는 염원으로 평생을 살아간다. 말년에 이르러 자신이 그 얼굴을 닮아 있음을 발견하게 된다. 이 소설은 자기 예언적 삶의 좋은 예시이다. 자신이 원하는 삶의 모습을 정해 두고 그것을 삶의 목표로 삼아 노력을 기울인다면 삶은 그 방향을 향해 흘러가게 될 것이다. 따라서 삶의 끝자락에서 지난 삶을 돌아보고 자신의 삶을 어떻게 평가하고 싶은지 명시적으로 밝혀 보는 것은, 단순한 계획을 넘어서 남은 삶의 의미를 찾고 방향을 설정하는 것이 될 수 있다.

현재의 삶에 집중해서 충실히 살아가는 것도 중요하지만, 나의 그림 선생님이 조언해 준 것처럼 때로는 한 발 물러서서 인생 전체의 흐름을 바라볼 필요가 있다. 그림의 전체적인 조화와 균형을 살피듯, 삶에서도 전체를 조망하는 순간이 필요하다.

젊은 날은 무엇이 되기 위해서 산다는 분명한 삶의 목표가 우리를 이끌어 주었다. 70대와 80대 더 나아가 90대의 시간에 삶에 생명을 불어넣어 줄 활력을 어디에서 찾을 수 있을까? 그것을 찾는 것이 노년기 삶의 과제일 것이다. 삶의 끝자락에서 자신의 삶을 돌아보며 어떤 생각을 하고 싶은지 스스로 묻는다면, 그 답 속에서 우리가 찾고자 하는 의미를 발견할 수 있을 것이다.

돌봄을 받아들일 용기

나이가 들면 우리는 언젠가 노쇠함과 마주해야 한다. 노쇠해진다는 것은 세상에 태어난 이후로 우리가 습득해 왔던 많은 것들을 잃는 것을 의미한다. 신체적, 정서적, 정신적 기능이 감퇴하여 결국 타인의 도움을 받아야 할 수도 있다는 사실을 상상하는 것만으로도 갖가지 걱정이 앞선다.

진료실을 찾은 80대와 90대 어르신들을 보면서 다음과 같은 생각을 할 때가 있다. 신체적인 노쇠가 진행되고 죽음에 이르기까지의 인생 마지막을 나는 어디에서, 어떤 모습으로 맞이하게 될까? 만약 내가 치매에 걸려 스스로를 돌볼 수 없으면 누가 나의 보호자가 되어 줄까?

우리는 죽기 전의 일정 기간 동안은 일상생활에서 타인의 돌봄을 받아야 할지도 모른다. 그것은 경제적인 지원이거나 정서적인 지원일 수도 있다. 언젠가는 운전을 그만두어야 할 것이고 은행 업무, 병원 치료, 여러 가지 집안일을 처리하는 것 등에서 누군가의 도움을 받아야 할 것이다. 달리지 못하고 혼자 대소변을 가릴 수 없으며 자신의 몸을 씻을 수 없다. 손발톱을 자를 수 없고 기저귀를 차야 할지도 모른다. 누군가 부축해 주지 않으면 더 이상 걸을 수 없거나, 휠체어에 앉아 이동을 해야 할 수도 있다. 이런 상상을 하는 것만으로도 마음이 불편해지고 두려움마저 든다. 이러한 의존성의 공포는 죽음의 공포보다도 훨씬 강할 수 있다.

한 50대 남자 환자는 문장 완성 검사에 '스스로 샤워할 수 있을 때까지만 살고 싶다'라고 썼다. 그 이유를 물으니 이렇게 답했다.

"내가 운신이 가능할 때까지만 살고 싶습니다. 아버님이 오래 병석에 누워 계셔서 모시느라 힘들었거든요. 나는 자식들에게 그런 부담을 주고 싶지 않습니다."

그의 대답 속에서 나이 들어 의존적으로 살아가게 될 것에 대한 깊은 두려움을 발견할 수 있었다. 이런 두려움은 우리 모두의 마음속에 조금씩 자리하고 있다. 자조 능력은 자신의 삶을 독립적으로 관리하고, 타인에게 의존하지 않으면서 필요한 바를 스스로 충족시킬 수 있는 능력이다. 우리는 이를 닦고 세수를 하고 용변을 처리하고 옷을 입는 등의 자조 능력을 배우는 것으로부터 출발하여 유아적인 삶을 벗어나 사회적 삶을 발전시켜 왔다.

이러한 능력들은 단순히 일상생활을 관리하는 데 그치지 않고, 사회적 규범과 역할을 수행하는 데 필요한 기본적인 요소들이며 독립적이고 자율적인 삶을 영위하는 데 기본적인 조건이다. 정신의학과에서 조현병이나 조울병을 앓고 있는 환자들의 장애 여부와 정도를 결정하는 기준에도 이와 같은 자조 능력이 포함된다.

사람마다 다르지만 다들 어느 정도 통제 상실에 대한 두려움을 가지고 있다. 술 마시는 사람들은 과음한 날 소위 필름이 끊긴 상태에서 일정 시간의 기억이 통째로 사라지는 경험을 할 수가 있다. 술이 깬 아침에 어젯밤의 기억이 사라진 걸 자각한 순간, 자신이 도대체 무슨 말을 하고 어떤 행동을 했는지 알 수 없어 두려움에 사로잡힌다. 의식의 통제를 벗어난 내가 어떤 문제를 일으켰을지 두려운 것이다.

치매는 통제 상실의 두려움을 극대화시키는 질환이다. 치매가 상당히 진행하면 스스로를 돌볼 수 없는 상태가 되고 이때는 주변 사람들의 돌봄을 받아야 한다. 특히 자의식이 강하고 독립적으로 사는 것을 중요하게 생각하는 사람일수록 자기 삶을 통제하는 능력을 잃고 누군가에게 의존해서 살아가는 것을 심각하게 받아들인다. 게다가 치매는 평생 쌓아 온 나에 대한 기억과 중요한 사람들과의 기억마저도 잃기 때문에 상상만으로도 두려움을 불러일으킨다.

대다수의 사람들이 자신을 통제하면서 존엄성을 지키며 죽음을 맞이하고 싶어 한다. 대소변을 가리고, 이를 닦고 세수와 목욕을 하는 등의 자조 능력이 존엄성과 자율성을 상징하는 가장 기본적인 조건이라고 생각한다. 하지만 이러한 생각은 세상과 나, 그리고 다른 사람에 대한 이해의 폭을 제한하는 고정 관념일 수 있다. 이것은 자신의 경험과 변화를 받아들이고 적응하는 데 장애가 되기 때문에, 노년기에는 이러한 고정 관념을 수정하는 것이 삶의 중요한 과제이다.

자조 능력을 잃는 것은 고령의 사람에게만 국한된 일은 아니다. 사고나 수술 등으로 인해 활동에 제약을 받아 다른 사람으로부터 크고 작은 도움을 받아야 했던 경험은 어느 연령대에나 있을 수 있다. 지적 장애나 신체적인 장애가 있는 경우에는 어린 시절부터 자조 능력이 제한되어 있어 평생 타인의 보살핌을 필요로 한다. 또한 신체적으로 건강했던 사람도 갑작스러운 질병이나 사고로 인해 자조 능력을 잃을 수 있다. 이처럼 타인의 돌봄을 받아야 하는 상황은 누구에게나, 어느 나이에나 발생할 수 있는 일이다. 비록 이러한 상황이 불편함과 갈등, 현실적인 어려움과 연관될 수 있지만, 자조 능력의 상실이 한 사람의 존엄성과 자율성을 결정하는 유일한 조건은 아니다.

자조 능력을 잃는 것에 대한 두려움이 크다는 것은, 그만큼 편견이 깊이 자리하고 있다는 반증일 수도 있다. 우리는 자조 능력의 상실을 존엄성과 자율성의 상실로 단순히 연결시키는 경향이 있는데, 이러한 편견은 결국 자조 능력을 상실할 가능성에 대한 두려움을 더욱 심화시킬 뿐이다.

신체적 제약을 받아들이고 타인의 도움을 받는 것은 단순한 의존이 아니라, 자율성의 새로운 시험대이자 노년기의 성장점이 될 수 있다. 자조 능력을 잃는 것은 누구에게나 두려운 일이다. 이와 관련해서 생각해 볼 수 있는 것은 나 자신, 타인, 그리고 세상에 대한 믿음이다. 내가 의존하게 될 대상은 가까운 가족이거나 전문적으로 돌봄을 제공하는 사람일 수도 있다. 돌봄을 받아들이는 것은 타인과의 건강한 관계, 즉 나와 타인에 대한 신뢰를 전제로 한다.

노쇠한 시간을 향해 가는 것은 어린 시절에 처음 학교에 입학할 때처럼 새로운 세상으로 들어서는 낯설고 긴장되는 경험이다. 우리가 부모의 품을 떠나 세상을 향해 나아갈 수 있었던 것은, 알지 못하는 세상에 대한 불안보다는 자신과 세상에 대한 믿음이 더 컸기 때문에 가능했던 일이다.

타인과 세상에 대한 믿음이 있으면 신체의 노쇠함과 타인의 돌봄을 받아들이는 데 따르는 두려움이 크게 줄어들 수 있다. 이 과정은 누군가가 선한 의지로 나를 도와줄 것이라는 신뢰와 세상이 더 호의적이고 지지적인 방향으로 발전할 것이라는 낙관적인 믿음과 밀접하게 연관되어 있다.

물론 낙관적인 믿음은 낭만적인 생각과는 구분되어야 한다. 낙관적인 믿음은 발생할 수 있는 위험에 대한 고려와 정확한 현실 인식을 토대로 해야 한다. 즉, 지금보다 더 나이 들었을 때 닥칠 수 있는 신체적 노쇠함에 대한 현실적인 시각을 가지고 있으면서도, 타인과 세상에 대한 신뢰를 유지하는 것이 중요하다. 이런 현실적 낙관은 막연한 희망이 아니라 현실을 직시하고 그 속에서 긍정적인 가능성을 찾아가는 태도다.

나이가 들수록 신체적 능력을 건강하게 유지하기 위해 노력하는 것이 필요하다. 운동을 하고 건강을 관리함으로써 오랫동안 자립적인 삶을 영위하는 것은 삶의 질을 높이는 데 매우 유익하다. 하지만 신체적 제약이 불가피한 순간이 닥치더라도 자신이 처한 상태를 정확히 인식하고, 필요한 경우 타인의 도움을 기꺼이 받아들이는 현실적인 자세가 필요하다. 이는 자신의 존엄성을 포기하는 것이 아니라 신체적 한계 안에서 새로운 자율성을 찾는 것이다. 두 눈이 보이지 않음에도 스스로 자신을 돌보며 살아가는 박 할머니처럼 인간의 적응 능력의 한계는 예측할 수 없고 그 안에서 발견할 수 있는 강인한 생명력은 숭고하다.

치매 예방

"치매에 안 걸리는 방법이 뭐예요?"

진료실 안팎에서 자주 이런 질문을 접하곤 한다. 건강한 식습관, 규칙적인 운동, 적절한 수면과 스트레스 관리, 지속적인 인지 활동 등이 치매를 예방하는 데 도움이 된다는 상식적인 답을 한다.

그런데 치매를 예방하는 것과 관련된 흥미로운 연구가 있다. 소위 '수녀 연구nun study'라 불리는 치매 관련 연구와 '인지 예비 능력cognitive reserve'이라는 개념이다. '수녀 연구'는 치매와 알츠하이머 연구의 중요한 이정표로 여겨지는 장기 연구이다. 1980년대 미국에서 678명의 천주교 수녀를 대상으로 이들의 일기와 인지 능력에 대한 기록을 바탕으로 이루어졌다. 이 연구에서 가장 주목할 만한 발견은 뇌의 조직 검사상 치매를 나타내는 조직 병리적 소견이 있음에도 불구하고 일상생활에서는 인지 기능이 손상되지 않은 수녀들이 있었다는 것이다. 이 연구는 인지 활동, 교육 수준, 긍정적인 삶의 태도 등이 치매 예방에 중요한 역할을 한다는 강력한 증거를 제공한다.

'인지 예비 능력'이란 손상이나 퇴행성 변화에도 불구하고 뇌가 정상적인 인지 기능을 유지할 수 있는 능력을 의미한다. 쉽게 설명하자면 도로망에 비유할 수 있다. 다양한 도로망이 구축된 도시는 어느 한 길이 폐쇄되더라도 다른 길로 우회해서 교통의 흐름을 유지할 수 있다. 이처럼 뇌도 특정 영역이 손상되면 다른 신경 경로가 활성화되어 기능을 유지할 수 있다.

수녀 연구와 인지 예비 능력이 시사하는 바를 토대로 치매를 예방할 수 있는 방법을 생각해 볼 수 있다. 치매는 단일한 어떤 한 가지 이유로 발생하는 것이 아니다. 치매의 위험 요소들은 나이, 유전적 요인, 심혈관 질환(고혈압, 당뇨, 고지혈증, 비만), 흡연, 과도한 음주, 머리 외상, 우울증 및 사회적 고립, 신체 활동 부족, 영양, 불충분한 수면 등이다.

규칙적인 운동, 독서나 악기 연주, 새로운 기술 배우기 등과 같이 뇌를 자극하는 정신적 활동, 사회적 활동(사람들과의 교류, 봉사 활동) 등은 치매 예방에 도움이 되는 것으로 알려져 있다. 70대와 80대 어머니들이 화투 놀이가 치매 예방에 도움이 된다고 했던 것을 우스개 이야기로 여겼는데 어느 정도 일리가 있는 이야기라는 생각이 든다. 화투 놀이는 게임의 규칙을 생각하고 점수를 계산하는 과정에서 상당한 인지적 노력이 필요하다. 게다가 동반자들과 함께 즐겁게 할 수 있는 활동이라는 점에서 치매 예방에 도움이 되는 요소들을 포함하고 있다.

치매를 예방하기 위해서 우리가 할 수 있는 것은 단순하다. 치매를 악화시킬 수 있는 요인들을 줄이고 예방에 도움이 되는 노력을 기울이는 것이다. 결국은 치매에 대한 두려움에 사로잡혀 있기보다는 매일 건강한 일상을 살아가는 노력을 기울이는 것이 치매를 예방하는 가장 좋은 방법이다.

내려놓기와 받아들이기

"신이시여, 저에게 바꿀 수 없는 것을 평온하게 받아들이는 은혜와 바꿀 수 있는 것을 바꾸는 용기를 주옵소서. 무엇보다 저 둘을 분별할 수 있는 지혜를 허락하소서."

라인홀드 니부어Reinhold Niebuhr(1892~1971)라는 개신교 신학자

이자 기독교 윤리학자의 기도문으로 알려진 글이다.

우리를 괴롭게 하는 많은 것들은 타고난 신체적 조건, 부모 등 우리 힘으로 어찌할 수 없는 것들이다. 생각이나 감정 혹은 상황이나 타인 역시 내 뜻대로 되지 않는다. 자녀들 문제로 속상해하는 부모가 얼마나 많은가. 내 뜻대로 될 수 없음에도 그것을 변화시키려고 애쓰는 것을 집착이라고 한다.

사람들은 갈등을 겪을 때 마음의 평화를 얻기 위해서 '받아들이려 하고 있어요' 혹은 '내려놓는 중이에요'라고 한다. 그런데 그것이 쉽지가 않다고 하소연하곤 한다. 받아들임과 내려놓음이 어려운 이유는 첫째, 의미를 정확히 알지 못하기 때문이고 둘째, 구체적인 방법을 모르기 때문이다.

받아들이는 것은 통제할 수 없는 외부 상황이나 사건을 수용하는 것을 의미한다. 이는 변화시킬 수 없는 현실을 인정하고, 그걸 출발점 삼아 할 수 있는 노력을 기울이는 것이다. 받아들임 혹은 수용에 대한 흔한 오해 중의 하나는 그것이 실패나 포기라고 생각하는 것이다.

우울감과 불면으로 치료 중인 30대의 여성은 이렇게 말했다.

"이번에 아들이 지적 장애 등록을 했어요. 받아들이고 싶지 않아서 미루고 미루다 초등학교 입학을 앞두고 장애 등록을 하는 것이 현실적인 도움을 받을 수 있다고 해서 마지못해 했어요. 애 아빠의 반대가 심했어요. 자기 닮아서 말이 늦고 수줍어서 그런 건데 멀쩡한 애를 장애 등록한다고 화를 내더라고요.

저도 고민이 많았어요. 지적 장애 등록을 해 버리면 더 이상 발전을 못하고 그 상태가 고정되어 버리는 것은 아닐까 걱정이 됐어요. 언어 치료, 놀이 치료 열심히 하면 다른 애들하고 비슷하게 발달할 것 같은데, 잘한 건지 지금도 마음이 왔다 갔다 합니다. 담당 선생님은 애가 나이를 더 먹는다고 해도 다른 아이들처럼 생활하는 것은 어려울 거라고, 애 상태를 받아들이라고 하는데 제가 그걸 받아들이면 아이를 포기하는 것 아니에요? 장애 등록하는 것이 제가 아들을 포기하는 것 같은 마음이 들어 죄책감이 들어요."

그녀의 이야기에서 받아들임에 대한 전형적인 오해를 발견할 수 있다. 진정한 받아들임은 체념하거나 포기하는 것이 아니다. 체념으로서의 받아들임은 더 이상 변화를 시도하지 않으며 상황에 대해 좌절하는 것이다. 여기에는 자신이 상황을 통제할 수 없다는 무력감이 내포되어 있다.

진정한 받아들임은 자신의 감정뿐만 아니라 아들의 상태와 한계를 있는 그대로 받아들이는 것에서 출발한다. 위 사례의 경우 아들의 상태를 부정하거나 회피하지 않고 한계를 인정하며 그 안에서 가능한 변화와 성장을 모색하는 것이 진정한 받아들임이다. 그녀는 현재 상황에서는 불가능한 것들에 집착하고 있으며 그로 인한 분노를 해결하지 못하고 있었다.

아이에게 불가능한 수준의 기대를 하고 그것이 안 되면 화를 내는 것은 아들에게도 심한 스트레스가 된다. 그녀는 아들의 상태를 받아들이지 못해서 불안하고 우울했다. 그것은 아들에게 고스란히 전달되어 어머니가 자신을 못마땅한 시선으로 보고 있는 것을 느끼고 있었다. 아이는 기가 죽어서 어머니의 눈치를 보고 부정적인 자아상이 생길 수밖에 없다.

현재 아들의 수준에서 가능한 목표를 세워 두고 장기적으로 아들이 자조 능력을 잃지 않고 자존감이 손상되지 않도록 돕는 것이 필요해 보였다. 아이가 잘 못하는 것에 주목하기보다는 할 수 있는 것을 인정해 주고 작은 성공을 칭찬하는 것이 아이가 자존감과 자신감을 갖는 데 도움이 될 것이다. 이것이 진정한 받아들임이다.

어느 날, 한 낚시꾼이 운 좋게 큰 고기를 잡았다. 기쁨도 잠시, 그만 물고기를 놓치고 말았다. 그는 놓친 물고기가 너무 아쉬워 내내 물속을 들여다보며 시간만 흘려보냈다. 이 이야기는 집착이 어떻게 현재의 기회를 가로막는지를 잘 보여 준다. 우리가 과거의 실패나 상실에 계속 매달리면, 현재의 중요한 기회나 가능성을 놓칠 수 있다. 낚시꾼이 해야 할 일은 놓친 고기를 흘려보내고, 새롭게 낚을 고기에 집중하는 것이다. 이는 우리 삶에서도 마찬가지다. 과거의 일에 집착하지 않고, 현재와 미래에 집중하는 것이 성장을 위한 중요한 첫걸음이다.

과거의 성공, 헤어진 옛사랑, 원하는 학교나 직장에 대한 집착을 내려놓지 못해 현재의 즐거움과 발전 가능성을 놓치는 일은 우리 주변에서 흔히 발견할 수 있다. 고등학교를 졸업하고 원하는 대학에 진학하지 못한 20대 남성은 '원하는 학교에 가지 못했으니, 이제 제 인생은 망했어요'라고 말한다. 그러나 가지 못한 학교에 대한 아쉬움에 사로잡혀 있기보다는 현재 자신의 상황에서 더 발전하기 위한 노력을 기울이는 것이 낫다. 학점을 잘 받아서 편입을 하거나 자격증을 따는 등의 노력을 기울이며 한 걸음씩 내디뎌 새로운 기회를 찾아가는 것이 지혜로운 태도이다.

받아들임과 내려놓음은 애도 과정에서 수반되는 것과 비슷한 감정의 흐름을 포함한다. 애도는 단순히 사랑하는 사람을 잃는 것에만 국한되지 않는다. 우리가 꿈, 관계, 자아상 등 다양한 것들을 내려놓아야 할 때도 애도의 과정이 필요하다. 이때 분노, 상실감, 슬픔을 느끼는 것은 정상적인 감정 반응이며, 이러한 감정을 인정하고 공감하는 것이 진정한 수용의 시작이다.

받아들인다고 해서 우리가 떠나보낸 것에 대한 집착이나 아쉬움을 단번에 완전히 마음에서 지울 수 있는 것은 아니다. 이러한 아쉬움이나 상실감은 마음 한편에 남아 때때로 다시 떠오르며 우리를 괴롭게 할 수 있다. 그러나 중요한 것은 자신의 마음을 꾸준히 주시하고 그런 감정들이 일어날 때 그것을 알아차리는 것이다. 그 감정에 사로잡히지 않도록 마음 챙김을 하며 그 순간을 인식하고 흘려보내는 것이 바로 내려놓음이다. 받아들임과 내려놓음은 한 번의 결심으로 끝나는 것이 아니라, 끊임없이 의식적으로 감정의 흐름을 관찰해 그 감정에 집착하지 않도록 노력하는 과정이다.

노년을 맞이하는 태도

내년이면 환갑이 되는 남편은 최근 친했던 고등학교 동창 여러 명의 부고를 들었다. 그중 두 명은 어린 시절부터 함께 자란 고향 친구였기 때문에 남편의 상심은 무척 컸다. 물론 더 어린 나이에 죽음을 맞이하는 사람도 많지만 남편은

60도 안 된 나이에 친구들이 떠난 것에 큰 충격을 받은 것 같았다. 친구의 부고를 통해 죽음이 먼 훗날의 일이 아니라 언제든 나에게도 닥칠 수 있는 일이라는 것을 자각하게 되었다고 했다. 하루는 남편이 이렇게 말했다.

"이제 인생 계획표를 10년 단위로 새롭게 짜야겠어. 앞으로 10년 동안 내가 무엇을 할지 우선순위를 정하고, 그 계획들을 실천하는 거지. 그리고 10년이 지나면 그때 상황에 맞춰 다시 계획을 세우는 거야. 나이 드신 분들을 보니, 그나마 건강하게 이동하고 활동할 수 있는 나이는 80세까지인 것 같아. 90세 이후의 삶은 덤으로 얻은 인생이지. 그때는 다음 날 어떻게 될지 모르는 나이니까, 하루를 어떻게 보낼지 매일의 계획을 세우면서 하루하루를 살아가야겠지."

친구의 죽음은 남편의 삶의 태도에 영향을 준 듯했다.

불면증 약을 받기 위해 내원한 어느 60대 초반의 여성은 이사를 앞두고 있어 요즘 필요 없는 짐을 버리는 중이라고 했다.

"한 번씩 이사를 가야 짐 정리가 되는 것 같아요. 많이 버리고 있는 중이에요. 이제 나이가 있으니 꼭 필요한 것 위주로 챙겨서 단출하게 살려고 합니다."

남편이 친구의 죽음을 계기로 삶을 재정비하는 것과 60대의 그녀가 이사를 앞두고 짐을 정리하는 것은 나이 듦이 요구하는 변화를 감지하고 그에 적응하는 지혜를 스스로 터득해 가는 과정으로 여겨졌다. 50대와 60대는 이전까지의 삶을 정리하고, 다음 단계로의 이사를 준비하는 시기인 것 같다. 이 과정에서 우리는 무엇을 버리고, 무엇을 가지고 갈 것인가에 대한 깊은 질문과 마주해야 한다.

산타 할아버지와 염라대왕을 믿었던 어린 시절에는 내가 살고 있는 세상 외에 천당이나 지옥과 같은 눈에 보이지 않는 세상을 상상했다. 그때는 인간이 육체와 영혼으로 이루어져 있으며 몸이 죽고 나면 영혼은 저승사자의 안내를 받아 염라대왕이 살고 있는 저승으로 가게 된다고 믿었다. 저승에 도착한 후 염라대왕의 심판에 따라 살아 있는 동안의 삶을 평가받고 지옥이나 천당행이 정해진다는 것이 그 시절에 내가 삶과 죽음을 이해하는 방식이었다. 지금 와서 돌아보니 기독교와 불교, 도교, 무속 신앙이 혼합된 세계관이었다.

어린 시절 할머니, 할아버지, 부모님, 혹은 어른들에게 들었던 이야기들, 그리고 책을 통해서 접한 이야기들은 우리의 정신에 깊은 흔적을 남겨서 세계관 속에 자연스럽게 녹아들어 있다. 또한 이런 이야기들을 통해 옛날 사람들의 세계관과 죽음관을 짐작해 볼 수도 있다. 천당과 지옥, 저승사자와 염라대왕, 죄와 벌 등은 나쁜 행동을 하지 않고 올바른 행동을 하게 하는 강력한 지침이 되었다. 이는 법적 규율을 넘어, 도덕과 윤리를 형성하는 데 중요한 역할을 했다. 이러한 도덕적 기준은 세상을 유지하는 질서로 작용했고, 사람들에게 올바르게 행동할 수 있는 중요한 기준이 되었다.

또한 내세에 대한 기대는 삶의 고통을 받아들이고 견딜 수 있는 힘을 주었다. 비록 현실의 삶이 고통스럽더라도 이를 전생의 업보로 받아들이며 인내하고 선행을 하면, 다음에는 더 나은 세상에 태어날 수 있다는 희망을 가졌을 것이다.

옛날에는 장례를 치를 때 망자의 상여를 지는 사람이나 장례와 관련된 일을 처리해 주는 사람들에게 감사의 의미로 돈을 주거나, 돌아가신 분의 관에 돈을 넣기도 했는데 이것을 저승 노잣돈이라고 했다. 저승 노잣돈은 망자가 저승사자를 따라 염라대왕에게 가는 동안에 사용할 여비라는 의미다. 요즘은 관에 돈을 넣는 것은 문제의 소지가 있어 불교 용품점에서 파는 모형 돈을 사용하기도 한다. 저승 노잣돈은 사후의 세계를 여행길로 생각한 옛사람들의 죽음관을 짐작하게 한다.

신체의 노쇠가 본격화되고 죽음이 다가옴에 따라 우리는 삶의 목적을 새롭게 설정해야 한다. 외적 아름다움이나 신체의 강건함, 혹은 일에서의 성공과 같은 성취를 삶의 목표로 삼아 온 사람들은 이 시기에 방향을 잃고 우울감이나 심한 상실감, 그리고 두려움에 사로잡히기 쉽다. 젊은 시절 삶의 방향이 되어 주었던 목표들을 잃고 나면 스스로의 존재 가치를 의심하게 된다. 그렇다면 언제 닥칠지 모르는 죽음을 의식하며 살아가야 하는 이 시기에 필요한 삶의 목표를 현대적 의미의 저승 노잣돈이라고 할 수도 있지 않을까?

영적 성장과 자아 통합

인생의 마지막 단계에서 삶의 궁극적인 목표는 영적 성장과 자아 통합으로 압축해 볼 수 있다. 영성은 물질적 성공이나 개인적인 성취와 같은 일상적인 욕망과 욕구를 넘어서는 삶의 본질적 의미와 더 높은 차원의 만족을 추구하려는 마음가짐이다. 흔히 종교와 관련된 것으로 생각할 수 있지만 반드시 종교적인 것은 아니다. 어떤 사람은 교회나 절과 같은 종교적 활동을 통해 영성을 찾을 수 있고, 또 다른 사람은 자연 속에서 평온함을 느끼며 영적인 성장을 경험할 수 있다.

또한 영성은 특별한 사람들만 경험하거나 삶에서 동떨어져 있는 것이 아니라, 우리가 어린 시절부터 일상에서 늘 경험해 오고 있는 인간 정신의 한 특성이다. 어릴 때부터 들어온 천당과 지옥, 이승과 저승, 염라대왕 등은 모두 감각을 통해 확인할 수 없는 세상을 상상하게 해 주었으며 이는 영성과 관련되어 있다.

특히 불교 문화권에서 성장한 우리는 윤회라는 것을 어렸을 때부터 익히 들어 알고 있다. 윤회는 전생과 내세가 있어서 삶이 죽음과 재탄생의 과정을 순환한다는 생각이다. 이승에서 사람으로 살고 있는 우리도 전생에는 개나 돼지였을 수 있고, 인생을 어떻게 사느냐에 따라 다음 생은 인간이 아닌 다른 존재로 태어날 수 있다는 이야기를 들으며 긴가민가하던 어린 시절도 있었다. 그래서 개나 돼지를 보며 제법 심각한 생각이 들기도 했었다.

그 시절에는 산이나 들에 놀러 가면 어른들이 식사를 하기 전에 음식을 조금 떼어 내서 '고수레' 하고 던지곤 했다. 이는 자연이 준 음식에 대한 감사의 표시이자, 인간과 자연, 신령 간의 관계를 상징적으로 나타내는 의식이다. 보이지 않는 존재들을 위해 음식을 나누는 행위에는 공동체와 자연, 조상들이 서로 연결되어 있다는 생각이 반영되어 있다. 나이가 오래된 나무를 신성시해서 정성껏 모시는 것이나 조상의 제사를 드리는 것은 모두 영성과 관련된 것이다.

이처럼 영성의 씨앗은 어린 시절 옛이야기, 전설, 동화 등을 통해 자연스럽게 정신 속에 뿌려진다. 나이가 들어 죽음에 다가갈수록 영성이 증가하며 중요해진다. 이것은 나이가 들어 저절로 생겨난 것이라기보다는 어린 시절부터 자라 오고 있던 것으로, 이 나이에 삶의 유한함과 죽음을 경험하면서 더욱 중요해지는 것이다. 이 시기의 사람들은 영성의 발달을 통해 삶의 의미를 찾고 목적의식을 가질 수 있다.

영적 성장은 삶의 궁극적인 의미와 본질에 대한 깊은 탐구와 관련이 있다. 이 과정에서는 물질적 세계와 욕망을 초월하여 더 큰 존재와의 연결을 느끼는 것이 핵심이다. 죽음을 앞두고 삶을 초월적인 관점에서 바라보는 능력은 영적 성장의 중요한 측면이다. 이를 통해 사람들은 자신의 삶에 대한 의미를 재발견하고, 죽음에 대한 두려움을 덜 느끼게 된다.

목적의식은 삶에서 목표를 설정하고 그 목표를 달성하려는 의지를 말한다. 이는 직업적, 사회적이거나 예술과 같은 창조적 과업에 대한 헌신일 수도 있다. 삶에 동기와 방향을 부여하는 중요한 요소로 이를 통해 마지막까지 성장할 수 있다. 반면에 목적의식이 결여된 노년은 두려움이나 우울증의 온상이 될 수 있다.

영적 성장은 현실을 외면하고 몽상적인 상태로 사는 것과는 다르다. 80대 이후에도 의식주를 해결해야 하고 경제적 관심을 놓을 수는 없다. 건강을 유지하고 하루하루를 즐겁게 보내는 것도 이 시기의 중요한 과제가 될 수 있다. 노년기에 영적 성장이 중요하다는 것이 오직 높은 차원의 가치만을 추구해야 한다는 것은 아니다. 매슬로가 언급한 다섯 가지 욕구는 이 시기에도 여전히 골고루 존재하며, 단지 그 비율이 변한다고 보는 것이 적절할 것이다.

에릭 에릭슨은 자신의 발달 이론에서 마지막 8단계를 통합 대 절망의 시기라고 했다. 이 단계에서는 자신의 삶을 되돌아보며 그동안 살아온 경험과 성취를 통합하여 삶의 의미를 찾는 것이 주요 과제이다. 자아 통합은 자신의 과거와 현재의 인생을 만족스럽고 의미가 있다고 여기며 앞으로 다가올 죽음을 수용할 수 있는 상태이다. 반대로 절망은 자신의 삶을 부정적으로 평가하고 후회와 불만족을 느끼는 상태이다. 절망에 빠진 사람들은 고통과 좌절 속에서 스스로를 고립시키고 우울감과 무력감을 경험할 수 있다.

자아 통합과 절망을 결정짓는 기준은 절대적인 성공이 아니다. 중요한 것은 자신의 삶을 받아들이는 태도이며 그 과정에서 자신의 감정을 공감하는 것이다. 즉 세상의 기준으로 성공적인 삶을 살아서 만족감을 느끼는 사람만이 자아 통합에 이르는 것은 아니다. 중요한 것은 자신의 삶을 어떻게 해석하고 받아들이느냐 하는 태도에 달려 있다.

다시 돌이킬 수 없는 지난 삶의 과오와 실수들도 받아들이고 이에 따르는 감정을 공감하는 것이 진정한 의미의 자아 통합이다. 노년에 이르러 한 편의 영화나 그림을 감상하듯이 자신의 전체 삶을 바라보며 내면에서 일어나는 다양한 감정들을 억압하지 않고 수용하는 것이 진정한 자아 통합이다.

세상에는 완벽한 삶을 산 사람도 없을 뿐더러 삶의 종착에 이르렀을 때 완벽한 자아 통합에 도달할 수 있는 사람도 거의 없을 것이다. 대다수는 때로는 자신의 삶을 긍정하고 때로는 후회와 아쉬움에 사로잡힐 것이다. 자아 통합은 어느 순간 완결되는 것이 아니라 그것을 향해 가는 과정일 뿐이다.

해양 경찰로 일하는 한 40대 남성은 근무 중 물에 빠져서 죽을지도 모르는 절박한 상황을 맞이한 적이 있었다. 그는 그때를 회상하며 잠깐의 시간 동안 자신의 전 인생이 말 그대로 주마등처럼 스쳐 지나갔다고 말했다. 그가 절체절명의 순간에 지난 삶을 회고했던 것처럼, 우리도 마지막에 이르면 삶을 전체적으로 회고하는 순간을 맞이하게 될 것이다. 그때 자신의 삶을 어떻게 평가할 것인가?

다음에 소개할 것은 노년기에 영적 성장과 자아 통합을 촉진할 수 있는 질문들이다. 이러한 질문들에 스스로 답을 해 보는 것은 삶을 깊이 되돌아보고, 과거의 경험을 긍정적으로 통합하는 데 도움이 될 것이다.

나는 지금까지의 내 삶을 어떻게 평가하는가?
나는 지금까지 무엇을 추구하며 살아왔나?
나는 사람들에게 어떻게 기억되고 싶은가?
나는 내가 가치 있다고 생각하는 것을 이루기 위한 삶을 살았나?
나의 삶에서 이룬 것은 무엇이고 그것이 나에게 어떤 의미를 주었나?
내 삶에서 가장 후회되는 것은 무엇인가?
나는 앞으로 무엇을 추구하며 살 것인가?

노년 초월

인간의 욕구가 다섯 단계로 이루어져 있다고 한 매슬로는 자신의 이론을 확장하여 자기 초월이라는 개념을 제시했다. 이것은 자신만의 목표를 추구하는 것을 넘어서 타인이나 공동체, 혹은 인류 전체를 위해 어떤 기여를 할 수 있을지 관심을 갖는 상태를 말한다. 영적 체험이나 자연, 우주와 같은 더 큰 존재와 연결되었다고 느끼는 경험도 자기 초월의 한 부분이다.

인간은 근본적으로 초월의 욕구가 있지만 특히 노년기에 경험하는 초월적 가치 체계를 특별히 노년 초월老年超越, gerotranscendence이라고 한다. 노년 초월은 성숙과 지혜를 향한 인간 성장의 마지막 단계, 즉 성숙한 나이 듦의 최종 관문으로 원숙한 생애의 완성으로 여겨진다. 노년 초월을 처음으로 주장한 사람은 스웨덴의 사회학자인 라르스 토른스탐Lars Tornstam(1943~2016)이다. 그는 노인 초월이란 세계를 물질적이고 합리적인 관점으로 바라보는 시각에서 더 우주적이고 초월적인 관점으로 전환하는 것이라고 했다.

노년 초월을 통해 내가 육체적 존재로서 발 딛고 있는 현실의 세계를 뛰어넘어, 우주와 영원한 시간 속의 존재하고 있음을 깨닫게 된다. 과거와 미래를 잇는 거대한 흐름 속에 내가 존재하고 있음을 알게 되면 지금 여기에서부터 과거와 미래, 우주적 차원으로 시공간을 바라보는 시야가 확장된다. 그렇게 되면 세상의 물질적인 것에 대한 관심보다는 정신적이고 영적인 것에 더 많은 관심을 두게 되어 나 역시 자연 속의 한 존재로 생사의 순리에 따라 소멸해 가는 것을 받아들일 수 있게 된다.

87세인 위 할머니는 딸과 함께 살고 있다. 체중이 줄고 잠이 안 와서 내원했다. 자기표현이 없다는 첫인상과 달리, 오랜 삶의 경험과 깊이 있는 통찰을 담고 있는 풍부하고 다양한 이야기들을 그녀의 내면에서 발견할 수 있었다. 배움이 많지 않음에도 그분과의 대화는 마치 삶의 깊은 진리를 담은 책을 읽는 듯한 감동을 주었다.

늘 함께 진료실을 찾는 위 할머니의 딸은 어머니가 이런 생각을 하고 있는지 몰랐다며 놀라움을 감추지 못했다. 그녀는 어머니와 그런 깊은 대화를 시도해 볼 생각조차 못했다고 했다. 내가 가슴 먹먹한 감동을 느꼈던 위 할머니와의 대화 일부를 소개한다.

"제가 젊어서부터 남에게 피해 주지 않으려고 하는 성격이 있었어요. 남들 부러워하지 않고 남의 것 탐내지 않고 내 앞에 주어진 대로 열심히 살았어요. 열심히 산 만큼 삶이 순탄하지는 않아서 억울한 마음이 좀 들기는 합니다. 요즘 라디오를 듣다 보니 용기가 있는 사람은 가진 것 없어도 미국에 가서 성공하고 잘 살던데, 내가 용기가 있었더라면 내 자식들 고생 덜 시키고 키웠을 텐데, 하는 아쉬운 점이 있기는 하지요.

젊은 시절 친하게 지냈던 친구가 한 명 있는데 지역이 달라서 만나지를 못하고 지냈어요. 전화로만 가끔 통화를 했는데 최근에 전화하니 없는 번호라고 안내가 나와서 친구가 죽었는가 보다 하고 생각을 했어요. '이제 내 차례가 되겠구나' 그런 생각이 들어요."

위 할머니의 이야기에서 자신의 삶과 죽음에 대한 평온한 수용, 삶에 대한 전체적인 조망, 반성과 수용 같은 노년 초월성을 발견할 수 있다. 위 할머니는 자신의 삶을 돌아보며 아쉬움과 억울함도 표현했지만, 그 모든 것을 담담히 받아들이는 모습에서 깊은 지혜와 평온함이 느껴졌다. 위 할머니와 대화를 하며 훗날 나이 들었을 때 할머니처럼 나의 삶에 대해서 담담하게 회고하며 정리하는 지혜와 평온함을 가질 수 있기를 바라게 되었다.

노년 초월을 통해서 노인들은 자신과 세상을 바라보는 세계관이 변화하며, 늙고 죽어가는 것이 자연의 순리라는 새로운 관점을 가지게 된다. 아래 세대와 더욱 친밀감을 느끼게 되고 손자녀 등 후손들에 대한 애정이 깊어진다. 영적인 것에 대한 관심이 커져서 고독 속에서 스스로에게 침잠하게 된다.

노년 초월은 노년기 심리적 변화 과정이며 더 나아가 한 인간이 생애를 통해 성장해 온 과정의 산물이다. 그 안에 노년기에 당면하는 신체적인 노쇠와 죽음, 관계의 변화 등과 관련된 여러 삶의 문제에 대한 해법을 담고 있다.

손 할머니는 86세로 34세 손자와 함께 진료실을 찾았다. 할머니는 가벼운 인지 장애를 앓고 있었다. 그녀는 혼자 살고 있었는데 신체적으로 건강하고 평생 일을 해 오신 분이라 나이 들어서도 깔끔하고 부지런하여 자신을 돌보는 것에는 별 어려움이 없었다. 그러나 주변 사람들과 의미 있는 관계가 없이 사회적으로 고립되어 있었다.

손자가 할머니를 병원에 모시고 온 이유는 최근에 할머니가 정서적으로 불안정해졌고 손자와 손주며느리에 대한 피해망상이 생겼기 때문이었다. 손자는 2년 전에 결혼을 했고 최근에 손주며느리가 출산을 해서 귀여운 증손자를 얻었다. 그런데 그 후로 손 할머니는 '손주며느리와 그녀의 어머니가 자신을 요양원에 보내려고 모의를 한다'는 망상이 생겼다. 손주며느리를 미워하고 심한 적대감을 표현해서 진료를 받게 되었다.

"아직 죽음에 대해서 생각해 보지 않았어요. 몸이 많이 아픈 사람들이나 그런 생각하지, 나는 아직 몸이 건강해서 그런 생각 안 해요. 운동도 하고 하루 종일 바쁘게 집안일 하면 죽음에 대한 생각할 이유가 없어요."

할머니의 피해망상은 초기 치매 상태에서 느끼는 불안과 죽음에 대한 두려움이 관련되어 있다. 손 할머니는 노년 초월성이 충분히 발달되어 있지 않았다. 이것은 손 할머니 내면에 자리 잡고 있는 삶에 대한 강한 애착, 죽음에 대한 회피와 관련되어 있다.

노년 초월성은 노화와 죽음을 수용하는 태도와도 연관된다. 노년 초월성의 발달이 미약하면 노년기에 이르러서도 중년기의 가치관, 신념, 관심사를 계속 유지하는데, 이것은 노년기의 성장에 방해가 된다. 나이가 들면서 동반되는 변화에 대해 저항하면 절망감, 죽음에 대한 두려움이 생긴다. 나이 들어서 경험할 수 있는 어려운 삶의 사건에 대해 부정적으로 해석함으로써 우울증과 불안에 시달릴 수도 있다.

토른스탐은 나이가 든다고 저절로 노년 초월성이 생기는 것은 아니며 인구의 20% 정도만이 높은 수준의 노년 초월에 도달한다고 했다. 따라서 지금부터 초월성을 키워 나가는 데 관심을 기울이는 것이 좋겠다. 초월성을 키울 수 있는 방법은 다음과 같다. 읽어 보면 짐작하겠지만 영적 성장과 일맥상통하는 점이 많다. 이것은 영적 성장과 노년 초월이 깊이 관련되어 있기 때문이다.

우선 명상과 마음 챙김 훈련을 통해 자신의 내면을 바라보는 것이 중요하다. 일기를 쓰는 것은 간단하지만 자신을 돌아보는 데 도움이 된다. 자기 인생을 되돌아보는 것은 노년 초월을 촉진하는 활동이 될 수 있다. 제삼자의 입장에서 자신의 인생에 대한 회고록을 작성해 보는 것도 좋을 것이다.

독서나 철학 탐구, 인문학 공부, 높은 수준의 초월적 성향을 가진 사람과의 대화, 종교 활동을 통한 영적 성장도 노년 초월성을 키우는 데 도움이 된다. 글쓰기, 그림 그리기, 악기 배우기, 사진 찍기 등 창조적 활동을 통해 자신의 삶을 예술적으로 표현하는 것은 자아 통합과 영적 초월을 도울 수 있다.

산책이나 등산 등을 통해 자연과 교감하는 활동이나 자신에게 익숙한 환경을 벗어나 여행을 하는 것도 좋다. 봉사 활동이나 재능 기부 등으로 자신이 가진 지식과 경험을 다른 사람들과 나누는 것은 의미 있는 활동이다. 친구나 가족, 혹은 동료와 죽음에 대한 대화를 나누는 것은 죽음의 불가피성을 수용하고, 불안을 줄이고 이를 자연스럽게 받아들이는 데 도움을 준다. 죽음 준비(유언장 작성, 장례 계획 등)는 죽음을 삶의 한 부분으로 수용하고, 남은 삶을 더욱 의미 있게 살 수 있도록 해 준다.

2.

죽음, 또 다른 성장의 계기

죽음을 대하는 불편한 시선

나는 초등학교 1학년 1학기까지 전라남도 순천의 변두리 동네에서 자랐다. 도시화의 손길이 아직 미치지 않아서 이제 막 농촌의 모습을 벗어난 동네였다. 집 앞을 나서면 파란 보리밭이 펼쳐져 있었고, 차가 지나가면 부연 흙먼지가 일던 비포장도로는 초등학교에 입학할 무렵에야 까만 아스팔트 옷을 입었다.

근처에 공동묘지가 있었는지 종종 집 앞 길로 상여 행렬이 지나갔다. 멀리서부터 요령 소리와 함께 '어이 어이' 하는 상여 소리가 들려오면 집 안에 있다가도 대문 밖으로 후다닥 달려 나가 구경을 했다. 상여 행렬은 요령 소리에 맞춰 느릿느릿 집 앞을 지나갔다.

만장을 든 아이들과 요령잡이를 앞세우고 울긋불긋한 꽃상여를 멘 상여꾼이 차례로 지나갔다. 그 뒤로 지팡이를 짚고 머리에는 삼베 수건을 뒤집어쓴 채 베옷을 입은 유가족이 뒤따랐다. 상여 행렬은 비일상적이었기에 죽음의 의미를 잘 알지 못하던 어린 나에게 묘한 느낌을 주었다. 누군가에게는 인생에서 가장 슬픈 시간이었겠지만 어린 구경꾼에게는 호기심을 불러일으키기에 충분한 볼거리였다.

생각해 보면 상여 행렬은 볼거리가 많지 않았던 그 시절에 상당히 예술적인, 일종의 공연 같은 것이었다. 요령 소리와 상여꾼의 만가 소리, 울긋불긋한 꽃상여, 펄럭이는 만장과 사람들의 행렬은 음악과 미술과 인간의 움직임이 죽음을 둘러싼 분위기와 어우러진 한 편의 종합 예술이었다. 상여 행렬은 이제 무대나 공연장에서나 볼 수 있는 전통 문화유산의 일부가 되었다.

1993년 할머니의 장례는 할머니가 거의 평생을 사셨던 고향 마을에서 치러졌다. 동네 마을회관 앞 큰 공터에서 노제를 지낸 뒤 할머니는 내가 어린 시절에 보았던 꽃상여를 타고 장지로 이동했다. 요령 소리와 함께 할머니가 묻힐 곳을 향하는 상여를 뒤따르면서 나는 집 앞에서 상여를 구경하던 어린 시절이 떠올랐다. 마치 수십 년의 시간을 거슬러 그 시간으로 공간 이동을 한 것 같은 기분이 들었다.

순천에서 살던 시절, 아이들은 뱀딸기라고 불리는 빨간 열매를 먹으면 죽는다며 절대 먹으면 안 된다고 했다. 좀 더 자라서 학교에 간 후에는 빨강색 펜으로 이름을 쓰면 그 이름의 주인이 죽음을 맞이하게 된다며 금기시했다. 초등학교 4학년 무렵, 내가 놀던 동네

뒷산에는 누구의 것인지 모르는 묘(우리는 뫼똥이라고 불렀다)가 있었다. 아이들은 묘를 밟는 것은 그 안에 누워 계시는 어른을 밟는 것이나 마찬가지라고 생각했고, 행여 누가 올라가면 그러지 말라고 주의를 주었다. 돌아가신 분에게 지켜야 할 예의가 있으며, 죽음 이후에도 영혼이 존재하고 살아 있는 사람처럼 감정을 느낄 거라고 생각했던 것이다.

이상이 죽음과 관련된 내 어린 시절의 기억들이다. 나처럼 누구나 죽음과 관련된 어린 시절부터의 기억과 인상들이 있을 것이다. 이러한 기억들은 마음속에 남아서 죽음에 대한 개념을 형성하는 데 영향을 준다.

나는 어린 시절에 막연하게나마 죽음이란 두렵고 무서운 것이라는 것을 배웠다. 그때는 사회적인 분위기가 죽음을 연상시키는 이야기를 하는 것을 불길하게 여겼다. 지금도 숫자 4가 한자 죽을 사死와 발음이 같다고 건물에 4층이 없거나 알파벳 F로 표시하는 곳이 있다. 이것을 보면 여전히 사람들은 죽음을 부정적인 것으로 인식하고 이를 피하고 싶어 하는 것을 알 수 있다.

이러한 부정적인 인식은 인간이 가지고 있는 죽음에 대한 두려움과 관련이 있다. 또한 세상이 지금처럼 문명화되기 이전, 생명을 유지하는 것이 어려웠던 것도 일부 영향이 있을 것이다. 70세를 일컬어 고희古稀라고 하는데, '예로부터 드물다'라는 뜻이다. 이처럼 과거에는 제명에 죽는 것이 쉽지 않은 일이었다.

전쟁, 굶주림, 홍수나 산사태 같은 자연재해, 기근, 호환, 출산, 전염병의 창궐이나 원인을 알 수 없는 괴질 때문에 수없이 많은 사람들이 죽었다. 산적이나 도적 떼에게 당해서, 정치적인 논란에 휩싸여 반역죄로 사약을 받아서, 혹은 능지처참을 당해 죽기도 하고 부관참시를 당하기도 했다. 인간은 죽음 앞에 속수무책이었고 그것을 통제할 수도 없었다. 그 시절에는 살아남는 것이 중요한 문제였기에 사람들은 무병장수를 간절하게 기원했다.

지금은 그때와는 상황이 다르다. 과거에 인간이 어찌하지 못했던 많은 죽음의 원인들은 과학과 의학의 발달로 어느 정도 통제되고 있다. 이제는 장수가 축복이 아니라 재앙이라는 말까지 나온다. 단순한 생명 연장이 아니라 삶의 질, 존엄성 있는 죽음을 고민하는 것이 죽음과 관련한 중요한 과제가 되었다.

마지막에 대해 이야기할 때

1990년대 중반 무렵에 어르신들이 미리 영정 사진을 찍고 유서를 쓰는 등, 죽음 준비 교육을 받고 있다는 뉴스를 보았다. 죽음을 드러내 놓고 이야기하는 것을 금기시하는 분위기 속에서 자라 온 나에게 그 모습은 강렬한 인상을 남겼다. 이것은 아버지의 죽음에 관한 개인적인 경험과도 관련이 있다. 아버지는 내가 의과 대학 졸업을 앞둔 1990년 겨울에 돌아가셨다. 위암이 발견되고 6개월 만의 일이었다. 당시 내가 다니던 모교의 병원에서 치료를 받아서 아버지의 마지막 6개월에 대한 기억은 지금도 생생하다.

당시만 해도 말기 암 환자에게 기대 여명을 알려야 하는지를 두고 논란이 많았다. 그때는 환자가 충격을 받을 수 있기 때문에 마지막까지 본인에게 알리지 않는 것이 낫다는 의견이 일반적이었다. 그럼에도 큰 형부가 아버지에게 남은 시간이 그리 길지 않다는 것을 알렸다. 아버지는 항암 치료를 받기도 하셨으나 부작용으로 인한 고통이 너무 심해 스스로 치료를 중단하기로 결정을 하셨다.

우리 가족은 어느 누구도 드러내 놓고 아버지의 죽음에 대해서 이야기를 하지 못했다. 하루하루 다가오는 죽음과의 싸움에서 아버지는 철저히 혼자였고, 우리는 제대로 된 마지막 인사도 나누지 못했다. 지금 와서 생각하면 서로 못다 한 이야기가 너무나 많다. 우리가 함께 죽음에 대한 이야기를 나눌 수 있었다면 아버지가 죽음 앞에서 느꼈을 고독과 두려움이 덜하지 않았을까 하는 생각이 들곤 한다. 아버지 돌아가신 지 수십 년의 세월이 흘렀음에도 어제 일처럼 가슴이 먹먹하다.

사회 문화적으로 죽음은 아직 금기시되는 주제일 수 있다. 죽음에 대한 대화는 불편하거나 무겁게 느껴질 수 있으며 많은 사람들은 죽음에 대한 생각을 피하거나 억누르는 경향이 있다. 이는 다양한 이유에서 비롯된다.

일단 죽음이 무엇인지 명확히 알 수 없고 죽음 이후의 삶에 대한 불확실성 때문에 두려움을 불러일으키기에 아예 생각과 대화를 꺼린다. 게다가 우리 사회에는 죽음을 언급하는 것 자체가 불운을 가져온다고 믿거나, 죽음에 대해 말하는 것이 죽음을 불러온다고 여기는 마술적인 사고가 여전히 남아 있다. 또 그런 얘기를 하는 것이 죽음과 관련된 슬픔, 두려움, 상실감과 같은 감정을 자극할 수 있으며, 이러한 감정을 마주하기가 불편하기 때문에 대화를 피하게 된다. 또 현대 사회는 의료 기술의 발달로 젊음과 생명을 연장할 수 있다. 그래서 죽음을 생각할 기회가 줄어들어 일상에서 멀리 떨어진 주제로 간주되는 것이다.

진료실에서는 죽음을 둘러싼 다양한 장면들을 간접적으로 목격하곤 하는데, 여전히 죽음은 사람들이 다루기 어려워하는 주제라는 것을 알 수 있다.

60대의 딸이 80대의 아버지를 모시고 내원했다. 보호자의 말에 의하면 이 어르신은 수년째 치매를 앓고 있으며 최근에 아들을 뇌출혈로 먼저 떠나보내는 큰일을 겪었다. 이후로 잠을 잘 못 이루고 불안한 모습을 보인다는 것이다. 보호자는 나에게 아버지와 아들의 죽음에 관해서 이야기를 하는 것이 괜찮으냐고 물었다. 죽은 아들 이야기를 하면 아버지의 상심이 커져서 우울증이 심해지거나 극단적인 생각을 하게 되지 않을까 걱정이 된다고 했다. 치매를 치료해 주는 담당 선생님도 환자를 불안하게 할 수 있으니 가능하면 아들의 죽음에 대한 이야기는 하지 않는 게 좋겠다고 했다는 것이다. 내가 어르신께 직접 물어보았더니 이런 대답이 돌아왔다.

"가족들하고 아들 이야기를 했으면 좋겠어요. 아들이 보고 싶고 슬픈 마음이 들 때는 누구하고라도 아들 이야기를 하고 싶어요. 그런데 가족들이 자꾸 말을 못 하게 해서 혼자 감당을 하려니까 너무 힘이 들어요."

치매를 앓는 노인이라 할지라도 사랑하는 사람의 죽음으로 인한 슬픔과 상실에 무감할 수 없다. 이에 대한 열린 대화가 필요하다는 것을 어르신의 가족뿐 아니라 많은 사람들이 간과하고 있다. 죽음에 대한 열린 대화와 정서적 지지는 누구에게라도 중요한 의미가 있다.

부모의 죽음을 맞이한 아이들에게 그 사실을 알릴 것인지는 매우 어렵고 조심스러운 문제이다. 10여 년 전에 한 중학생을 진료한 적이 있었다. 친구들하고 어울리질 못해서 학교생활 적응에 어려움이 있었으며 망상이 있어서 조현병이 의심되는 상태였다. 이 학생은 외조부모와 어머니와 함께 살고 있었다.

아버지는 5세 무렵 암으로 돌아가셨다. 당시 가족들은 아이가 죽음을 이해하기에는 너무 어리고 충격을 받을 수 있다고 생각해서 아버지의 죽음을 알리지 않았다. 심지어 아버지의 장례 기간 동안 아이를 다른 친척에게 맡기고 장례식에도 참석시키지 않았다. 상담 도중, 아버지의 죽음에 대해서 이야기할 기회가 있었는데 아이가 이렇게 말했다.

“제가 다섯 살 때 아빠가 죽었다는데 믿을 수가 없어요. 그때 식구들이 저만 빼고 며칠 없어졌던 기억은 나지만 제가 아빠 장례식을 직접 본 것은 아니잖아요. 아직 아빠가 살아 있는데 가족들이 나한테 거짓말하는 것 같아요. 근데 왜 그러는지 이유를 모르겠어요. 나만 빼고 다른 식구들만 알고 있는 비밀이 있는 것 같아요.”

아버지의 죽음을 알리지 않았던 그 단일한 사건이 아이가 겪고 있던 학교생활의 어려움이나 정신적인 문제의 직접적인 원인은 아니다. 하지만 중요한 사건에서 아이를 배제했던 가족들의 태도와 투명하지 않은 의사소통 방식은 가족 내에서 일관되게 지속되었다.

이것이 아이의 발달에 좋지 않은 영향을 끼쳤을 것이라는 것을 짐작할 수 있다.

어린아이에게 사랑하는 사람이 죽었다는 것을 알려야 하느냐는 질문에 대한 답은, 아이가 이해 가능한 수준에 맞는 세심한 접근이 필요하며 이를 감추는 것은 결코 바람직하지 않다는 것이다. 사랑하는 사람의 죽음을 알리지 않거나 그 주제에 대해 침묵하는 것은, 아이가 그 상황을 이해하고 슬픔을 표현할 기회를 빼앗는 결과를 초래할 수 있다.

죽음을 당면한 사람들뿐 아니라 건강하게 지내는 사람들에게도 죽음에 대한 열린 대화는 필요하며 이는 긍정적인 영향을 미친다.

죽음을 대하는 태도

50대와 60대는 부모와의 사별을 통해 죽음을 더욱 가까이에서 목격한다. 부모의 죽음이라는 상실 경험은 자신의 죽음을 생각하게 하고 과거를 재평가하게 만든다. 이를 통해 자신의 죽음에 대한 성숙한 태도를 갖게 될 수도 있지만 오히려 죽음 불안이 증가될 수도 있다.

죽음 불안은 우울증, 불면증, 상실에 대한 과도한 불안, 건강 염려증, 타인에 대한 원망 등 신체적 그리고 정신적 증상으로 나타나기도 한다. 이 시기에 죽음에 대한 불안이 증가하는 것은 삶의 과제로서 죽음을 다루어야 하는 신호라고 생각할 수 있다. 죽음을 받아들이는 것은 삶의 마지막 단계를 준비하는 과정으로 볼 수 있으며 이는 노년기의 심리적 건강과 전반적인 삶의 질을 향상시키는 데 중요한 역할을 한다.

죽음에 대한 준비는 죽음에 대한 체계적인 학습과 태도를 정립하는 것을 포함한다. 죽음과 관련된 의학적, 법적, 철학적 지식을 습득하는 것은 막연한 두려움을 줄이고, 현실적이고 구체적으로 죽음을 준비하는 데 도움이 된다. 예를 들어, 사전 연명 의료 의향서 작성이나 유언장 작성, 장례 절차 등의 정보를 학습함으로써 죽음에 직면했을 때 더 명확한 결정을 내릴 수 있다.

죽음에 대한 태도는 죽음을 받아들이는 방식에 큰 영향을 미친다. 어떤 사람은 죽음을 두려워하지만 또 다른 사람은 이를 자연스러운 과정으로 받아들인다. 자신의 가치관과 신념에 맞게 죽음에 대한 태도를 정립할 수 있다면, 안정된 상태에서 죽음을 마주할 수 있다.

죽음에 대한 준비는 단지 죽음 자체를 대비하는 것에 그치는 게 아니라 현재의 삶을 어떻게 살아갈 것인지와 관련되어 있다. 50대와 60대는 아직 죽음이 멀리 있다고 생각할 수 있지만 죽음을 준비하면 남은 시간을 더 소중히 여기고, 의미 있는 목표를 세울 수 있다. 죽음에 대한 예감은 삶을 더욱 충실히 살게 한다. 즉 죽음 준비는 남은 시간을 잘 살아간다는 것과 같은 의미이다.

진료실을 찾은 50대 수희 씨는 90대인 시아버지와 죽음에 관한 대화를 나누는 도중 불안감을 느꼈다.

"저희 아버님은 92세가 되셨는데 아직도 정정하세요. 아버님이 식사하는 자리에서 담담하게 이제 자식들 다 자리 잡고 잘 사는 걸 보았으니 내일 죽어도 여한이 없다는 말씀을 하셔서 갑자기 분위기가 숙연해졌어요. 아버님은 죽음을 겁내지 않으시는 것 같았어요. 저는 죽음이 무서운데 어떻게 아버님은 죽음이 두렵지 않으실까요? 저도 좀 더 나이가 들면 그렇게 될까요?"

그녀에게 죽음이 왜 두려운지 물어보았다.

"죽고 나면 그다음은 어떻게 되는 건지 알 수 없잖아요."

그녀는 세 살이 되기 전에 어머니가 암으로 돌아가셔서 친정어머니에 대한 기억이 전혀 없다. 홀로 삼 남매를 키운 아버지마저 그녀가 스무 살 때 돌아가셔서 언니와 오빠를 의지하며 살았다. 결혼한 후에는 시부모님을 친정 부모처럼 생각하고 살아왔다.

엘리자베스 퀴블러-로스Elizabeth Kubler-Ross(1926~2004)는 스위스계 미국 정신과 의사로 죽음과 임종 연구의 선구자이다. 그녀는 죽음에 직면한 사람들이 부정, 분노, 협상, 우울, 수용이라는 다섯 단계의 심리적 과정을 보인다는 사실을 밝혀냈다.

첫 번째 단계인 부정denial은 자기 앞에 놓인 죽음이라는 현실을 받아들이기 힘든 상태이다. 죽음을 직면했을 때, '이런 일이 나에게 일어날 리 없어'라고 생각하며 죽음을 부정하고 피하려고 하는 심리이다.

두 번째 단계인 분노anger는 죽음이라는 불가피한 사실에 대한 억울함과 분노를 나타낸다. 이 단계에서 사람들은 '도대체 왜 나에게 이런 일이 생겨야 하지?'라는 질문을 하며 분노를 표출한다.

세 번째 단계인 협상bargaining에서는 희망을 유지하기 위해 절충

안을 찾으려는 단계이다. 죽음을 피하거나 연기하기 위해 '만약 내가 이렇게 하면 조금 더 살 수 있을까?'라는 식으로 생각한다.

네 번째 단계인 우울depression은 죽음이라는 현실을 깨달으면서 깊은 슬픔과 절망을 느끼는 단계이다. 이 단계에서 사람들은 죽음이 다가오고 있다는 사실을 인식하며 자신이 잃게 될 것들, 사랑하는 사람들과의 이별을 놓고 깊이 상심하게 된다.

마지막 단계인 수용acceptance은 죽음이라는 현실을 받아들이고 평온함을 찾는 단계이다. 수용 단계에서는 더 이상 죽음을 부정하거나 싸우지 않고, 그 상황을 있는 그대로 받아들인다. 죽음을 자연스러운 삶의 일부로 인식하며, 남은 시간 동안 자신의 삶을 정리하는 과정에 들어간다.

이 다섯 단계는 죽음을 앞둔 모든 사람이 똑같이 겪는 것은 아니며, 반드시 순차적으로 진행되지 않을 수도 있다. 그러나 퀴블러-로스의 이론은 죽음을 마주하는 과정에서 사람들이 경험할 수 있는 복합적인 감정의 흐름을 이해하는 중요한 틀을 제공한다.

모든 인간에게 죽음은 예정되어 있으며, 그것은 단지 시간의 문제일 뿐이다. 직접적으로 의식하지 않더라도 죽음은 모든 사람들의 마음속 깊이 자리 잡고 있다. 또한 당장 죽음을 눈앞에 둔 상황이 아니더라도 사람들은 죽음에 대해서 부정, 분노, 협상, 우울, 그리고 수용 중의 어느 상태 혹은 혼합된 상태에 있다.

죽음에 대한 태도는 한 사람의 가치관, 경험, 환경에 따라 다양하다. 자신이 죽음에 대해서 어떤 태도를 가지고 있는지, 죽음과 관련된 개인적인 경험은 어떤 것이 있는지를 돌아보고 주변 사람들과 이야기해 보는 것은 죽음에 대해서 보다 건강한 태도를 갖고 불안을 줄이는 데 도움이 될 것이다.

어떤 사람은 종교적 신념으로 사후 세계의 존재를 확신하고 기꺼이 죽음을 받아들일 것이고, 또 어떤 사람은 고통스러운 현실의 삶에서 벗어나기 위해 죽음이라는 도피처를 기대할 수 있다. 두려움 때문에 죽음을 회피하거나 죽음을 극복해야 할 질병과 같은 것으로 생각할 수도 있다.

죽음에 대한 수용적인 태도는 죽음을 불가피하고 자연스러운 삶의 일부로 받아들이는 태도를 의미한다. 죽음을 두려워하거나 회피하기보다는, 삶의 마지막 단계로서 평온하게 받아들일 수 있는 태도이다. 이러한 태도를 가진 사람은 만족스러운 노년기를 보낼 수 있다. 하지만 죽음을 수용하지 못하고 부정적인 태도를 가지고 있다면 노년기 삶 전체가 불안하고 불만족스러워질 가능성이 있다.

죽음 불안

죽음을 회피하거나 거부하는 것은 죽음 불안과 관련이 있다. 죽음 불안은 죽음을 생각할 때 느끼는 여러 가지 부정적인 감정들을 말한다. 죽음을 두려워하거나 죽음이 다가오는 것을 위협적으로 느끼는 것, 죽음을 생각할 때 불편함을 느끼는 것 등이 포함된다. 이는 단순히 죽음 그 자체에 대한 생각뿐만 아니라, 죽음이 가까워질 때, 죽는 순간, 죽고 난 후의 신체 변화를 생각할 때 느끼는 불안, 공포, 걱정, 불쾌함 등을 포괄한다. 쉽게 말해서 죽음 불안은 우리가 죽음에 대해 생각하거나 죽음을 경험할 때 느끼는 다양한 부정적인 감정들의 모음이라고 할 수 있다.

사람들이 죽음을 불안해하는 이유는 죽음 이후에 대해서 아는 바가 없기 때문이다. 또 죽음 그 자체보다는 죽음에 이르는 과정에서 겪게 될 육체적 고통이나 질병에 대한 두려움, 또한 죽음으로 인해서 사랑하는 사람들과 이별하는 것에 대한 걱정도 관련되어 있다. 나의 존재가 소멸된다는 것은 곧 한 사람에게는 세상이 끝나는 것이기 때문에 이것 역시 불안을 유발하는 중요한 요인이다. 아직 이루지 못한 꿈이나 목표에 대한 아쉬움, 해결되지 않은 갈등이나 미련으로 인한 후회가 죽음에 대한 두려움을 증가시킬 수 있다. 즉 자신의 삶을 충분히 만족스럽게 살지 못했으나 이를 만회할 시간이 없다는 것이 죽음에 대한 부정적인 태도를 불러오는 것이다.

죽음 불안은 한 개인의 보다 심층적인 심리적 요인들과도 밀접한 관련이 있다. 기본적으로 불안 성향이 높은 사람들은 죽음에 대해 더 큰 두려움을 느낄 가능성이 크다. 이들은 일상적인 상황에서도 불안을 유발하는 불확실성을 회피하려고 애쓰며, 죽음이라는 궁극적인 불확실성은 큰 심리적 불안을 유발한다.

죽음 불안은 억압된 무의식적 갈등과도 관련이 있다. 예를 들어, 어린 시절의 상실 경험이나 분리 불안은 성인이 되었을 때 죽음에 대한 두려움을 강화할 수 있다. 어린 시절에 충분한 애정을 받지 못했거나, 심리적으로 불안정한 환경에서 자란 사람들은 죽음이 주는 상실감과 분리를 더 강하게 느낄 수 있다.

애착 이론에 따르면, 어린 시절 부모와의 안정적인 애착 관계는 성인이 되었을 때 죽음 불안을 완화하는 중요한 역할을 한다. 반대로 불안정한 애착 관계에서 자란 사람들은 죽음과 같은 최종적인 이별에 대한 두려움이 더 강할 수 있다.

수희 씨처럼 어린 시절에 중요한 사람을 잃은 경험은 성인이 되었을 때 죽음에 대한 두려움을 강화시킬 수 있다. 이는 상실의 고통을 일찍 경험한 사람들이 죽음을 더 두렵고 고통스러운 경험으로 인식하게 만들기 때문이다.

죽음 불안은 정도의 차이가 있을 뿐 누구에게나 자연스러운 반응이며 여러 요소들이 복합적으로 작용한다. 죽음 불안을 다루는 것은 우리가 앞에서 이야기했던 것처럼 자신의 감정에 대한 공감을 필요로 한다. 그리고 죽음 불안과 관련된 요소들을 이해함으로써 이를 극복하는 방법을 찾을 수 있다. 마음속에 있는 죽음 불안을 자신에 대한 이해를 확장해 나갈 기회로 삼을 수 있다. 또한 이를 잘 다루는 것은 여생을 보다 유용하게 활용하고 정리하는 데 도움이 된다. 정신 치료, 명상, 마음 챙김처럼 자신을 이해하기 위한 다양한 시도들, 죽음에 대한 교육, 영적 성장과 초월성의 획득 등이 죽음 불안을 다스리는 데 도움이 될 것이다.

죽음은 피할 수 없지만 태도는 선택할 수 있다

프랑스의 작가 시몬 드 보부아르는 실존주의 철학자 사르트르와의 계약 결혼으로도 유명하지만, 페미

니즘 철학과 문학에서 빼놓을 수 없는 중요한 인물이다. 그녀는 자신의 소설《모든 인간은 죽는다》를 통해 죽지 않고 영원한 삶을 사는 것이 과연 행복한가라는 심오한 철학적 질문을 던졌다.

주인공 레몽 포스카는 12세기 이탈리아의 카르모나 군주로, 살해 위협에 시달리다 우연히 불사의 약을 손에 넣는다. 그는 이 약을 마시고 영원한 생명을 얻지만, 죽지 못하고 살아나는 삶이 반복되면서 끊임없는 고독과 권태에 시달린다. 그는 사랑하는 이들이 모두 죽고 자신만이 영원히 남는 삶을 살아가면서, 불멸이 축복이 아니라 저주임을 깨닫는다.

보부아르는 이 작품을 통해 인간의 유한성이 삶에 의미를 부여한다는 이야기를 전한다. 즉 우리에게는 죽음이라는 끝이 있기 때문에 오히려 삶의 매 순간을 소중히 여기고, 인간답게 살아가는 동력이 생긴다는 것이다.

퀴블러-로스는 죽음이 삶의 한 부분이라는 것을 받아들일 수 있다면 죽음을 통해서 성장할 수 있다고 했다. 사람마다 죽음에 대한 태도는 다양하다. 그녀는 만약 죽음을 수용할 수 있는 단계에 도달할 수 있다면 더욱 의미 있는 삶과 죽음을 맞이할 수 있을 것이라면서, 죽음을 인생의 마지막 성장이라고 했다.

우리가 죽음에 대해 가지는 태도는 퀴블러-로스가 제시한 죽음을 받아들이는 다섯 단계 중 어느 한 단계에 있을 수 있으며, 때로는 이 다섯 단계의 특성 모두를 동시에 가지고 있을 수도 있다. 죽음을 부정하고, 분노하고, 협상하고, 우울해하는 과정을 거쳐 결국 죽음을 수용하는 단계에 도달하는 것이 죽음에 대해서 성장의 목표로 삼을 수 있는 중요한 과정이다.

그렇다면 죽음이 가진 성장점은 무엇일까? 죽음을 통해 우리는 무엇을 배울 수 있을까? 대부분의 사람들은 큰 병이나 사고로 인해 생명의 위협을 느끼지 않는 이상 죽음을 의식하지 못하고 살아간다. 아주 예외적인 경우가 코로나19 팬데믹의 경험이다. 이 괴짜 바이러스는 예외 없이 거의 모든 지구인을 죽음의 공포에 몰아넣었다. 백신이 개발되기 전까지 지구촌은 이 바이러스에 무력했다. 많은 사람들이 죽어 갔고 그걸 지켜보는 사람들 역시 죽음의 공포에 시달려야 했다.

여러 경로를 통해 직간접적으로 전해 오는 죽음의 소식들과 사랑하는 사람을 잃은 사람들의 슬픔, 위기에서 보이는 인간 군상들의 다양한 모습들(이기적이거나 이타적이거나)을 통해 우리는 인간과 인간성에 대해 많은 생각을 할 수 있었다. 특히 죽음이라는 거울에 비추어진 자신의 모습을 확인할 수 있었다. 그동안에는 의식하지 못했던 죽음을 한꺼번에 목격하고 나니, 그것이 우리 삶에 얼마나 가까이 있는지 확인할 수밖에 없었다. 삶과 죽음, 그리고 사람들과의 관계에 대해서 살아 있는 공부를 한 셈이다.

백신 접종을 통해 면역을 획득하기 전에 바이러스의 감염으로부터 우리를 지킬 수 있는 방법은 개인위생을 철저히 하는 것과 사회적 거리 두기 정도였다. 특히 사회적 거리 두기를 통해 그동안 우리 삶에 얼마나 많은 거품이 껴 있었는지 확인할 수 있었다. 학교 수업, 직장 생활, 여행, 모임, 외식, 영화 관람이나 쇼핑 같은 활동을 삼가야 했고 살아가는 데 필요한 최소한의 활동과 접촉이 권장되었다. 한계 없이 확장되어 가던 관계망 속에서 누가 나에게 안전한지 그렇지 않은지를 솎아 내야 했다. 고립 속에서 직면할 수밖에 없었던 고독과 불안을 통해 자신의 내면을 마주하며 스스로 이것을 다스리는 법을 배워야만 했다.

코로나19를 통해서 우리는 인간이라는 존재가 얼마나 미약한지, 우리의 삶이 얼마나 취약한지를 확인할 수 있었다. 시간은 유한하고 소중하다는 것, 나의 삶을 구성하는 수많은 일과 관계에는 우선순위가 있다는 것, 우리는 더 소중한 것에 집중하고 그것들을 돌보아야 한다는 것, 하루하루 충실하게 살아갈 것, 사랑하는 사람들이 옆에 있을 때 더 많은 시간을 함께 보내고 사랑과 감사를 표현할 것 등이 우리가 직간접적으로 죽음을 경험하며 얻은 깨달음이다. 생각보다 가까이에 있는 죽음을 두려워하며 외면할 것이 아니라 마주해서 바라보는 것이, 역설적이지만 죽음에 대한 두려움을 줄일 수 있는 방법이라는 것을 깨달았다.

죽음이 가지고 있는 성장점은 인간이 죽음을 마주하면서 경험하게 되는 내적 변화와 성장을 의미한다. 죽음을 통해 인생의 의미를 탐색하게 되며 유한한 시간의 지평에서 우리의 우선순위, 가치관, 선택의 방식을 돌아볼 수 있다. 죽음이 내포하고 있는 성장의 요소들을 다음과 같이 정리할 수 있다.

죽음에 대한 태도: 자신이 죽음에 대해서 어떤 태도를 가지고 있는지 돌아볼 수 있으며 죽음에 대한 불안을 줄이고 수용적인 태도를 키워 나갈 수 있다.

삶의 의미를 재정립: 유한한 시간 속에서 삶의 목표를 새롭게 하고 보다 중요한 것에 집중할 수 있게 된다. 죽음이 다가옴을 인식하는 것은 현재의 삶을 더 충실하고 의미 있게 만드는 중요한 동기가 될 수 있다.

자아 성찰 및 통합: 자신의 존재 의미를 탐색함으로써 보다 가치 있는 삶을 살아가려는 노력을 기울일 수 있다. 자신이 어떤 삶을 살아왔는지 자신의 전 생애를 돌아보고 통합할 수 있다.

죽음을 통한 자기 이해: 죽음에 대한 불안, 가치관 등이 형성된 과정을 살펴보는 것은 자신을 보다 깊게 이해할 수 있게 한다.

관계의 재정립: 죽음을 의식함으로써 자신에게 중요한 사람들과의 관계를 보다 소중하게 여기고 집중할 수 있게 해, 보다 깊은 친밀함을 쌓아 갈 수 있다.

정서적 경험: 죽음을 의식하는 것은 새로운 정서적 경험을 촉진한다. 용서와 화해, 죽음과 두려움 등 죽음과 관련된 정서적 반응을 통해 감정이 성장할 수 있다.

죽음을 성장의 관점으로 바라보면 우연적이고 불가항력적인 죽음마저 자신의 삶으로 맞이함으로써 능동적인 주체로 살아갈 수 있게 된다. 이것은 자신의 존재와 삶의 의미를 깊이 숙고하고, 이를 기반으로 자율적이고 진정성 있는 삶을 가능하게 한다. '자신의 운명을 선택할 수 없더라도, 그 운명에 대한 태도를 선택할 자유가 있다'고 한 빅터 프랭클의 이야기처럼 우리는 죽음을 피할 수 없지만 죽음에 대한 태도는 선택할 수 있다. 이것이 죽음이라는 마지막 성장에서 풀어야 할 과제이다.

좋은 삶이
좋은 죽음을 만든다

10여 년 전 놀이공원에서 후룸라이드(물 미끄럼틀)라는 놀이기구를 탄 적이 있다. 나는 약간의 고소 공포증이 있어서 놀이기구를 거의 타지 않는데 그날은 근거를 알 수 없는 용기가 샘솟아 시도를 해 보았다.

후룸라이드는 일종의 롤러코스터인데 비교적 난이도가 높지 않은 편이라 나처럼 놀이기구 못 타는 사람도 큰 거부감 없이 즐길 수 있었다. 물살을 가를 때는 배를 타고 물 위를 달리는 것 같은 기분이 들었다. 어느 시점에 정점을 향해 오르막을 오르는데 이때 약간 속도가 떨어지면서 역설적이게도 긴장감이 최고조에 달했다. 아마 정점에 도달한 다음에 어떤 속도가 나를 기다릴지 알 수 없기 때문일 것이다. 그런데 막상 정점을 통과해서 낙하하는 동안에는 해방감과 함께 짜릿한 흥분을 느낄 수 있었다.

낙하하는 동안 죽음이란 이것과 비슷할까 하는 생각이 들었다. 죽음을 향해 다가갈 때는 두려움이 점점 고조되다가 막상 죽음에 이르고 나면 아무런 생각도, 감각도 없어지는 것 아닐까? 사람들은 죽고 난 후에도 정신이나 영혼은 계속 살아서 자신의 죽은 몸을 보거나 남겨진 사람들을 관찰하고, 살아 있을 때처럼 생각하고 감정을 느낄 수 있을 것이라고 상상하지만 나는 그냥 '무'라고 생각한다.

임사 체험자들의 이야기를 들어보긴 했지만 어느 누구도 실제로 죽음을 경험해 본 사람은 없기에 죽음 이후의 세계는 여전히 알 수 없고 그래서 더 두려움을 준다. 그렇기에 용감하고 아름답게 죽음을 맞이하는 사람들의 이야기는 우리에게 깊은 감동을 주고, 나는 어떻게 죽음을 맞이할까 생각해 보게 한다.

미국 카네기멜론대학교의 컴퓨터 공학부 교수인 랜디 포시Randy Pausch(1960~2008)가 그랬다. 말기 췌장암을 진단받은 그는 시한부 삶을 선고 받았다. 죽음을 약 일 년여 정도 남겨 둔 2007년 9월 18일, 그는 '어린 시절의 꿈을 이루는 방법'이라는 제목으로 400여 명의 청중 앞에서 마지막 강의를 했다. 이날 강의를 통해 그는 자신이 어린 시절의 꿈을 이루기 위해서 어떻게 장벽을 극복하며 살아왔는지, 그리고 타인의 꿈을 이루어 주기 위해서 어떤 노력을 했는지와 함께 그렇게 살아온 삶에서 얻은 교훈을 전했다. 강의 마지막에 그는 이렇게 말한다.

"이 강의는 당신의 꿈을 어떻게 달성하느냐에 관한 것이 아니라, 어떻게 당신의 인생을 이끌어 갈 것이냐에 관한 것입니다. 만약 당신이 인생을 올바른 방식으로 이끌어 간다면, 그다음은 자연스럽게 운명이 해결해 줄 것이고 꿈이 당신을 찾아갈 것입니다."

그리고 그는 마지막 강의를 통해서 청중들에게 전하려 했던 메시지들이 또한 자신의 세 아이들을 위한 것이었음을 밝힌다. 아이들이 자라는 과정을 함께할 수 없기에 아이들을 위해서 아버지로서 들려주고 싶은 교훈을 이 마지막 강의에 담은 것이다. 그의 마지막 강의는 아이들에게 남겨 줄 유산과 같은 것이었다. 후에 그는 강의에서 다 하지 못했던 이야기들을 《마지막 강의》라는 제목의 책으로 출간했다. 그의 강의와 책은 전 세계적으로 많은 사람들에게 깊은 감동과 영감을 주었다. 마지막 강의가 있던 날로부터 약 일 년이 흐른 2008년 7월 25일, 그는 48세를 일기로 세상을 떠났다.

나는 죽음을 마주하는 그의 태도에 감동을 받았다. 강의를 하는 동안 그는 시종 재치 있는 유머를 잃지 않았고, 말기 암 환자라고 믿기지 않을 만큼 열정이 넘치는 모습을 보여 주었다. 평생 그의 삶에서 일관되게 유지되었던 천진함과 호기심, 일에 대한 열정과 타인의 성장을 돕고자 하는 이타심, 긍정적이고 낙관적인 태도는 죽음 앞에서 조금도 퇴색하지 않았다.

그는 죽음이라는 현실을 인정하면서도 긍정적인 태도를 잃지 않았고 자신에게 닥친 운명에 대해 투덜대는 대신 남겨진 시간 동안 할 수 있는 것들을 했다. 죽음을 맞이하는 그의 태도는 인간이 보여 줄 수 있는 높은 경지의 성숙함의 산물이라는 생각이 들었다. 비록 영상을 통해 만났지만 나는 그의 내면에 깃들어 있는 성숙함에 깊은 감동을 받았다. 그 강의가 있었던 2007년으로부터 벌써 17년의 세월이 흘렀지만 아직도 그의 강의 영상과 관련 기사 등을 찾아볼 수 있다. 여전히 많은 사람들에게 감동과 영감을 주고 있기 때문이다.

좋은 삶은 좋은 죽음을 통해 완성된다. 감정은 다른 사람에게 전염이 되는 경향이 있다. 사람이 죽어 육신은 사라지지만 그가 살아오면서 혹은 죽어 가는 과정에서 혹은 죽음을 맞이하며 느꼈을 감정은 유산으로 남아 살아 있는 사람들에게 영향을 준다. 유명인들의 자살 소식에 많은 사람들이 영향을 받고 심지어 일시적으로 자살률이 증가하는 '베르테르 효과'도 이와 같은 맥락으로 이해할 수 있다.

여러 비극적인 죽음은 한동안 우리를 충격에 빠뜨리곤 한다. 나의 죽음은 나 혼자만의 일이 아닌 것이다. 좋은 죽음을 맞이하는 것은 나를 위한 것일 뿐 아니라 남은 이들에게 건강한 영향을 미치는 것이기도 하다. 이를 통해 긍정적인 에너지를 남김으로써 세상에 기여할 수 있는 길이다.

또한 좋은 삶이 좋은 죽음을 만든다. 사회적인 성공, 경제적인 부, 명예가 좋은 삶의 기준은 아니다. 좋은 삶이란 단순히 물질적 풍요나 성공이 아니라, 타인과 의미 있는 관계를 맺고 긍정적인 영향을 미치는 것을 중요하게 여기는 삶이다. 물론 어느 한 사람의 인생이 좋은 삶이었는지를 결정할 수 있는 절대적인 기준은 없으며 그것을 평가할 수 있는 것은 자기 자신이다.

삶의 마지막 즈음에 자기 삶을 돌아보며 아쉬운 점이 있더라도 괜찮았다라고 스스로 평화롭게 받아들일 수 있다면 그것으로 좋은 삶이다. 태어나서 죽는 순간까지 전 생애를 확대해 보면 그 안에 실패와 성취, 슬픔과 행복, 미움과 사랑 등이 혼재되어 있을 것이다. 그렇게 사는 것이 인생이라는 것을 받아들임으로써 자신에게 수고했다는 인사를 건네고 만족할 수 있다면 그것이 좋은 삶의 마무리라고 생각한다.

잘 살아온 사람은 잘 죽어 갈 수 있다. 삶을 어떻게 살아왔느냐에 따라 죽음을 맞이하는 태도와 준비가 달라지기 때문이다. 충실하게 살아온 사람은 삶의 의미를 충분히 찾았기 때문에 미련이나 후회가 덜한 상태로 평온한 죽음을 맞이할 수 있다. 성장을 삶의 목표 삼아 성찰하는 삶을 살아온 사람은 죽음마저도 성장의 과정으로 받아들일 수 있는 인격적 성숙함에 도달해 있을 것이다.

삶은 단지 시간의 흐름이 아니며 매일의 선택과 행동에 의해 만들어진다. 하루하루 지금 이 순간에 집중하며 살아가고 그런 날들이 모여 좋은 삶을 만들고 결국 좋은 죽음으로 이어진다. 그림을 그리다 한 번씩 거리를 두고 전체적인 구도를 살펴보며 필요한 부분을 수정하는 것처럼, 죽음을 의식하는 것은 자신의 삶을 조율하고 균형을 맞춤으로써 현재의 삶을 더 충실하게 살 수 있도록 돕는다.

이론으로 배운 것과 실제로 경험하는 것은 큰 차이가 있다. 죽음에 대해 미리 안다고 해서 아무렇지 않게 죽음을 맞이할 수 있는 것은 아닐 것이다. 실제로 그 순간이 닥쳤을 때의 감정적, 신체적 변화는 짐작하는 것보다 훨씬 더 복잡하고 어려울 수도 있다. 하지만 죽음을 미리 생각하고 준비하는 과정은 큰 의미가 있다. 지도 없이 길을 걷는 것과 같은 혼란을 줄이고, 어떤 방향으로 나아가야 할지에 대한 길잡이가 될 수 있기 때문이다.

죽음은 나에게도 두려운 일이다. 나는 감당하기 벅찬 일 앞에서 겁이 날 때면, 초등학교 6학년 때 학교에서 예방 주사를 맞던 일을 떠올린다. 그 당시에는 지금처럼 병원이나 보건소가 아니라 학교에서 예방 접종을 했다. 일회용 주사기가 없던 시절이라 보건소에서 출장 나온 선생님이 알코올램프를 이용해 주삿바늘을 불에 달구어 소독했다. 그 모습은 나에게 두려움을 불러일으켰다. 아이들은 선생님 책상 앞에 일렬로 줄을 서서 차례로 주사를 맞았다. 앞에서 있던 아이들이 하나둘씩 줄어들며 내 차례가 다가올수록 점점 더 겁이 났다. 그래서 몇 번이나 뒤로 도망쳐 다시 줄을 서곤 했다.

그러나 어느 순간, 아무리 도망쳐도 주사 맞는 것을 피할 수 없다는 사실을 깨달았다. 또 먼저 주사를 맞고 돌아가 앉은 아이들의 아무렇지 않은 모습과 편안해 보이는 얼굴을 보고는 나도 용기를 낼 수 있었다. 물론 떨면서 주사를 맞긴 했지만, 막상 겪어 보니 그것은 생각했던 것만큼 무서운 일은 아니었다. 그리고 나는 내가 주사를 맞을 수 있을 만큼 용감하다는 자부심을 느꼈다.

죽음도 이와 비슷할 것이라 생각한다. 세상의 모든 사람들처럼 나도 언젠가 죽음을 맞이할 것이고, 그 순간이 오면 어린 날 주사를 맞았던 것처럼 두려움을 이겨 내고 죽음을 받아들일 수 있을 것이라 믿는다. 나 자신을 믿고, 용감하게 그 순간을 껴안을 수 있을 것이다. 그렇게 될 수 있도록 하루하루를 살아갈 것이다.

생각을 길어 올려 문장으로 매만지는 일은 나에게 다른 무엇보다 행복한 일이다. 하지만 책을 낸다는 것은 숙제처럼 부담스러운 면이 있어서 선뜻 마음을 먹기가 어려웠다. 그래서 소망하기만 할 뿐 결심을 굳혀 실천하지 못하고 꽤 오랜 시간을 흘려보냈다. 게으름도 있었지만, 가장 큰 이유는 걱정 때문이었다. 나를 믿지 못했던 것이다. 결심과 약속을 끝까지 마무리할 수 있을까 하는 의심이 나를 머뭇거리게 했다. 하지만 이번 책을 준비하면서 자신감은 완벽함에서 오는 것이 아니라, 부족한 나를 스스로 북돋아 가며 앞으로 나아가는 과정에서 생긴다는 사실을 깨달았다.

처음 50대와 60대를 위한 나이 듦에 대한 책을 쓰겠다고 결심했을 때만 해도, 과연 끝까지 해낼 수 있을지 확신이 서지 않았다. 대략적인 윤곽을 가지고 있었지만, 구체적으로 어떤 이야기가 펼쳐질지 나 자신도 알지 못했다. 그런데 글을 쓰다 보니 내 안에서 생각지도 못한 이야기들이 흘러나오는 신기한 경험을 하게 되었다. 또한 내가 글을 쓰고 있다는 사실을 모르는 주변 사람들이 자신의 이야기를 대신 써 달라는 듯 그들이 경험하고 있는 나이 듦을 이야기해 주었다. 아마도 나의 관심이 그들의 이야기에 귀를 기울이게 했을 것이다.

내가 글을 쓰는 목적은 지식을 전달하는 것보다 지혜를 나누는 것에 있다. 그래서 배움의 많고 적음에 상관없이 누구라도 쉽게 읽고 이해할 수 있는 글을 쓰는 것이 내가 지향하는 바다. 이런 마음이 책에 잘 반영되었기를 바란다.

글을 마무리하고 나니, 마치 여행 가이드로서 독자들과 함께 시간을 여행한 기분이다. 단체 여행이 개개인의 필요와 관심을 모두 만족시키기 어려운 것처럼, 이 책이 나이 듦에 대한 모든 것을 깊이 있게 다루지는 못했다. 그러나 단체 여행을 다녀온 후 다시 방문하고 싶은 장소가 생기듯, 이 책이 더 깊은 성찰로 나아가는 징검다리가 되었으면 하는 바람이다.

앞서거니 뒤서거니 하며 비슷하게 나이 들어가는 인생의 형제자매들, 그리고 이 시간을 걱정하고 있을 30대와 40대, 앞서 이 길을 걸어간 70대와 80대의 인생 선배들과 이 책을 나누고 싶다. 어린 시절 형제자매들과 따뜻한 아랫목에 엎드리거나 누워 두런두런 수다를 떨던 것처럼 독자들에게 따뜻한 마음의 공간과 시간을 만들어 주길, 그리하여 조금이나마 위로와 지혜가 되기를 바란다.

다가올 70대 이후의 시간이 어떤 풍경일지, 그리고 내가 어떤 삶을 살고 있을지 모르지만, 그때 바라보게 될 풍경과 경험을 독자들과 함께 나눌 기회가 또 있기를 바란다. 이번 여정을 통해 함께 나눈 배움과 성찰의 씨앗이, 우리 모두의 마음에서 싹트고 자라날 것이라 믿는다.